高职高专"十三五"规划教材

物流管理类

物流设施与设备

（第 2 版）

主　编　齐　伟　王　恒
副主编　冯晓曼　陈玉杰
　　　　余浩宇　李铁峰
参　编　牛波瑞

微信扫一扫 索取教学资源

南京大学出版社

内容提要

本书系统阐述了物流设施与设备的基本理论知识，主要内容包括：装卸与搬运设备、连续输送机械、物流运输设施与设备、集装化技术与设备、仓储设施与设备、物流信息与电子设备、包装与流通加工设备、物流企业设施与设备管理等。通过本书的学习，使学生能够对当前国内物流企业常用技术和设备有一个基本的了解，并初步掌握相关设备的使用和保养维护方法，为将来从事物流管理工作打下良好的专业基础。

本书既可作为高职高专院校物流管理专业及相关专业的教学用书，也可作为物流管理专业技能型紧缺人才培养工程教材，或供物流从业人员学习参考。

图书在版编目(CIP)数据

物流设施与设备 / 齐伟，王恒主编. —2 版. —南京：南京大学出版社，2019.1
 ISBN 978-7-305-21478-3

Ⅰ. ①物… Ⅱ. ①齐… ②王… Ⅲ. ①物流—设备管理 Ⅳ. ①F253.9

中国版本图书馆 CIP 数据核字(2019)第 012540 号

出版发行	南京大学出版社
社　　址	南京市汉口路 22 号　邮　编　210093
出 版 人	金鑫荣
书　　名	**物流设施与设备**（第 2 版）
主　　编	齐 伟　王 恒
责任编辑	顾其兵　　　　编辑热线　025-83597087
照　　排	南京理工大学资产经营有限公司
印　　刷	南京新洲印刷有限公司
开　　本	787×1092　1/16　印张 16.5　字数 412 千
版　　次	2019 年 1 月第 2 版　2019 年 1 月第 1 次印刷
ISBN	978-7-305-21478-3
定　　价	42.00 元

网　　址：http://www.njupco.com
官方微博：http://weibo.com/njupco
官方微信号：njupress
销售咨询热线：(025)83594756

* 版权所有，侵权必究
* 凡购买南大版图书，如有印装质量问题，请与所购图书销售部门联系调换

前　言

《物流设施与设备》是 21 世纪高职高专创新型规划教材物流管理类课程规划教材之一。现代物流通常是由运输、装卸搬运、仓储、配送、包装和流通加工、物流信息等环节组成的。现代物流设施与设备正朝着自动化、集成化、智能化方向发展，物流设施设备是贯穿于物流系统全过程、深入到各个作业环节、实现物流各项作业功能的物质基础和手段，因此没有现代物流设施设备的支撑，就没有现代物流的实施和运作。

本教材以适应高职物流管理专业教学改革的需要为宗旨，突出强调对物流设施与设备的应用与管理，兼顾设备的保养与维护，并参照物流师国家职业标准，开发突出职业岗位能力的"工作过程为导向"课程标准，从企业上岗标准出发来构建课程内容、设计教学活动及教学情境，形成"工学结合"特色鲜明的课程新体系。全书共分为九个教学情景，每个教学情景都有学习目标与内容、情景小结、案例分析、双基习题等内容，使学生掌握常见的物流设备的合理选用、配置、使用及管理知识。本教材具有如下特点：

1. 从高职高专学生的特点出发，内容编写力求语言简练通俗，除基础理论的一般论述外，采用照片、示意图、原理图等图片帮助学生理解和掌握相关知识；通过适量的事例及案例帮助学生认识问题和理解问题。

2. 教材内容具有前沿性，介绍了近几年我国物流设施与设备发展、应用的相关情况，能满足高职高专物流管理专业人才培养的要求，也能满足物流从业人员对设施与设备部分知识结构的需要。

3. 紧密结合国家助理物流师、物流师等国家技能证书考核要求构建教学内容，保证教学内容的针对性与适用性。

本书由河南交通职业技术学院齐伟、河南农业大学王恒担任主编，郑州工业安全职业学院冯晓曼、郑州旅游职业学院陈玉杰、江西经济管理干部学院余浩宇、江西环境工程职业学院李铁峰担任副主编，郑州旅游职业学院牛波瑞参与编写，全书由河南交通职业技术学院齐伟负责统稿。

在本书编写过程中，参阅了大量的教材文献、书籍、期刊和互联网信息，并在参考文献中尽可能逐一列出。在此特向这些作者表示感谢！如有挂万漏一的情况，敬请谅解！同时，本书在编写过程中得到河南许多相关企业和高校同仁的支持和帮助，不少企业家和教授在本书的编写过程中给予了中肯和宝贵的意见。

由于作者水平有限，书中不妥之处在所难免，恳请专家和读者给予批评和指正。

编　者
2018 年 9 月

目 录

学习情景 1 物流设施与设备概述 1
  1.1 物流设施与设备的概念、分类与特点 1
    1.1.1 物流设施与设备的概念 1
    1.1.2 物流设备的分类 2
    1.1.3 物流设施与设备的特点 3
  1.2 物流设施与设备在物流系统中的地位和作用 3
  1.3 物流设施与设备的发展现状 4
    1.3.1 国外物流设施与设备发展现状 4
    1.3.2 我国物流技术设备发展现状 5
  1.4 物流设施与设备的发展趋势及推动措施 6
    1.4.1 物流设施与设备的发展趋势 6
    1.4.2 推动我国物流技术设备发展的应对措施 10

学习情景 2 装卸与搬运设备 12
  2.1 装卸与搬运设备概述 13
    2.1.1 装卸与搬运设备的分类与特点 13
    2.1.2 装卸搬运作业的含义、特点与影响 13
    2.1.3 装卸搬运作业的基本原则与类型 15
    2.1.4 装卸搬运设备的作用及发展趋势 20
  2.2 起重设备 21
    2.2.1 起重设备的工作特点与组成 21
    2.2.2 起重设备的类型和基本参数 21
    2.2.3 轻小型起重设备 26
    2.2.4 通用起重机械 29
  2.3 叉车 34
    2.3.1 叉车的特点和总体构成 34
    2.3.2 叉车的分类 35
    2.3.3 叉车的主要技术参数 37
    2.3.4 叉车属具 38
    2.3.5 影响叉车选型配置的因素 39
  2.4 其他装卸搬运设备 40
    2.4.1 牵引车和挂车 40

  2.4.2 搬运车 …………………………………………………………………… 40
  2.4.3 单斗车 …………………………………………………………………… 42
  2.4.4 手推车 …………………………………………………………………… 42
  2.4.5 手动液压升降平台车 …………………………………………………… 42

学习情景3 连续输送机械 …………………………………………………………… 45
 3.1 连续输送机械的概念、作用与特点 ……………………………………………… 46
 3.2 连续输送机械的组成与分类 ……………………………………………………… 47
 3.3 常见的几种输送机械 ……………………………………………………………… 48
  3.3.1 带式输送机 ……………………………………………………………… 48
  3.3.2 斗式提升机 ……………………………………………………………… 53
  3.3.3 气力输送机 ……………………………………………………………… 55
  3.3.4 螺旋输送机 ……………………………………………………………… 58
  3.3.5 重力输送机 ……………………………………………………………… 60
  3.3.6 辊道输送机 ……………………………………………………………… 61

学习情景4 物流运输设施与设备 …………………………………………………… 64
 4.1 公路运输设施与设备 ……………………………………………………………… 65
  4.1.1 公路运输简介 …………………………………………………………… 65
  4.1.2 汽车的分类和特点 ……………………………………………………… 65
  4.1.3 常见货车图例及适用范围 ……………………………………………… 67
  4.1.4 货车的主要特点和参考性能 …………………………………………… 69
  4.1.5 专用运输车辆 …………………………………………………………… 71
 4.2 铁路运输设施与设备 ……………………………………………………………… 78
  4.2.1 铁路运输简介 …………………………………………………………… 78
  4.2.2 铁路机车与车辆 ………………………………………………………… 78
  4.2.3 铁路集装箱运输设备 …………………………………………………… 82
 4.3 水路运输设施与设备 ……………………………………………………………… 83
  4.3.1 水路运输简介 …………………………………………………………… 83
  4.3.2 船舶 ……………………………………………………………………… 83
 4.4 航空运输设施与设备 ……………………………………………………………… 93
  4.4.1 航空运输简介 …………………………………………………………… 93
  4.4.2 航空运输设施与设备 …………………………………………………… 94
 4.5 管道运输设施与设备 ……………………………………………………………… 98
  4.5.1 管道运输简介 …………………………………………………………… 98
  4.5.2 管道运输设施 …………………………………………………………… 99
  4.5.3 管道施工设备与管道设备的维护技术 ………………………………… 101
 4.6 运输方式的选择 …………………………………………………………………… 103
  4.6.1 运输方式的技术经济特点 ……………………………………………… 103
  4.6.2 选择运输方式的基本原则 ……………………………………………… 103
  4.6.3 影响运输方式选择的因素 ……………………………………………… 104

学习情景 5 集装化技术与设备 108
5.1 认识集装单元设备——托盘 109
5.1.1 集装单元化的概念 109
5.1.2 集装单元化的基本原则 110
5.1.3 托盘 110
5.2 集装箱 120
5.2.1 集装箱的概念及规格 120
5.2.2 集装箱的种类 121
5.2.3 集装箱的标记 123
5.2.4 集装箱的使用管理 125
5.3 集装箱专用设备 128
5.3.1 集装箱装卸搬运设备 128
5.3.2 集装箱码头堆场设备 131
5.4 其他集装技术与设备 138

学习情景 6 仓储设施与设备 142
6.1 仓库 143
6.1.1 仓库的概述 143
6.1.2 仓库的分类 144
6.1.3 仓库的功能 144
6.1.4 仓库设置的原则 145
6.1.5 仓库选址 145
6.1.6 仓库内部设计 147
6.1.7 自动化立体仓库 150
6.2 货架 152
6.2.1 货架概述 152
6.2.2 货架的分类 153
6.2.3 几种典型货架 153
6.3 堆垛机 158
6.3.1 桥式堆垛机 158
6.3.2 巷道堆垛机 159
6.3.3 堆垛叉车 164
6.4 自动导向搬运车 165
6.4.1 自动导向搬运车的基本概念 165
6.4.2 自动导向车系统的构成 166
6.4.3 自动导向搬运车的主要参数 168
6.4.4 自动导向搬运车的基本用途 168
6.4.5 自动导向搬运车的作业安全 169
6.5 自动分拣设备的使用 170
6.5.1 自动分拣设备概述 170

  6.5.2 常用的自动分拣机 171
  6.5.3 分拣作业的形式 172
  6.5.4 分拣作业的步骤 173
  6.5.5 自动分拣系统 173

学习情景 7 物流信息技术与物联网设施与设备 180
 7.1 物流信息技术基础 181
  7.1.1 物流信息的内容与功能 181
  7.1.2 物流信息的特征 182
  7.1.3 PLC 182
  7.1.4 计算机设备 183
 7.2 条码技术与设备 184
  7.2.1 条码技术概述 184
  7.2.2 条码识读设备 187
 7.3 EOS 及配置 188
  7.3.1 EOS 的定义 188
  7.3.2 门店 EOS 配置 188
  7.3.3 EOS 的操作流程及特点 189
 7.4 POS 系统及设备 190
  7.4.1 POS 系统 190
  7.4.2 POS 机 192
  7.4.3 POS 系统处理销售的流程 193
 7.5 GPS 与 GIS 193
  7.5.1 GPS 193
  7.5.2 GIS 195
 7.6 物联网设施设备的认识与运用 197
  7.6.1 物联网核心设施与设备 197
  7.6.2 物联网设施设备的技术应用 202

学习情景 8 包装技术设备与流通加工设施设备 205
 8.1 包装简介 206
  8.1.1 包装的概念 206
  8.1.2 包装的分类 206
  8.1.3 包装的作用 207
  8.1.4 包装的标志 208
  8.1.5 包装的合理化 210
 8.2 包装技术 211
  8.2.1 包装容器 211
  8.2.2 包装机械设备 214
  8.2.3 包装自动生产线 217

8.3　流通加工设备设施 …………………………………………………… 219
　　　　8.3.1　流通加工设备的概念 …………………………………………… 219
　　　　8.3.2　流通加工设备的作用 …………………………………………… 220
　　　　8.3.3　流通加工设备的种类 …………………………………………… 220
　　　　8.3.4　货物分割设备 …………………………………………………… 222
　　　　8.3.5　冷链物流设施设备 ……………………………………………… 225

学习情景9　物流机械设备管理 ………………………………………………… 233
　　9.1　现代物流机械设备管理概述 …………………………………………… 234
　　　　9.1.1　现代物流机械设备管理的概念 ………………………………… 234
　　　　9.1.2　现代物流机械设备管理的特点 ………………………………… 236
　　　　9.1.3　现代物流机械设备管理的任务 ………………………………… 237
　　　　9.1.4　现代物流机械设备管理的内容 ………………………………… 238
　　9.2　物流机械设备的配置与选择 …………………………………………… 239
　　　　9.2.1　物流机械设备配置与选择的总体原则 ………………………… 239
　　　　9.2.2　物流设备的配置、选择的准备工作 …………………………… 240
　　9.3　物流机械设备的使用管理 ……………………………………………… 242
　　　　9.3.1　物流机械设备使用管理概述 …………………………………… 242
　　　　9.3.2　物流机械设备的正确使用 ……………………………………… 242
　　　　9.3.3　物流机械设备的维护保养管理 ………………………………… 243
　　　　9.3.4　物流机械设备的检查与修理 …………………………………… 245
　　9.4　物流机械设备的更新和技术改造 ……………………………………… 248
　　　　9.4.1　物流机械设备的更新 …………………………………………… 248
　　　　9.4.2　物流机械设备的技术改造 ……………………………………… 250
　　　　9.4.3　物流机械设备磨损与补偿 ……………………………………… 250

参考文献 …………………………………………………………………………… 253

学习情景 1 物流设施与设备概述

学习目标
☆ 了解物流设施与设备的概念、分类与特点
☆ 了解物流设施与设备在物流系统中的地位和作用
☆ 掌握物流设施与设备发展的现状
☆ 了解推动我国物流设施与设备发展的应对措施

章前导读

　　荷兰鹿特丹港产业化概况。荷兰是西欧发达的工业国家,面积 4.5 万平方公里,人口 1 500 多万。世界上最大港口——鹿特丹港是荷兰的立国之本,鹿特丹港年吞吐量约 3 亿吨,港口产业总值超过 500 亿荷兰盾,占鹿特丹市产值的绝大部分,占全国 GDP 的 12%,其港口产业规模表现在:直接雇员 13 万人,间接雇员 50 万人,港区拥有石油加工能力 6 500 万吨。鹿特丹港是欧洲最大的汽车拼装和销售中心之一,年销售汽车约 300 万辆。港区拥有专业的橙汁码头和溜装中心。每年吞吐量约 20 万吨,供应整个西欧的橙汁饮料市场;每年装卸约 70 万吨水果,供应西欧市场全年水果。此外,鹿特丹还是世界上最大的港口分销中心之一。港口产业作为荷兰的经济支柱,使荷兰成为全球经济最发达的国家之一。

相关知识

1.1 物流设施与设备的概念、分类与特点

1.1.1 物流设施与设备的概念

　　物流设施与设备是指进行各项物流活动和物流作业所需要的设施与设备的总称,它由物流基本设施和物流设备两大部分构成。

　　物流基本设施包括公路、铁路、航空、港口、机场、货运站场及通信设施等,其建设水平和吞吐（通过）能力直接影响物流活动和物流作业的运行效率。

物流设备是指用于储存、装卸搬运、运输、包装、流通加工、配送、信息采集与处理等物流活动的设备或设备的总称。

1.1.2 物流设备的分类

物流设备按功能可划分为装卸搬运设备、储存设备、运输设备、包装设备、流通加工设备、信息采集与处理设备、集装单元化设备七大类。

（一）装卸搬运设备

装卸搬运设备是用来搬移、升降、装卸和短距离输送物料或货物的机械设备。装卸是在指定地点以人力或机械将物品装入运输设备或从运输设备内卸下的作业活动。装卸是一种以垂直方向移动为主的物流活动，包括物品装入、卸出、分拣、备货等作业。搬运则是指在同一场所内，以物品水平方向移动为主的物流活动。装卸搬运是对运输、保管、包装、流通加工等物流活动进行衔接的中间环节，包括装车（船）、卸车（船）、堆垛、入库、出库以及联结以上各项作业的短程搬运。

装卸搬运设备是实现装卸搬运作业机械化的基础，直接影响到物流的效率和效益，贯穿于物流作业的全过程。装卸搬运设备的分类方法很多，根据作业性质，可分为装卸机械、搬运机械和装卸搬运机械三大类；根据主要用途或结构特征，可分为起重机械、连续输送机械、装卸搬运车辆和专用装卸搬运机械等；根据物料运动方式，可分为水平运动方式、垂直运动方式、倾斜运动方式、垂直及水平运动方式、多平面运动方式等几类装卸搬运设备。常用的装卸搬运设备包括叉车、手推车、手动托盘搬运车、各种输送机、托盘收集机、自动引导机、升降机、堆垛机等。装卸搬运设备可以实现货物在仓库内短距离的、水平的、垂直的物料装卸搬运等作业。

（二）储存设备

储存设备是指用于物资储藏、保管的设备。常用的储存设备有货架、托盘、计量设备、通风设备、温湿度控制设备、养护设备和消防设备等。

（三）运输设备

运输设备是指用于较长距离货物运输的设备。运输是物流的主要功能之一，通过运输活动，使商品发生场所、空间的移动，解决物资在生产地和需要地之间的空间距离问题，创造商品的空间效用，满足社会需要。根据运输方式不同，运输设备主要分为铁路运输设备、公路运输设备、水路运输设备、航空运输设备和管道运输设备五种类型。

（四）包装设备

包装设备即包装机械，是指完成全部或部分包装过程的机器设备。包装过程包括充填、裹包、封口等主要工序，以及与其相关的前后工序，如清洗、堆码和拆卸等。此外，包装还包括计量或在包装件上盖印等工序。根据不同的标准，包装可进行不同的分类，如按照包装设备功能可分为灌装机械、充填机械、裹包机械、封口机械、贴标机械、清洗机械、干燥机械、杀菌机械、捆扎机械、集装机械、多功能包装机械以及完成其他包装作业的辅助包装机械和包装生产线。

（五）流通加工设备

流通加工设备是指用于物品包装、分割、计量、分拣、组装、价格贴附、标签贴附、商品检验等作业的专用机械设备。流通加工设备种类繁多，按照不同的分类方法，可分成不同的种类。例如，按照流通加工形式，可分为剪切加工设备、开木下料设备、配煤加工设备、冷冻加工设备、分选加工设备、精制加工设备、分装加工设备、组装加工设备；根据加工对象的不同，流通加工设备可分为金属加工设备、水泥加工设备、玻璃加工设备、木材加工设备、煤炭加工机械、食品加工设备、组装产品的流通加工设备、生产延续的流通加工设备及通用加工设备等。

（六）信息采集与处理设备

信息采集与处理设备是指用于物流信息的采集、传输、处理等的物流设备。信息采集与处理设备主要包括计算机及网络、信息识别装置、传票传递装置、通信等。

（七）集装单元化设备

集装单元化设备是指用集装单元化的形式进行储存、运输作业的物流设备，主要包括集装箱、托盘、滑板、集装袋、货捆、集装装卸设备、集装运输设备、集装识别系统等。

1.1.3 物流设施与设备的特点

（1）设施设备的社会化程度越来越高。

具体表现在两个方面：一是设施设备结构越来越复杂，零部件品种、数量越来越多，备品配件的管理工作所涉及的地域面广；二是设施设备从研究、设计、制造、选型、购置、安装调试、使用、维修一直到报废，各环节之间互相影响、互相制约。

（2）设施设备中体现的科学技术知识门类越来越多，如液压、机械、电子、电器等。

（3）设施设备大型化（功率、容量、参数大）、高速化、连续化、电子化，生产率都很高。因此在使用中若管理不慎，将导致故障损失、污染严重、磨损快等后果。

（4）现代设施设备多为能源密集型，故能源消耗量大。

（5）现代设施设备是资金密集的装备，设施设备投资和使用费用十分昂贵，迫切要求提高管理的经济效益。

1.2 物流设施与设备在物流系统中的地位和作用

物流设施与设备在物流系统中的地位和作用可概括为如下几方面：

（一）物流设施与设备是物流系统的物质技术基础

不同的物流系统必须有不同的物流设施和设备来支持，才能正常运行。因此，物流设施和设备是实现物流功能的技术保证，是实现物流现代化、科学化、自动化的重要手段。物流系统的正常运转离不开物流设施和设备，正确、合理地配置和运用物流设施与设备是提高物流效率的根本途径，也是降低物流成本、提高经济效益的关键。

（二）物流设施与设备是物流系统的重要资产

在物流系统中，物流设施与设备的投资比较大，随着物流设备技术含量和技术水平的日益提高，现代物流技术装备既是技术密集型的生产工具，也是资金密集型的社会财富，配置和维护这些设备与设施需要大量的资金和相应的专业知识。现代化物流设备与设施的正确使用和维护，对物流系统的运行效率是至关重要的，一旦设备出现故障，将会使物流系统陷于瘫痪。

（三）物流设施与设备涉及物流活动的各个环节

在整个物流过程中，从物流功能看，物料或商品要经过包装、运输、装卸、储存等作业环节，并且还有许多辅助作业环节，而各个环节的实现，都离不开相应的机械设备。因此，这些机械设备的性能好坏和合理配置直接影响着各环节的作业效率。

（四）物流设施与设备是物流技术水平的主要标志

一个高效的物流系统离不开先进的物流技术和物流管理。先进的物流技术是通过物流设施与设备体现的，而现今的物流管理也必须依靠现代高科技手段来实现。如在现代化的物流系统中，自动化仓库技术的应用综合运用了自动控制技术、计算机技术、现代通信技术（包括计算机网络和无线射频技术等）等高科技技术，使仓储作业实现了半自动化、自动化。物流管理过程中，从信息的自动采集、处理到信息的发布完全可以实现智能化，依靠功能完善的高水平监控管理软件可以实现对物流各环节的自动监控，依靠专家系统可以对物流系统的运行情况及时进行诊断，对系统的优化提出合理化建议。因此，物流设施与设备的现代化水平是物流技术水平高低的主要标志。

1.3 物流设施与设备的发展现状

1.3.1 国外物流设施与设备发展现状

第二次世界大战后，物流得到了快速发展，与此相适应的物流技术设备也得到了相应的发展，取得了许多重要的成果。例如高层自动化立体仓库、高速分拣机、自动导引搬运车（AGV）、链式输送机等，极大地减轻了人们的劳动强度，提高了工作效率。

从仓储设备和装卸搬运设备来看，最初，货物的输送、装卸、管理、控制等主要靠人工实现，后来，随着科技的发展，机械化程度有了一定的提高，人们开始运用各种各样的传送带、工业输送车、起重机等来移动和搬运物料和货物，采用货架、托盘和可移动式货架储存物料，用限位开关、螺旋机械制动和机械监视器等控制设备的运行。20世纪50年代末、60年代初，自动化技术得到了很大的发展，对装卸搬运技术的发展起到了极大的促进作用，人们相继研制和采用了自动导引搬运车、自动货架、自动存取机器人、自动识别和自动分拣等系统，极大地提高了装卸搬运的自动化程度。如世界上第一台自动导引搬运车是由美国的Barrett电子公司于20世纪50年代初开发成功的，它是一种牵引式小车系统，可十分方便地与其他物流系统自动连接，显著地提高了工作效率。1954年，英国研制了电磁感应导向的自动导引搬运系统，并迅速得到了应用和推广。1960年，欧洲就安装了各种形式、不同水平的自动导引搬运系统220套，使用了自动导引搬运车1 300多台。20世纪60年代，随着计算机技术应用到自动导引搬运系统的控制和管理中，自动导引搬运系统进入到柔性加工系统，成为生产工艺的有机组成部分，从而使自动导引搬运系统得到了迅速发展。

20世纪七八十年代，旋转式货架、移动式货架、巷道式堆垛起重机和其他设备都初步实现了自动控制，并越来越多地应用于生产和流通领域的物流系统中，物流效率大大提高。20世纪80年代以后，装卸搬运技术设备又上了一个台阶，大型起重机、自动运输机、自动分拣设备、自动上下料机械及智能型装卸堆垛机器人等快速、高效、自动化的物流机械设备的应用，提高了装卸搬运设备的协调性，极大地推进了世界各国物流业的发展。自动导引搬运系统变化更大，它采用了先进的驱动技术，新型导向技术和控制系统，线路网络布置技术也得到了进一步发展，逐步实现智能化、自动化作业。据粗略统计，目前全世界自动导引搬运系统的保有量为15 000套以上，拥有10万台左右的自动导引搬运车。起重机械大型化发展势头强劲，当前，世界上浮游起重机最大起重量已达12 000吨，最大的履带起重机起重量为4 000吨，最大的桥式起重机起重量20 160吨。

从运输设备来看,世界各国都非常重视合理运用运输设备。汽车、铁路货车、船舶、航空运输设备、管道运输设备等广泛地应用于货物运输中。从客货混载到客货分载,出现了专门运输某一类货物的运输设备,例如集装箱船、集装箱拖车、集装箱挂车、冷藏车、液化气船、散货船等。为了满足运输需要,提高物流规模效用,一些大型运输设备不断出现,目前最大的油轮载重量达到56.3万吨,矿石船达到30万吨左右,集装箱船为6 970 TEU(标准箱)。1989年,南非在860 km长的赛申—萨尔达尼亚线上,开行了一列装载71 600吨矿石的列车,摘取了列车重载运输世界之冠。载重量超过50吨的载货汽车已被VOLVO公司研制出来了。管道运输的大型化体现在大口径管道建设。这些运输方式的大型化基本满足了基础性物流需求量大、连续、平稳的特点。俄罗斯研制的KP-860"祖国之翼"货机最大可载300吨,一次可装载30个40 ft(英尺,1英尺=0.304 8米)(12.2 m)的标准集装箱,比现在的货机运输能力(包括载重量和载箱量)高出50%~100%。初步测算表明,其货运成本与火车相差无几。一个由10~15架KP-860组成的机队,就可以轻松地完成日本和西欧之间每年22万个标准集装箱的运输量。俄罗斯还打算用此飞机运输石油和天然气等资源,其成本低于管道运输。物流服务提供者对上游、下游的物流及配送需求的反应速度越来越快,配送间隔越来越短,商品周转次数越来越多,要求运输设备必须高速化,为此,高速化运输设备得到了快速发展。

美国是世界上现代化物流发展比较早的国家,十分重视物流机械的开发、研究和应用,拥有较为完善的运输体系和先进的物流机械设备。许多公司都设立了专门机构从事物流技术的研究,致力于改善物流现代化技术设备。大部分公司在货物运输、装卸、储存过程中,都广泛采用了先进自动化物流设备,实现了仓储自动化。仓储普遍采用了高层货架及与之相适应的自动搬运工具、自控装卸机械,如APA汽车运输公司仓库建立了库内轨道货车流水线;WW格兰杰公司建立了自动分货拣货机械设备系统和自动存货取货机械设备系统等。港口码头的货物装卸,普遍实现了集装箱标准化,大大地缩短了装卸时间,提高了装卸效率。

日本学习美国的先进经验,于20世纪60年代开始重视物流,引进和开发先进的物流设备,并非常重视仓储的建设,基本上实现了仓储现代化。日本物流中心一般都使用大型自动化立体货架仓库,装货、卸货都采用巷道堆垛机,完全用计算机控制,出入库速度很快。移动式货架仓库也被广泛使用,货架共六排,每排两行货架,货架可以平行移动,开出巷道,由叉车装卸,十分便捷。日本装卸货物,多数使用叉车,并用链条运输机传送。在装卸作业比较频繁的货场、码头等,普遍采用门式起重机、双层叉车等大型设备联合作业,效率很高。现代化的物流技术设备,保证了日本物流效率的不断提高。

德国、荷兰等欧洲国家也非常重视物流机械设备的运用,立体仓库、配送中心、港口码头等都配备了现代化机械设备,如分拣机械系统、装卸搬运机械系统的叉车、起重机、自动导引搬运车、机器人等,实现了物流作业的机械化、自动化。

物流技术设备的引入,扩大了人类的活动能力和活动范围,使货物流动更快捷、更方便、更经济、更高效、更安全,从而更好地保证企业生产和社会经济活动顺利进行,进一步促进物流效率和效益的提高。

1.3.2 我国物流技术设备发展现状

改革开放以来,随着经济水平的不断提高,我国物流技术设备产业有了很大的发展,物流机械的发展速度高于机械工业的平均水平。和一般机械设备相比,物流机械的市场近年来相对比较繁荣,因此物流机械产品从质量和品种上都有很大进步,特别是高技术新产品的制造能力在不断提高。

随着计算机网络技术在物流活动中的应用,先进的物流设备系统不断涌现,我国已具备开发研制大型装卸设备和自动化物流系统的能力。总体而言,我国物流设备的发展现状体现在以下几个方面。

(一)物流设备总体数量迅速增加

近年来,我国物流产业发展很快,受到各级政府的极大重视,在这种背景下,物流设备的总体数量迅速增加,如运输设备、仓储设备、配送设备、包装设备、搬运装卸设备(如叉车、起重机等)、物流信息设备等。截至2016年末,我国民用汽车保有量19 440万辆(包括三轮汽车和低速货车881万辆),其中私人汽车保有量16 559万辆,民用轿车保有量10 876万辆。

(二)物流设备的自动化水平和信息化程度得到了一定的提高

以往我们的物流设备基本上是以手工或半机械化为主,工作效率较低。近年来,物流设备在其自动化水平和信息化程度上有了一定的提高,工作效率得到了较大的提高。1980年,由北京机械工业自动化研究所等单位研制建成的我国第一座自动化立体仓库在北京汽车制造厂投产。从此以后,立体仓库在我国得到了迅速的发展。我国的自动化技术已实现了与其他信息决策系统的集成,正在做智能控制和模糊控制的研究工作。

(三)基本形成了物流设备生产、销售和消费系统

以前,经常有物流设备需求,但很难找到相应生产企业,或有物流设备生产却因销售系统不完善、需求不足,导致物流设备生产无法持续完成等。目前,物流设备的生产、销售、消费的系统已经基本形成,国内拥有一批物流设备的专业生产厂家、物流设备销售的专业公司和一批物流设备的消费群体,使得物流设备能够在生产、销售、消费的系统中逐步得到改进和发展。

(四)物流设备在物流的各个环节都得到了一定的应用

目前,无论是在生产企业的生产、仓储,流通过程的运输、配送,还是物流中心的包装加工、搬运装卸,物流设备都得到了一定的应用。

(五)专业化的新型物流设备和新技术物流设备不断涌现

随着物流各环节分工的不断细化,随着满足客户需要为宗旨的物流服务需求增加,新型的物流设备和新技术物流设备不断涌现。这些设备多是专门为某一物流环节的物流作业,某一专门商品、某一专门客户提供的设备,其专业化程度很高。

1.4　物流设施与设备的发展趋势及推动措施

1.4.1　物流设施与设备的发展趋势

物流设施与设备是组织实施物流活动的重要手段,是物流活动的基础。近年来,伴随着用户需求的变化以及自动控制技术和信息技术的应用,我国在大力吸收国外先进技术,发展国有机械制造业的基础上,建立了比较完善的物流设备制造体系,物流装备技术水平有了较大提高。现代物流装备向大型化、高速化、信息化、多样化、标准化、系统化、智能化、实用化和绿色化方向发展。

(一)大型化

大型化是指设备的容量、规模、能力越来越大。物流设备的大型化趋势,一是为了适应现

代社会大规模物流的需要,以大规模来换取高的物流效益;二是由于现代科学技术的发展和制造业的进步,为制造大型物流技术装备提供了可能。例如,在公路运输方面,已研制出了特种运输车其载重超过1 000吨;在水路运输方面,油轮的最大载重量达到了56.3万吨,集装箱船载重达到了20 000 TEU;在航空运输方面,研制出了货机最大可载300吨,一次可装载30个40 ft(12.2 m)的标准集装箱。

（二）高速化

高速化是指设备的运转速度、运行速度、识别速度、运算速度大大加快。在运输方面,提高运输速度一直是各种运输方式努力的方向。按目前的中长期规划,中国大陆的高速铁路网至少包括了5种类型的线路:"四纵四横"客运专线、城际客运系统、经提速改造后的既有线、完善路网布局和西部开发性新线以及海峡西岸铁路。世界各国都在努力建设高速公路网,作为公路运输的骨架。航空运输中,正在研制双音速(亚音速和超音速)货机,超音速化成为民用货机的发展方向;水路运输中,水翼船的速度已达70 km/h,而飞机翼船的速度可达170 km/h。管道运输中,高速体现在高压力,美国阿拉斯加原油管道的最大工作压力达到了8.2 MPa。在仓储方面,仓储规模日益扩大,物流作业量不断增加,客户响应时间越来越短,要在极短的时间内完成拣选、配送任务,只有不断提高物流装备的运行速度和处理能力。因此,堆垛机、拣选系统、输送系统等物流装备总是朝着高速运转目标而努力。例如,日本冈村、KITO、村田、大福等公司都推出了走行速度300 m/min、升降速度100 m/min以上的超高速堆垛机,三星、范德兰德工业等公司开发出高速分拣系统。三星的高速分拣系统比普通输送线效率可提高2~5倍,而范德兰德工业刚刚推出的交叉皮带分拣机,不仅可处理球等不稳定性产品,而且其最高速度可达2.3 m/s,每小时处理量达27 000件。

在提高物流装备运行速度的同时,物流装备的准确性和稳定性也在不断提高。没有准确性,速度再快也将失去意义。因此,各厂商纷纷采取先进的技术满足客户对物流设备高准确度的要求。如林德电动前移式叉车采用数字控制系统,使行驶及提升控制更平稳精确。村田开发的激光导向无人搬运车(LGV)的停准精度达到±5 mm,且无需再在地面铺设其他装备即能做到精确定位。

配送中心为满足客户即时性需要,对物流系统的稳定、可靠运行提出了很高的要求。在制造企业,物流设备虽不是生产设备,却对生产设备高效率运行起到很大作用,同样不允许因经常发生故障影响正常生产。所以,为保证物流系统连续安全运作,物流装备的高稳定性、高可靠性越来越受到各厂商重视,物流装备质量提高,保用期延长。

（三）信息化

未来社会将是一个完全信息化的社会,信息和信息技术在物流领域的作用将会更加明显,条码技术、数据库技术、电子订货系统、电子数据交换、快速反应、有效客户反应、企业资源计划等将在物流中得到广泛应用。物流信息化将表现为物流信息收集的数据库化和代码化、物流信息处理的电子化和计算机化、物流信息传递的标准化和适时化、物流信息存储的数字化等。随着人们对信息的重视程度日益提高,要求物流与信息流实现在线或离线的高度集成,使信息技术逐渐成为物流技术的核心。物流装备与信息技术紧密结合、实现高度自动化是未来的发展趋势。

目前,越来越多的物流设备供应商已从单纯提供硬件设备,转向提供包括控制软件在内的总体物流系统,并且在越来越多的物流装备上加装电脑控制装置,实现了对物流设备的实时监控,大大提高了其运作效率。物流装备与信息技术的完美结合,已致装置将发展成为全电子数字化控制系统,可提高单机综合自动化水平;公路运输智能交通系统(ITS)、GPS 等技术在物流中的应用,实现了物流的适时、适地、适物、适量、适价。

现场总线、无线通信、数据识别与处理、互联网等高新技术与物流设备的有效结合运用,成为越来越多的物流系统的发展模式。无线数据传输设备在物流系统中发挥着越来越大的作用。通过全球定位系统可以实现对汽车、飞机、船舶等物资运载工具的精确定位跟踪,了解在途物资的所有信息。运用无线数据终端,可以在货物接收、储存、提取、补货及运输的全过程,将货物品种、数量、位置、价格等信息及时传递给控制系统,实现对库存的准确掌控,借由联网计算机指挥物流装备准确操作,几乎完全消灭了差错率,缩短了系统反应时间,使物流装备得到了有效利用,整体控制提升到更高效的新水平。而将无线数据传输系统与客户计算机系统连接,实现共同运作,则可为客户提供实时信息管理,从而极大地改善客户整体运作效率,全面提高客户服务水平。

(四) 多样化

为满足不同行业、不同规模的客户对不同功能的要求,物流装备形式越来越多,专业化程度日益提高。

许多物流设备厂商都致力于开发生产多种多样的产品,以满足客户的多样化需求作为自己的发展方向,所提供的物流装备也由全行业通用型转向针对不同行业特点设计制造,由不分场合转向适应不同环境、不同工况要求,由一机多用转向专机专用。例如,仅叉车就有内燃叉车、平衡重叉车、前移式叉车、拣选叉车、托盘搬运车、托盘堆垛车等多种产品,其中每种产品又可细分为不同车型。此外,自动化立体库、分拣设备、货架等也都有按行业、用途、规模等不同标准细分的多种形式设施设备。许多厂商还可根据用户特殊情况为其量身定做各种物流装备,体现了更高的专业化水平。

(五) 标准化

当前,经济全球化特征日渐明显,中国更加快了企业的国际化进程。物流装备也需要走向全球化,而只有实现了标准化和模块化,才能与国际接轨。因此,标准化、模块化成为物流装备发展的必然趋势。标准化既包括硬件设备的标准化,也包括软件接口的标准化。

物流设备、物流系统的设计与制造按照统一的国际标准,才能适应各国各地区之间相互实现高效率物流的要求。比如,运输工具与装卸储存设备的标准化,可以满足国际联运和"门对门"直达运输的要求;推进通信协议的统一和标准化,可以满足电子数据交换的要求。

通过实现标准化,可以轻松地与其他企业生产的物流装备或控制系统对接,为客户提供多种选择和系统实施的便利性。模块化可以满足客户的多样化需求,可按不同需要自由选择不同功能模块,灵活组合,增强了系统的适应性。同时模块化结构能够更好地利用现有空间,可以根据货物存取量的增加和供货范围的变化进行调整。

物流标准化有助于实现物流装备的通用化。以集装箱运输为例,国外的公路、铁路两用车辆与机车,可直接实现公路、铁路运输方式的转换,极大地提高了作业效率。公路运输中,大型集装箱拖车可运载海运、空运、铁运的所有尺寸的集装箱。通用化的运输工具为物流系统供应链保持高效率提供了基本保证。通用化设备还可以实现物流作业的快速转换,极大地提高物流作业效率。

（六）系统化

物流系统化是指组成物流系统的设备成套、匹配，达到高效、经济的要求。在物流设备单机自动化的基础上，计算机将各种物流设备集成系统，通过中央控制室的控制，与物流系统协调配合，形成不同机种的最佳匹配和组合，以取长补短，发挥最佳效用。为此，成套化和系统化是物流设备的重要发展方向，尤其将重点发展工厂生产搬运自动化系统、货物配送集散系统、集装箱装卸搬运系统、货物自动分拣系统与搬运系统等。

物流设备供应商应当按客户实际情况，制定系统方案，将不同用途的物流装备进行有机整合，达到最佳效果。自动化立体库、无人搬运车、分拣系统、机器人系统等各种设备功能各异，各有所长，只有在整体规划下选择最合适的产品综合利用，才能使其各显其能，发挥最大效益。为使系统容易整合且效果最佳，物流装备最好选择同一家公司，也可自行设计生产全部物流装备，满足客户整体要求。

同时，客户对物流系统的投入往往不是一步到位，而是按需配置，因此要考虑今后系统的可扩展性。当然，在物流装备实现了模块化设计后，可较容易地根据需要进行扩展，有些物流设备也可通过改变控制软件完成系统的调整或扩展。

（七）智能化

智能化是物流自动化、信息化的更高层次，物流作业过程中大量的运筹和决策，如库存水平的确定、运输（搬运）路径的选择、自动导向车的运行轨迹和作业控制、自动分拣机的运行、物流配送中心经营管理的决策支持等问题都需要借助于大量的知识才能解决。智能化已成为物流技术与装备发展的新趋势。

科技的进步使物流装备越来越重视智能化与人性化设计，应用人工智能技术，以降低工人的劳动强度，改善劳动条件，使操作更轻松自如。目前，人们在人工智能及其有关在物料储运领域中的专家系统技术方面进行了大量研究。例如，正在研究的将专家系统应用于自动导引车和单轨系统，使它们具有确定在线路线和合理的运行决策。在接收物料入库和装运出库方面，专家系统能控制机器人进行物料入架和出架操作，能控制堆垛机的装卸，以及指定物料储存点。正在研制的专家系统，能实现辅助设计人员设计自动导引车导向槽和缓冲件，配置和选择单元装载件和研究小型物件的储运技术。

再如，林德公司推出多项改进设计，使叉车更具人性化。叉车的低重心设计，使上下车更加方便；侧向座椅设置，使驾驶叉车更容易；配有电子转向功能，不管搬运多重的货物，所需转向力均小于 10 N，仅为传统堆垛车的 1/10，使操作更为轻松；其自动对中功能与故障自我诊断功能，使叉车更加智能化。

又如，堆垛机的地上控制盘操作界面采用大屏幕触摸屏和人机对话方式，堆垛机的各种状态与操作步骤均能清楚地显示出来，即使是初次使用也能操作自如。今后，智能化操作盘将成为更多自动仓库系统供应商的优先选择。

（八）实用化

实用化是指一个物流系统的配置，在满足使用条件之下，应选择简单、经济、可靠的物流设备。也就是说，构筑这样的物流系统，要善于运用现有的各种物流设备，组成非常实用的简单的系统，这种简单以满足需要为原则，不一定非要追求低成本。耐久性、无故障性和良好的经济效益，以及较高的安全性、可靠性和环保性的物流设备，应是一种发展趋势。

(九)绿色化

绿色化就是要达到环保要求。随着全球环境的恶化和人们环保意识的增强,对物流设备提出了更高的环保要求,有些企业在选用物流装备时会优先考虑对环境污染小的绿色产品或节能产品。因此,物流装备供应商也开始关注环保问题,采取有效措施达到环保要求。如尽可能选用环保型材料;有效利用能源,注意解决设备的震动、噪音与能源消耗量等。

总之,客户需求与科技进步将推动物流技术与装备不断向前发展。物流装备供应商应随时关注市场需求的变化,采用更加先进的技术,提供客户满意的产品与服务,提高物流装备整体发展水平。

1.4.2 推动我国物流技术设备发展的应对措施

借鉴国外物流技术设备发展的先进经验,结合我国物流发展的实际情况及存在的主要问题,可以采取如下措施来加快我国物流技术设备的发展。

(1)加快物流技术设备标准化制定工作。物流技术设备标准化对于提高物流运作效率起着至关重要的作用,统一的标准有利于各种设备之间的相互衔接配套,有利于物流企业之间的业务合作,从而缩短物流作业时间,提高生产效率,改善物流服务质量,进而减少物流成本在生产总成本中所占的比重。

(2)加大对物流技术设备的投资力度,注重多元化投资。对物流技术设备的实际应用情况进行调查研究,注重发展技术含量高的物流技术设备,有意识地淘汰陈旧落后、效率差、安全性能低的物流技术设备,配置先进物流机械设施,如运输系统中的新型机车、车辆、大型汽车、特种专用车辆,仓储系统中的自动化立体仓库、高层货架,搬运系统中的起重机、叉车、集装箱搬运设备、自动分拣和监测设备等。

(3)规范物流技术设备供应商的经营行为,鼓励其扩大经营规模,提高技术水平和设计能力,从而为物流企业提供更好的物流技术设备。

(4)引导物流企业在选择物流技术设备时,不仅注重设备的价格,还要注重设备的质量、安全性能以及对整个系统的作用,结合自身实际需要选择合适的物流技术设备,使整个系统效益最优。

(5)提高物流企业以及各级政府对物流技术设备在物流发展中的作用的认识,使他们在进行物流技术设备系统规划、设计时能通盘考虑,避免使用不便和资源浪费。

(6)无论是物流企业还是各级政府都要把物流技术设备管理纳入物流管理的内容。物流技术设备是物流成本的一部分,应重视物流技术设备的管理和研究,提高物流技术设备的使用效率,尽量减少物流技术设备的闲置时间。同时应注重对物流技术设备安全性能的检测和维修,减缓设备磨损速度,延长其使用寿命,防止设备非正常损坏,保障其正常运行。

【情景小结】

物流设施与设备作为物流管理专业的一门职业核心课程,要求学生了解现代化物流管理流程中各种成熟技术的基本情况(包括各种设备设施类型、技术特点、应用领域等),理解物流运输设备、物流装卸设备、物流集装化设备、物流信息与电子设备等在物流管理中的实际价值,同时掌握物流系统规划与物流配送在实际中的应用。在目前经济全球化发展的大背景下,要求学生必须较系统地学习和掌握现代物流最新技术及先进的物流设施与设备知识。

【双基练习题】
一、课堂讨论题
　　1. 物流设施与设备的概念、分类与特点。
　　2. 物流设施与设备的发展趋势。
二、思考题
　　1. 物流设施与设备在物流系统中的地位和作用。
　　2. 推动我国物流技术设备发展的应对措施。

学习情景 2 装卸与搬运设备

学习内容

【重点】

☆ 主要的装卸搬运设备

☆ 装卸搬运作业的类型；主要的起重设备工作特点及应用场合；叉车的总体结构及应用场合；其他搬运设备的工作特点及应用场合

【难点】

☆ 主要的起重设备工作特点；叉车的构造特点及性能

学习目标

☆ 了解装卸搬运设备的分类及特点

☆ 了解起重机械的基本知识

☆ 对起重设备、叉车及其他常用的装卸搬运设备建立一定的感性认识

☆ 了解牵引车、手推车、手动液压升降平台车的特点及应用场合

 **章前导读**

云南双鹤医药有限公司是北京双鹤这艘医药航母部署在西南战区的一艘战舰，是一个以市场为核心、现代医药科技为先导、金融支持为框架的新型公司，是西南地区经营药品品种较多、较全的医药专业公司。

虽然云南双鹤已形成规模化的产品生产和网络化的市场销售，但其流通过程中物流管理严重滞后，造成物流成本居高不下，不能形成价格优势。这严重阻碍了物流服务的开拓与发展，成为公司业务发展的"瓶颈"。

装卸搬运活动是衔接物流各环节活动正常进行的关键，而云南双鹤恰好忽视了这一点，由于搬运设备的现代化程度低，只有几个小型货架和手推车，大多数作业仍处于人工作业为主的原始状态，工作效率低，且易损坏物品。另外仓库设计得不合理，造成长距离的搬运。并且库内作业流程混乱，形成重复搬运，大约有70%的无效搬运，这种过多的搬运次数，损坏了商品，也浪费了时间。

相关知识

2.1 装卸与搬运设备概述

装卸搬运作业是物流系统正常工作的重要组成部分,物流的每一个环节的转换都离不开装卸搬运。因此,通过合理利用装卸搬运设备进行有效作业,减轻体力劳动,实现机械化和自动化操作,是降低企业经营成本的重要途径。本节通过对装卸搬运设备及其运用等有关知识的学习,学生能够初步具备选择和应用简单的装卸搬运设备的能力。

2.1.1 装卸与搬运设备的分类与特点

1. 装卸与搬运设备的分类

(1) 按主要用途或结构特征进行分类,可分为起重机械、输送机械、装卸搬运车辆、专用卸搬运机械。其中,专用装卸搬运机械指带有专用取物装置的装卸搬运机械,如托盘专用装卸搬运机械、集装箱专用装卸搬运机械、船舶专用搬运装卸机械等。

(2) 按作业性质进行分类,可分为装卸机械、搬运机械及装卸搬运机械三大类。有的机械功能单一,只能满足一个装卸或搬运功能,有的机械装卸搬运功能兼有,可将两种作业操作合二为一,取得较好的效果,如叉车、车站龙门起重机等。

2. 装卸与搬运设备的特点

装卸与搬运设备的工作性能和工作效率对整个物流系统的作业效率影响很大,装卸搬运技术的运用和设备的合理选择与使用,都会对整个物流活动产生重大的影响。为了顺利完成货物的装卸搬运作业,必须选择适应货物和作业要求的装卸搬运设备。

一般地,物流装卸搬运设备具有以下特点:

(1) 适应性强。由于货物的种类、作业场所、作业时间各有特点,因此装卸搬运设备必须具有较强的适应性,能在各种环境中,针对不同货物正常有效地工作。

(2) 设备能力强。货物装卸搬运设备的工作能力和起重量范围往往都比较大,作业能力相对都比较强,只有一些轻型起重机械的起重量和高度较小。

2.1.2 装卸搬运作业的含义、特点与影响

货物的装卸搬运作业贯穿于物流活动的各个环节和领域,对完成物流活动起着重要的作用,它不仅是贯穿物流始终的活动,更是连接其他物流活动的主要纽带,同时也是提高物流工作效率、物流作业成本、改善物流质量的重要环节。

(一) 装卸搬运作业的含义

一般情况下,我们习惯将货物在某一额定地域范围内的存放状态和空间位置的变化,称为装卸或搬运,这两个词都能包含着"装卸搬运"的含义。严格来讲,货物在垂直方向产生的位移,称为"装卸",而货物在水平方向产生的短距离位移,称为"搬运"。具体地说,装卸搬运包括装上、卸下、移送、拣选、分类、堆垛、入库、出库等活动。

在习惯使用中,物流领域(如铁路运输)常将装卸搬运这一整体活动称为"货物装卸";在生

产领域中常将这一整体活动称为"物料搬运"。实际上,活动内容都是一样的,只是领域不同而已。

在实际操作中,装卸与搬运密不可分,二者是伴随在一起发生的。因此,在物流科学中并不过分强调两者差别而是作为一种活动来对待。

(二)装卸搬运作业的特点

从各个领域以及现代物流的各个环节来看,装卸搬运作业具有以下几个特点:

(1)装卸搬运是附属性、伴生性的活动。

装卸搬运是每一项物流活动的开始或者结束。因此,在很多的作业环节,例如,运输、包装、保管等作业操作中,实际都包含了相伴随的装卸搬运。正因为它的附属性,使得人们有时会将其忽略,然而它所带来的影响却是无法掩盖的。

(2)装卸搬运是支持、保障性活动。

装卸搬运是对其他物流活动有一定决定性。譬如,装卸搬运活动会影响生产企业其他工艺环节的作业效率,也会影响物流活动中其他环节的质量和速度。例如,装车不当,会引起运输过程中的损失;卸放不当,会引起货物转换的困难。

(3)装卸搬运是衔接性的活动。

任何物流活动互相过渡时都是以装卸搬运来衔接,装卸搬运往往成为整个物流过程的"瓶颈",是物流各功能之间能否形成有机联系和紧密衔接的关键,同时这也是一个系统的关键所在。建立一个有效的物流系统,关键看这一衔接是否有效。比较先进的系统物流方式即联合运输方式就是着力解决这种衔接的。

此外,在特定的物流系统中,装卸搬运已成为系统的核心,如港口物流系统、车站物流系统等都是以装卸搬运为主要内容。

(三)装卸搬运作业的影响

在物流过程中,装卸活动是不断出现和反复进行的,它出现的频率高于其他各项物流活动,每次装卸活动都要花费很长时间,所以往往成为决定物流速度的关键。装卸活动所消耗的人力也很多,因此装卸费用在物流成本中的比重也很高。以我国为例,铁路运输的始发和到达装卸作业费用大致占运费的20%左右,船舶运输能够占到40%左右。因此,为了降低物流费用,装卸是重要环节。

此外,进行装卸操作时往往需要接触货物,这是在物流过程中造成货物破损、散失、损耗、混合等损失的主要环节。例如,袋装水泥的纸袋破损和水泥散失主要发生在装卸过程中,玻璃、机械、器皿、煤炭等产品在装卸时也容易造成损失。

由此可见,装卸搬运作业是影响物流效率、决定物流技术经济效果的重要环节。为了说明上述结论,列举如下数据:据我国统计,火车货运以 500 km 为分界点,运距超过 500 km,运输在途时间多于起止的装卸时间;运距低于 500 km,装卸时间则超过实际运输时间;美国与日本之间的远洋船运,一个往返需 25 天,其中运输时间为 13 天,装卸时间为 12 天;据我国对生产物流的统计,机械工厂每生产 1 吨成品,需进行 252 吨次的装卸搬运,其成本为加工成本的 15.5%。

装卸搬运作业在整个物流活动中的影响,主要体现在以下几个方面:

(1)在企业的整个物流供应链中,商品装卸是发生频率最高的一项作业,当商品运输或商品储存等作业发生的时候,商品装卸这项作业就会发生。它的质量好坏严重影响着其他物流作业成本的高低。例如,当配送中心进行货物运输之前装货时、当货物运送到达配送地之后准备卸货时,都必须进行必要的装卸搬运工作,而装卸搬运作业的合理性又直接影响配送运输任务的成本以及配送的服务质量。

(2) 在商品的装卸过程中,可能因为意外造成商品的损坏,它会影响到商品的包装成本的大小。这种现象极为常见,很多时候由于装卸搬运存在一定的位移而使商品在进行操作时,容易由于操作不当引起包装损坏,从而造成包装成本的损失。

(3) 按照物流概念本身的理解,物流是"物"的时间状态和空间状态的改变。装卸和运输活动一般是承担改变货物空间状态的主要任务,也是改变货物空间状态的主要手段。运输再配以搬运、配送等活动,就能圆满完成改变货物空间状态的全部任务。所以说,运输、搬运、配送是物流的几大主要功能要素。

(4) 当今社会的经济发展趋势,使得客户的个性化需求愈来愈突出,企业对客户的服务质量也在不断提高,既要满足客户的个性化需求,同时还要实现快速响应,及时快速地将商品送至客户需求地。如果因为商品装卸的原因使得企业不能如期向客户提交商品,那么,将大大地影响企业的形象,对于企业是一个非常大的损失。因此,装卸搬运活动的成功与否将直接影响企业的形象和竞争力。

> **案例分析:**
> 在云南烟业公司,装卸搬运不仅不增加烟叶的价值和使用价值,相反,随着流通环节的增加和流程的繁杂,烟叶的"综合碎耗"和生产成本随之增加。因而,公司在生产物流系统设计中研究了各项装卸搬运作业的必要性,千方百计地取消、合并装卸搬运环节和次数。
> 为保证实行机械化、自动化作业,公司在安排存储保管物流系统的装载点和卸载点时就要尽量集中;在货场内部,同一等级、产地的烟叶应尽可能集中在同一区域进行物流作业,如建立专业货区、专业卸载平台等。
> 同时进行托架单元化组合,充分利用机械进行物流作业。公司在实施物流系统作业过程中要充分利用和发挥机械作业,如叉车、平板货车等,增大操作单位,提高作业效率和生产物流"活性",实现物流作业标准化。
> 云南烟业在合理分解装卸搬运程序、改进装卸搬运各项作业、提高装卸搬运效率的基础上使烟叶加工的工艺流程时间大大缩短,从而达到降低综合损耗的目的。

2.1.3 装卸搬运作业的基本原则与类型

(一) 装卸搬运作业的基本原则

要实现商品装卸搬运的合理化,必须遵循以下几个原则:

(1) 有效作业原则。

装卸搬运作业本身并不产生价值,故应该尽量减少装卸搬运次数,尽可能地缩短搬运距离等。由于装卸搬运作业需花费人力和物力,如果多增加一次装卸搬运,费用也就相应地增加一次,同时也增大商品污损、破坏、丢失的概率。因此应考虑如何才能减少装卸搬运次数、缩短移动商品的距离等问题,实现搬运合理化。

(2) 提高搬运活性。

所谓货物的搬运活性是指在装卸作业中对物料进行装卸作业的难易程度。所以,在堆放货物时,事先要考虑到物料装卸作业的方便性。货物的搬运活性,根据物料所处的状态,即物料装卸、搬运的难易程度,可分为不同的级别。一般用 0~4 来表示:0 级表示物料杂乱地堆在地面上的状态;1 级表示物料装箱或经捆扎后的状态;2 级表示箱子或被捆扎后的物料,下面放有枕木或其他衬垫后,便于叉车或其他机械作业的状态;3 级表示物料被放于台车上或用起重机吊钩钩住,即刻移动的状态;4 级表示被装卸、搬运的物料,已经被启动、直接作业的状态。

搬运活性指标值越高,则对商品的装卸搬运操作越方便灵活。例如,物料在储存阶段,活性指数为 4 的输送带和活性指数为 3 的车辆,在一般的仓库中很少被采用,这是因为大批量的物料不可能存放在输送带和车辆上的缘故。

为了说明和分析物料搬运的灵活程度,通常采用平均活性指数的方法。如图 2-1 所示,这个方法是对某一物流过程物料所具备的活性情况,累加后计算其平均值,用"&"表示。& 值的大小是确定改变搬运方式的信号。如:

当 &<0.5 时,所分析的搬运系统半数以上处于活性指数为 0 的状态,即大部分处于散装情况,其改进方式可采用料箱、推车等存放物料。

当 0.5<&<1.3 时,则是大部分物料处于集装状态,其改进方式可采用叉车和动力搬动车。

当 1.3<&<2.3 时,装卸、搬运系统大多处于活性指数为 2 的状态,可采用单元化物料的连续装卸和运输。

当 &>2.7 时,则说明大部分物料处于活性指数为 3 的状态,其改进方法可选用拖车、机车车头拖挂的装卸搬运方式。

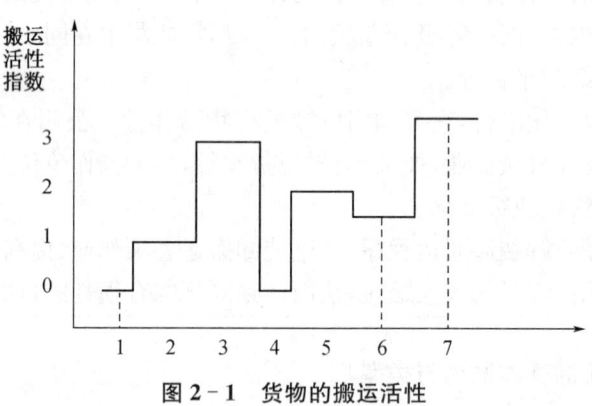

图 2-1 货物的搬运活性

对于生产企业物流而言,搬运活性的提高不但可以缩短商品的加工时间,节约成本,更能提高企业生产效率和设备的利用率;而对于社会物流来讲,搬运活性的提高,对物流活动的顺利进行起着至关重要的作用,不仅提高物流工作效率,节省物流成本支出,同时还对物流服务水平有着重要的影响。

(3) 注意重力的影响和作用。

货物的重力作用在装卸作业过程中的影响很明显,它在装卸作业中具有两面性。装卸作业中合理利用商品的重力,可以大大节省操作难度,做到装卸搬运的省力化。例如,在搬运过程中,利用重力式移动货架就是一种利用重力进行省力化的装卸方式之一。

另一方面,重力又会在操作过程中对设备或人员的正常操作带来一定的负面影响。在人力装卸时,负重行走,要持续抵抗重力的影响,同时还要行进,增加劳动量。要合理利用商品的重力,力求减轻体力劳动及其他劳动消耗,使其在装卸搬运中起到一定的作用。

(4) 减轻人力装卸搬运,提高机械化和自动化水平。

在装卸搬运过程中,尽量将体力劳动改为机械化作业,必须依靠人力时,尽可能不让作业的搬运距离太远。"减轻人力装卸搬运"问题,主要指减轻体力劳动、缩短劳动时间等,注重推进机械化和自动化,合理利用机械,使整个装卸搬运操作更加合理有效。

(5) 集中作业原则。

集中作业原则包括搬运场地的集中和作业对象的集中。前者是在有条件的情况下,把作业量较小的分散的作业场地适当集中,以利于装卸搬运设备的配置及使用,提高机械化作业水平以及合理组织作业流程,提高装卸搬运作业的连续性;后者是把分散的零星的货物汇集成较大的集装单元,以提高作业效率,降低物流作业成本,并且通过追求装卸的规模效益,降低单位装卸成本。

(6) 安全作业原则。

装卸搬运在作业流程中不安全因素比较多,所以操作时必须确保作业安全。作业安全包括人身安全和设备安全,应尽量减少事故的发生。

(二) 装卸搬运作业的类型

装卸搬运作业的类型,根据分类角度的不同,有多种划分方式和作业形式,一般情况下,我们在定义装卸搬运作业的基本方法时,可以分别按照作业形态、作业对象或货物形态、作业手段、装卸设备、作业原理等方式的不同进行分类。下面我们从不同的分类角度,探讨货物的装卸搬运类型。

1. 按作业形态分类

按作业形态分类,主要有堆垛、拆垛作业,分拣、配货作业,搬送、移送作业三种作业类型,这三种作业类型都会涉及装卸搬运作业的操作,具体来讲有以下一些作业形态,如表 2-1 所示。

表 2-1 按照装卸作业形态分类的作业类型

作业形态	具体作业操作	作业说明
堆垛、拆垛作业	堆放作业	把货物先从预先放置场所移动至装运设备或固定设备的指定位置,再按要求的位置和形态放置货物的作业
	拆垛作业	堆放作业的逆向作业
	高垛作业	在仓库的入库作业中,堆垛高度在两米以上的作业
	高垛取货作业	是高垛作业的逆向作业
分拣、配货作业	分拣作业	堆垛、拆垛前后或配货之前发生的作业,把货物按品种、规格、出入先后等进行拣选,再分别放到规定位置的作业
	配货作业	向卡车等输送设备装货作业前和从仓库等保管设施出库装卸前发生的作业

(续表)

作业形态	具体作业操作	作业说明
搬送、移送作业	搬送作业	为进行上述作业而发生的以进行这些作业为主要目的的移动作业,搬送包括水平、垂直、斜向搬送以及几种组合的搬送
	移送作业	在搬送作业中,从设备、距离、成本等方面衡量,移动作业的比重较高的作业

资料来源:《物流手册》,中国物资出版社。

2. 按作业种类分类

按作业种类分类,商品装卸可以分为与输送设备对应的"装进、卸下装卸"和与保管设施对应的"入库、出库装卸"两大类。两类装卸分别伴随着货物的"堆码、拆垛"、"分拣、配货"、"搬送、移送"三类基本的装卸作业,这些作业由于动作和装卸机械的不同而形成了不同的"作业方法",也就是表2-1中所列的作业类型。

3. 按作业对象(或货物形态)分类

按作业对象(或货物形态)进行分类,装卸搬运作业类型主要有以下三种:单件作业、集装作业、散装作业。

(1) 单件作业。

单件作业是指以箱、袋等形式包装的货物的装卸或宽大物品、长尺寸物品、重量物品等大物件的装卸形式。单件、逐件的装卸搬运是人力作业阶段的主要方法。

(2) 集装作业。

集装作业是指先将货物集零为整(集装化)再进行装卸搬运的方法。根据作业设备的不同,集装作业又包括集装箱作业(包括吊上吊下方式、滚上滚下方式)、托盘作业、网袋作业、货捆作业、滑板作业以及挂车作业。

其中,吊上吊下方式,主要适用于专用集装箱码头前沿,一般在这些场所都会配备岸边集装箱起重机进行船舶的装卸作业。按货场上使用的机械类型可将吊上吊下的方式分为下列主要机械化作业形式:① 底盘车方式;② 跨运车方式;③ 轮胎式龙门起重机方式;④ 轨道式龙门起重机方式。

滚上滚下方式则主要是指采用滚装船来运输集装箱,是将集装箱放置在挂车(底盘车)上,船舶到港后,牵引车通过船艄门或舷门跳板进入船舱,用叉车把集装箱放到挂车上,由牵引车拖带到码头货场,或者仅用叉车通过跳板搬运集装箱。

托盘作业就是以托盘为基本工具,最大限度地应用集装单元的原则。托盘作业法的主要机械有叉车、托盘搬运车、托盘堆高车、堆垛机等。

网袋作业是指将粉状、粒状货物采用多种合成纤维和人造纤维编织布制成的集装袋,先进行集装再进行装卸搬运的方法,称为网袋装卸搬运法。

货捆作业是用捆装工具以各种方法将散件货物组成一个货物单元,使其在流通过程中保持不变,以保证装卸搬运作业实现综合机械化的方法。

滑板作业是由纸板、纤维板、塑料板或金属板制成的,与托盘尺寸一致的、带翼板的平板,用以承放货物的搬运单元。

挂车作业是先将货物集装到挂车里,然后由拖车将挂车牵引到铁路平车上。或用大型门式起重机将挂车吊到铁路平车上的装卸搬运方法。

(3) 散装作业。

散装作业是指把粉粒体、液体等物品直接向输送设备、装运设备或存储设备装取与出入库的装卸操作。常见的几种作业形式主要分为倾翻法、重力法、气力输送法、机械法等。其中，倾翻法是指将运载工具的载货部分倾翻，使货物卸出的方法，主要用于铁路敞车和自卸汽车的卸货。

重力法是指利用货物的重力势能来完成装卸作业的方法。主要适用于铁路运输行业，汽车运输也可用这种方法装卸。重力法装车设备主要有筒仓、溜槽、隧洞等三类。重力法卸车主要指底开门车或漏斗车在高轴线或卸车坑道上自动开启车门，煤或矿石依靠重力自行流出的卸车方法。

气力输送法是指利用风机在管道内形成气流，依靠气体的动能或压差来输送货物的方法。这种方法的优点在于：装置结构紧凑、设备简单、劳动条件好、货物损耗少；同时也具有一定的缺陷：消耗功率较大，噪声较高。随着科研技术的不断进步，近年发展起来的依靠压差的推送式气力输送，已经克服了消耗功率较大，噪声较高的缺点，逐渐被人们采用，并扩大了气力输送法在各个行业的应用范围。一般情况下，气力输送法主要用于装卸粮谷和水泥等。

机械法是指采用各种机械，使其工作机械直接作用于货物，通过舀、抓、铲等作业方式，从而达到装卸目的的方法。常用的机械有胶带输送机，堆取料机，装船机，链斗装车机，单斗和多斗装载机，挖掘机，斗式、带式和螺旋卸船机和卸车机，各种抓斗等。一般情况下，港口装船推荐采用的多是移动式装船机，卸船以抓斗为主。而在堆场进行的装卸作业多采用旋臂堆料机、斗轮机及门式斗轮堆取料机等。

4. 按装卸搬运涉及的物流设施、设备分类

按照装卸搬运涉及的物流设施、设备分类，可将其分为仓库装卸、火车装卸、港口装卸、卡车装卸、飞机装卸、船舶装卸等。

5. 按装卸搬运的机械及机械作业方式分类

按照装卸搬运的机械及机械作业方式分类，可分为使用传送带的"输上输下"方式、使用吊车的"吊上吊下"方式、使用叉车的"叉上叉下"方式、使用半挂车或叉车的"滚上滚下"方式、"移上移下"方式及"散装散卸"方式。其中，传送带的"输上输下"方式主要适用于连续作业的生产企业车间，对连续加工的货物或零配件进行装卸搬运，从而提高其工作效率。

6. 按被装物的主要运动形式分类

按照被装物的主要运动形式分类，可将装卸搬运作业分成垂直装卸、水平装卸两种类型。垂直装卸主要是指在垂直方向上货物产生空间位移的活动，而水平装卸则侧重于水平方向上货物产生空间位移的活动。

7. 按装卸搬运的作业特点分类

按照装卸搬运的作业特点分类，可将装卸搬运作业分成连续装卸、间接装卸两类。比如，前面所提到的传送带的"输上输下"方式属于连续性装卸；而车辆装卸、仓库装卸、港口装卸等都属于间接性装卸。

综上所述，装卸搬运作业的几种主要的分类方式，可以用表2-2表示。

表 2-2　装卸搬运作业的几种主要的分类方式

分 类 依 据	分 类 说 明
按照作业种类	与输送设备对应的"装进、卸下装卸"
	与保管设施对应的"入库、出库装卸"
按照作业对象或货物形态	单个物品装卸、集装货物装卸、散装货物装卸
按照运输设备及涉及的物流设施	仓库装卸、卡车装卸、火车装卸 船舶装卸、飞机装卸、港口装卸
按照装卸机械	传送带装卸、吊车装卸、叉车装卸、各种装载机装卸
按照货物的主要运动形式	垂直装卸、水平装卸
按照装卸搬运的作业特点	连续装卸、间接装卸
按照设施场所	自用物流设施装卸 事业用物流设施装卸

2.1.4　装卸搬运设备的作用及发展趋势

大力推广和应用装卸搬运设备，不断更新装卸搬运设备和实现现代化管理，对于加快现代化物流发展，促进国民经济发展，均有着十分重要的作用。

(1) 改善劳动条件，提高装卸效率。广泛运用装卸搬运机械设备，可节约劳动力，减轻装卸工人的劳动强度，提高装卸搬运效率。

(2) 缩短作业时间。运用装卸搬运机械设备，可加速车辆周转，加快货物的发出和送达。

(3) 提高装卸质量，保证货物的完整和运输安全。特别是长、大、笨、重货物的装卸，依靠人力，一方面难以完成，另一方面保证不了装卸质量，容易发生货损或偏载，危及行车安全。采用机械作业，则可避免这种情况发生。

(4) 降低装卸搬运作业成本。装卸搬运机械设备的运用，提高装卸搬运作业效率，降低单位货物的装卸搬运作业成本。

(5) 充分利用货位，加速货位周转，减少货物堆码的场地面积。采用机械作业，堆码高度大，装卸搬运速度快，可以及时腾空货位。因此，可以减少场地占用面积。

随着现代物流的不断发展，装卸搬运设备将会得到更为广泛的应用。高速化、系统化和集成化、柔性化则是今后装卸搬运设备的发展趋势。

(1) 高速化。随着社会生产率的不断提高，经济水平和物流技术的不断改进，高效率的起重机械将成为一个大的发展趋势。目前，采用精密自动控制技术及电子技术的装卸搬运设备，以其作业性能优良、高速运行的优点在各类企业中被广泛应用。

(2) 系统化和集成化。由于生产制造领域物流活动往往与其生产工艺环节相结合，具有点多、线长、面宽和规模大的特点，因此目前很多研究都在从系统化和集成化的角度出发，应用计算机进行有效控制，从而达到提高生产效率的目的。

(3) 柔性化。随着经济的不断发展，产品的个性化需求愈来愈明显，多品种、小批量的发展趋势，使得对物流技术设备的柔性生产性能的要求也越来越高。因此，很多设备研发生产企业都在对高精度、灵活度的物流技术设备进行探讨。

2.2 起重设备

2.2.1 起重设备的工作特点与组成

起重设备的工作任务就是升降重物,并使重物做短距离水平移动,以满足重物的装卸、移位等作业。起重设备的应用大大改善了重物的搬运劳动强度,提高了搬运效率,将一些人力不可能实现的搬运变为可能。

它的工作程序是:吊挂(或抓取)货物,提升后进行一个或数个动作的运移,将货物放到卸载地点后卸载,然后返程做下一次动作准备。这一过程称作一个工作循环,完成一个工作过程后,再进行下一次的工作循环。因此起重设备是一种间歇动作的设备。

起重设备主要由驱动装置、工作机构、钢架结构及安全保护装置组成。

(1) 驱动装置。驱动装置是用来驱动各工作机构动作的动力设备,很大程度上决定着起重设备的工作性能和构造特征。

(2) 工作机构。起重设备其升降及运移货物是依靠相应的机构运动来实现的。起重设备的工作机构有起升、运行、变幅和回转四大机构。起升机构是用来升降货物的机构,是起重设备最基本的机构;运行机构是用来实现起重设备或起重小车沿固定轨道或路面行走的机构;变幅机构是依靠臂架俯仰或小车运行的方式使吊具移动而改变幅度的机构;回转机构是使起重设备回转部分在水平面内绕回转中心转动的机构。

(3) 钢架结构。钢架结构是起重设备的基体和骨架。它主要用来布置和安装起重设备的驱动装置和机构部分,并承受各种载荷并将这些载荷传递给起重设备的支承基础。起重设备的主要钢架结构有臂架、门架、桥架、转台、人字架、机房等。

(4) 安全保护装置。起重设备除了以上三大构造以外,为了使起重设备工作安全可靠,还需要装设一些安全保护装置。例如:为了防止吊重过载而使起重设备破坏,需装有起重量限制器或起重力矩限制器;为了防止起重设备行至终点或两台机械相碰发生剧烈撞击,需要装设行程限位器、缓冲器;为了防止露天工作的起重设备被风吹动滑行,需装设防风抗滑装置等。

2.2.2 起重设备的类型和基本参数

起重设备按其结构特点和用途可分为三大类:

1. 轻小型起重设备

轻小型起重设备一般只有一个升降机构,使货物作升降运动。在某些场合也可作水平运输(如卷扬机)。属于这一类型的起重设备有千斤顶、滑车、葫芦、卷扬机等。

2. 桥式类起重机

桥式类起重机具有桥架结构,并配有起升机构、大车运行机构和小车运行机构等。依靠这些机构配合动作,可在整个长方形场地及其上空作业,适用于车间、仓库、露天堆场等场所。桥式类起重机包括通用桥式起重机、堆垛起重机、龙门式起重机、装卸桥、冶金专用起重机等。

3. 臂架类起重机

臂架类起重机具有臂架结构,配有起升机构、旋转机构、变幅机构和运行机构,液压起重机还配有伸缩臂机构。依靠这些机构的配合动作,可在圆柱形场地及上空作业。臂架式起重机可装在车辆上或其他运输(移动)工具上,构成运行臂架式起重机,这种起重机具有良好的机动性,可适用于码头、货场、工场等场所。臂架类起重机包括塔式起重机、门座起重机、汽车起重机、轮胎起重机、履带式起重机、浮式起重机、铁路起重机等。

(一) 几种常见起重设备

在装卸作业中应用较为广泛的几种起重设备,如桥式起重机、龙门起重机、轮胎起重机、门座起重机等将作详细介绍,而对其余的起重设备则作简单介绍。

1. 固定式起重机

固定式起重机一般是将起重机固定在基础或支承基座上,只能原地工作,其作业范围较小。在内河港口码头应用较多。

图2-2所示为固定起重机。臂架可以俯仰变幅而不能回转的起重机称为固定式动臂起重机;臂架可回转(包括能变幅和不能变幅的)起重机称为固定式回转起重机。

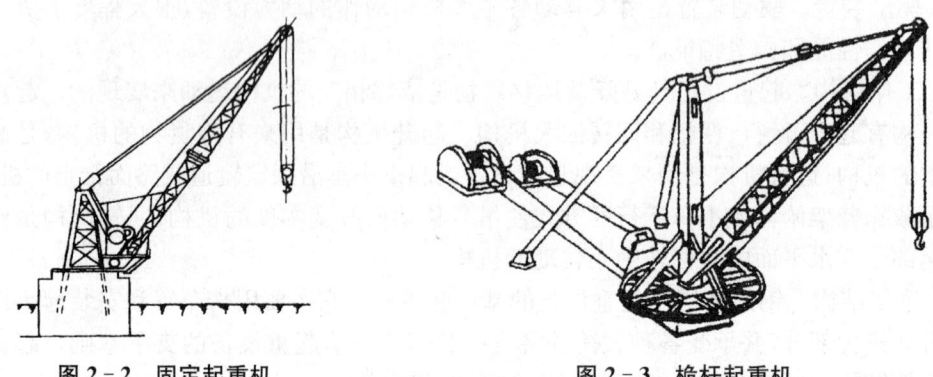

图2-2 固定起重机　　　　　图2-3 桅杆起重机

图2-3所示为桅杆起重机。它是臂架下端与桅杆下部铰接,上端通过钢丝绳与桅杆相连,桅杆本身依靠顶部和底部支承、保持直立状态的可回转臂架型起重机。桅杆起重机一般安装在码头、库场或船舶甲板上使用。

2. 流动式起重机

流动式起重机是可配备立柱或塔架,能在带载或空载情况下沿无轨路面运行,依靠自重保持稳定的起重设备。流动式起重机按底盘形式分为小型起重机、随车起重机、汽车起重机、轮胎起重机和履带起重机。

图2-4所示为小型起重机。它是一种安装在底座上,可由人力或借助辅助设备,从一个场地搬移到另一个场地的起重机。该起重机结构简单,制造容易,起重量一般不超过1吨。

图2-5所示为随车起重机。它是固定在载货汽车上的流动式起重机,主要用于装卸车上的货物。

图2-6所示为汽车起重机。它是以通用或专用的汽车底盘为运行底架的流动式起重机。汽车起重机有机械和液压传动两种形式,适用于流动性大的不固定作业场所。为了保证安全操作,使用时必须撑好支腿,并绝不允许吊重行驶。

图2-7所示为履带起重机。它是以履带为运行底架的流动式起重机。由于履带与地面接触面积大,能在松软、泥泞地面上作业,其通过性能好,爬坡能力大,但因制造成本高,底盘笨重,且会破坏行驶的路面,故在港口应用不如轮胎起重机广泛。

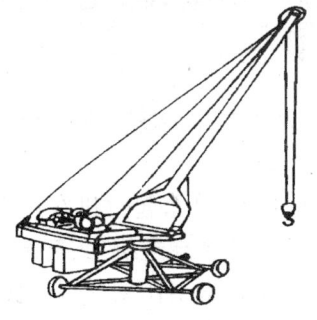

图 2-4 小型起重机

图 2-5 随车起重机

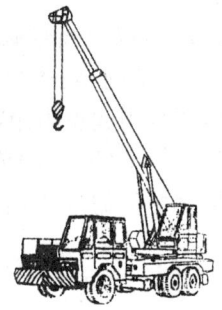

图 2-6 汽车起重机

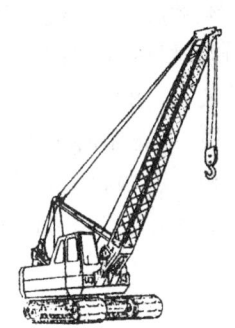

图 2-7 履带起重机

3. 移动式起重机

移动式起重机是沿地面轨道行走的臂架型起重机，或支承在轨道上的桥架型起重机。移动式起重机包括门座起重机、半门座起重机、铁路起重机、桥式起重机、门式起重机（龙门起重机）和装卸桥。图 2-8 所示为铁路起重机。

4. 缆索起重机

缆索起重机是挂有取物装置的起重小车沿架空承载索运行的起重机，如图 2-9 所示。其承载索两端的支架可以在两侧平行的轨道上运行，起重小车在四根平行布置的承载索上运行。起升卷筒与起重小车的牵引卷筒均装设在主塔上，另一侧的副塔上装设有调整承载索张力的液压拉伸机。

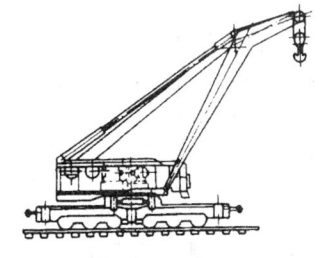

图 2-8 铁路起重机

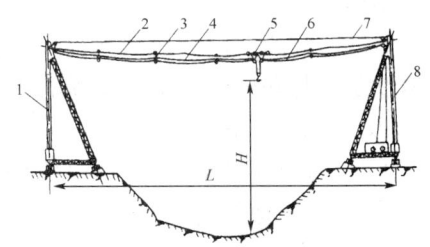

图 2-9 缆索起重机
1. 副塔架；2. 承载索；3. 支索器；4. 起重索；
5. 起重小车；6. 牵引索；7. 辅助索；8. 主塔架

（二）起重设备的基本参数

起重设备的主要技术参数有起重量、起升高度、跨度、轨距或轮距、幅度、工作速度、生产率和工作级别等。这些主要技术参数是表示起重设备性能特征的指标,也是进行起重设备选型和设计的技术依据。

1. 起重量

起重量是衡量起重机起重能力的参数,是指起重机在安全工作情况下所能提升重物的质量。通常用 G 表示,单位为公斤(kg)或吨(t)。

起重量中有额定起重量和最大起重量之分。额定起重量 G_n 是指起重机在规定幅度条件下允许吊起重物、连同吊具(或属具)质量的总和。对于轮式臂架类起重机,其额定起重量是变值,随臂架长度和幅度而变化。最大起重量 G_{max} 是指起重设备正常工作条件下,允许吊起的最大额定起重量。

对于吊运能力较大的起重设备备有两套起升机构,其中起重量较大者称为主起升机构或主钩,较小者称为副起升机构或副钩,副钩的起升速度较高,以提高轻载时的生产率。主副钩的起重量用一个分式表示,如 16/3(t),表示主钩起重量为 16 吨,副钩起重量为 3 吨。

有些臂架型起重机,如轮胎起重机、汽车起重机等,还常用起重力矩 M 这个参数衡量起重能力。它是指幅度和相应起吊物品重力的乘积,单位为牛·米(N·m)或千牛·米(kN·m)。在起重力矩一定的前提下,这类起重设备起重量是随幅度变化的,这时最大起重量是指最小幅度时的额定起重量。

2. 起升高度

起升高度是指起重机运行轨道面或地面到取物装置上极限位置的高度(吊钩测量到吊钩中心,抓斗测量到最低点),当取物装置可以降到地面或轨道顶面以下时,从地面或轨道顶面下放至下极限位置的距离称为下放深度。起升高度与下放深度之和称为总起升高度,用 H 表示,单位为米(m)。

3. 跨度、轨距、轮距、幅度

跨度是指桥式类起重机大车运行两轨道中心线之间的距离,用 L 表示,单位为米(m)。轨距是指臂架类起重机运行轨道中心线之间的距离,用 S 表示,单位为米(m)。

轮距是指轮胎起重机左右两侧轮胎踏面中心线之间的距离。

幅度是指臂架类起重机的旋转中心线至取物装置中心线之间的水平距离,用 R 表示,单位为米(m)。有最大幅度 R_{max} 和最小幅度 R_{min} 之分。

跨度和幅度是表示起重机工作范围大小的参数。

4. 工作速度

起重设备的工作速度包括起升、运行、变幅和回转四个机构的工作速度。

起升速度是指起升机构稳定运动状态下,额定载荷的垂直位移速度,用 v_n 表示,单位为米/秒(m/s)或米/分(m/min)。

运行速度是指运行机构稳定运动状态下的起重机运行的速度。运行速度又分为大车运行速度,用 V_k 表示;小车运行速度,用 V_t 表示,单位为米/秒(m/s)或米/分(m/min)。

变幅速度是指变幅机构稳定运动状态下,额定载荷在变幅平面内水平位移的平均速度,用 V_T 表示,单位为米/秒(m/s)或米/分(m/min)。

回转速度是指回转机构稳定运动状态下起重机回转部分的回转角速度,用 ω 表示,单位为转/分(r/min)。

起重设备工作速度选择的合理与否,对起重设备的性能有很大影响。在一定的起重量下,若提高工作速度,就可相应提高起重设备的生产率。但速度的提高也会带来一系列不利因素,如动载荷的增大,驱动功率的提高等。因此,应根据起重设备的工作性质、使用场合、起重量、工作行程等因素来综合考虑。

5. 生产率

生产率是指起重设备在规定的工作条件下连续作业时,单位时间内装卸货物的质量,用 Q_S 表示,单位为吨/时(t/h)。它是表示起重设备装卸能力的综合指标,也是测算装卸作业能力的主要依据。

生产率不仅取决于起重设备本身的性能(起重量、工作速度、工作行程等),还与货物的种类、工作条件、生产组织以及司机的操作熟练程度等多种因素有关。理论上生产率可用下式计算:

$$Q_S = nG_P \tag{2-1}$$

式中:G_P——有效起升质量(t)

n——起重设备每小时工作循环次数。

6. 工作级别

起重机的载荷是起重机工作时受到的各种力的作用,它包括起吊物品及吊具索具的重量、起重机的自重、起重和制动时的运动惯性力、缓冲器的碰撞力、风力等的合力作用。起重机受到的不是恒定不变的静载荷,而是变化着的动载荷。起重机是一种周期性间歇运动的机械,以重复短时的工作循环来升降和运移货物,每一工作循环中,有关机构要作一次正向和反向运动,并且频繁地起动和制动。

由于起重机具有以上载荷和运动特点,在交变载荷作用下使构件材料产生交变应力,这样即使最大工作应力低于材料的强度极限也会发生疲劳破坏现象。因此,影响起重机使用寿命的因素不但与载荷大小(即实际载荷与额定载荷之比)有关,而且与工作忙闲程度(即工作时间的长短)及使用频繁程度(即工作循环次数多少)有关。

根据起重机国家标准规定:(1) 按起重机工作的利用等级和载荷状态将起重机分为 A1、A2、A3、A4、A5、A6、A7、A8 共 8 种工作级别;(2) 按起重机各机构的利用等级和载荷状态将起重机机构分为 M1、M2、M3、M4、M5、M6、M7、M8 共 8 种工作级别。起重机及其构件的设计和安全标准都与工作级别有关(分级方法详见 GB 3811—83《起重设备设计规范》)。起重设备工作级别举例见表 2-3。

表 2-3 起重设备工作级别(摘自 GB 3811—83)

起重机械类型			起重机工作级别	机构工作级别				
				起升机构	变幅机构	回转机构	运行机构	
							小车	大车
桥式起重机	吊钩式	车间及仓库用	A3～A5	M2～M5	—	—	M3～M5	M3、M5
		繁重工作车间及仓库用	A6～A7	M5～M7	—	—	M5、M6	M6、M7
	抓斗式	间断装卸用	A6～A7	M6～M7	—	—	M6～M8	M6、M7
		连续装卸用	A8	M7～M8	—	—	M6、M7	M6、M7

(续表)

起重机械类型		起重机工作级别	机构工作级别				
			起升机构	变幅机构	回转机构	运行机构	
						小车	大车
门式起重机	一般用途吊钩式	A5～A6	M5、M6	—	—	M5	M5
	装卸用抓斗式	A7～A8	M7、M8	—	—	M7、M8	M6、M7
	装卸集装箱用	A6～A8	M6～M8	M3	—	M6～M8	M5～M8
装卸桥	港口装卸用抓斗式	A8	M7、M8	M3	—	M7、M8	M6、M7
	港口装卸集装箱用	A6～A8	M5～M7	M3	—	M5～M7	M5～M7
门座起重机	装卸用吊钩式	A6～A7	M5	M5	M5	M3	
	装卸用抓斗式	A7～A8	M7、M8	M5	M3、M5	M4	
汽车轮胎、履带起重机	安装及装卸用	A1～A4	M3、M4	M4	M4	M2～M4	
	吊钩式						
	装卸用抓斗式	A4～A6	M5～M7	M4、M5	M5、M6	M4、M5	

2.2.3 轻小型起重设备

轻小型起重设备主要有千斤顶、滑车及滑车组、葫芦、卷扬机等,它们具有结构简单,使用方便的特点,适用于流动性和临时性的作业场合。手动的轻小型起重设备尤其适用于无电源的场合。

1. 千斤顶

千斤顶是一种用钢制顶举件作为工作装置,通过顶部托座或底部托爪在伸缩过程中顶升重物的轻小起重设备,是一般机械故障维修时常用的轻便工具。千斤顶的顶升高度一般为100～400 mm,最大起重量可达 500 t,自重大约 10～500 kg。主要用于电力、建筑、机械制造、矿山、铁路桥梁、车辆维修、造船等多种行业设备安装起顶及拆卸作业。

千斤顶按其构造和工作原理不同,可分为齿条式、螺旋式和液压式三种(图 2-10～2-12)。

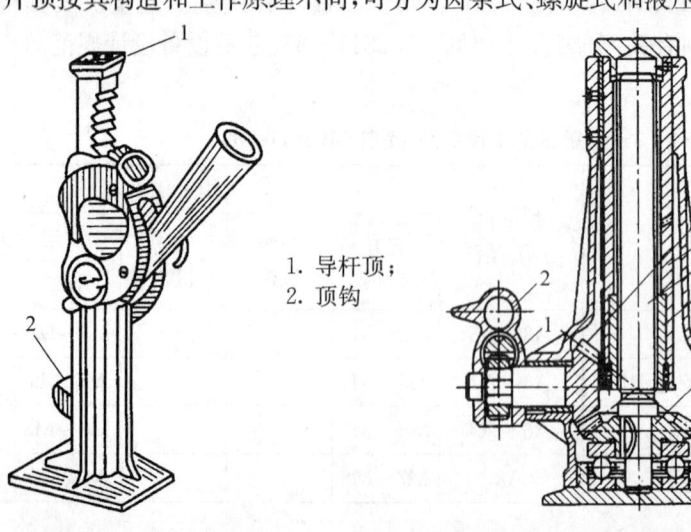

图 2-10 齿条千斤顶　　图 2-11 手动螺旋千斤顶

1. 导杆顶;
2. 顶钩

1. 维齿轮;
2. 手柄插杆;
3. 小伞齿轮;
4. 升降套筒;
5. 锯齿形螺杆;
6. 铜螺母;
7. 大伞齿轮;
8. 推力轴承;
9. 主架;
10. 底座

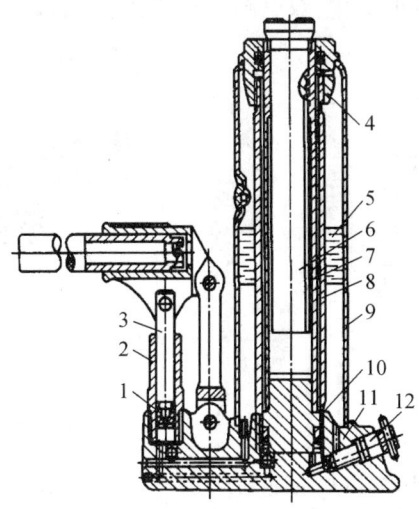

1. 油泵胶碗；2. 油泵缸；
3. 油泵芯；4. 顶帽；
5. 工作油；6. 调整螺杆；
7. 工作活塞；8. 工作活塞缸；
9. 外套；10. 活塞缸密封圈；
11. 底座；12. 回油阀

图 2-12 手动立式液压千斤顶

由于千斤顶具有顶升重物而不需要辅助设备，且顶升缓慢、均匀、稳定，又适用于校正设备安装偏差和构件变形等，因而被广泛应用于安装施工，但由于千斤顶与顶升重物接触点较小，又依赖底座的平整、坚实，而且要求与重物接触良好，所以使用时要特别注意。

2. 链条葫芦

链条葫芦（又称倒链）是一种不需要底部铺垫固定，且可将重物升在空中任何一个需要的位置上的一种小型起重工具，具有使用携带方便、结构紧凑、手拉力小等特点。它适用于小型设备和货物的短距离吊运，起重量一般不超过 10 t。

链条葫芦选用时考虑的主要因素有起重量、工作级别、起升高度、起升速度、运行速度。

（1）手拉葫芦：手拉葫芦是以焊接环链作为挠性承载件，使用人力拉动链条的起重工具，它可与手动单轨小车配套组成起重小车，用于手动梁式起重机或者架空单轨输送系统。

手拉葫芦适合于工厂、矿山、建筑工地、农业生产以及码头、船坞、仓库等用作安装机器、起吊货物和装卸车辆，尤其对于露天及无电源作业安装机器、起吊货物和装卸车辆。

选用时考虑的主要因素有起重量、起升高度、两钩间的最小距离、主要尺寸、重量等。手拉葫芦如图 2-13 所示。

（2）手扳葫芦：手扳葫芦是由人力通过手柄扳动钢丝绳或链条等运动机构来带动取物装置运动的起重葫芦。如图 2-14 所示。

手扳葫芦广泛应用于造船、电力、运输、建筑、矿山、邮电等部门的设备安装、物品起吊、机件牵引等，尤其在狭小的工作场所、野外、高空作业和对各种不同角度的牵引力，更具有独特的优越性。

选用时考虑的主要因素有起重量、起升高度、两钩间的最小距离、满载时的手扳力、重量、手柄长度等。

（3）电动葫芦：电动葫芦是以电动机为动力源，以钢丝绳为承载的葫芦，具有结构紧凑、自身轻、效率高、操作简便等特点。如图 2-15 所示。

电动葫芦主要用于悬挂式起重机和配备在运行小车作为各类梁式、桥式起重机的起升机构。在工厂、矿山、铁路、码头、仓库、货场及服务性行业等场所中得到极其广泛的应用。

电动葫芦主要类型有固定式、单轨小车式、双梁葫芦小车式、单主梁葫芦小车式。

图2-13 手拉葫芦　　图2-14 手扳葫芦　　图2-15 电动葫芦

3. 起重滑车

起重滑车(如图2-16所示)，能以较小的力提升较重物品的轻小型起重设备。滑车的规格范围在0.03~320 t，轮数从单轮至十轮，吊具有吊钩、链环、吊环、吊梁四种。起重滑车由定滑轮和动滑轮组成，并带有吊挂件。定滑轮位置固定不变，用以改变力的方向；动滑轮与重物一起升降，用以减小拉力。起重滑车可单独使用，也可与绞车等配合使用，是许多起重机械起升机构的基本组成部分。由于使用、携带方便，在起重安装作业中广泛应用。

图2-16 起重滑车

起重滑车按其吨位可分为吊钩滑车、吊环滑车、吊架滑车；按轮数的多少可分为单轮滑车、双轮滑车和多轮滑车；按滑车与吊物的连接方式可分为吊钩式滑车、链环式滑车、吊环式滑车和吊架式滑车四种。

4. 卷扬机

卷扬机(如图2-17所示)又叫绞车，是由人力或机械动力驱动卷筒、卷绕绳索来完成牵引工作的装置，是垂直提升、水平或倾斜牵引重物的简单起重机械，分手动和电动两种。目前卷

图2-17 卷扬机

扬机的吨位为1~32 t。电动卷扬机由电动机、联轴节、制动器、齿轮箱和卷筒组成,共同安装在机架上。电动机为动力来源,经弹性联轴节、三级封闭式齿轮减速箱、牙嵌式联轴节驱动卷筒,采用电磁制动。在起升高度和装卸量大、工作繁忙的情况下,要求调速性能好,特别是空钩时能快速下降。对安装就位或敏感的物料,要以微动速度下降。

卷扬机按用途不同可分为电动卷扬机、手动卷扬机、建筑卷扬机、变频卷扬机、调速卷扬机、非标卷扬机等;按速度快慢可分为快速卷扬机和慢速卷扬机。

卷扬机的特点是通用性高、结构紧凑、体积小、重量轻、起重大、使用转移方便,被广泛应用于建筑、水利工程、林业、矿山、码头等的物料升降或平拖,还可作为现代化电控自动作业线的配套设备。

值得注意的是,电葫芦其实也可以看作是卷扬机所配置的一种设备,它里边有卷扬机有的部分,但也有其他很多卷扬机没有的部分。

2.2.4 通用起重机械

(一)桥式类起重机

桥式起重机又称桥吊、行车。桥式起重机是桥架支撑在建筑物两边高架轨道上并能沿轨道行走的一种桥架型移动式起重机。在桥架上设有可沿桥架上的轨道行走的起重小车(或电动葫芦)。它是依靠桥架沿厂房轨道的纵向移动、起重小车的横向移动以及吊钩装置的升降运动来进行工作的。它具有重量大、构造简单、操作灵活、维修方便、占地面积小,且运行时不妨碍作业场地的其他工作的特点。常用于仓库的装卸作业和车间的起重作业。

桥式起重机一般由桥架、起重小车、大车运行机构、司机室四大部分组成。桥式起重机的机构部分由起升、小车运行和大车运行三个机构组成,各机构有单独的电动机进行驱动。

桥式起重机用吊钩、抓斗或电磁盘来吊取货物并进行装卸,吊运方式由大车的纵向运动、小车的横向运动以及起升机构的升降运动所组成。这些运动构成了一个长方形、大范围的作业空间。

根据起重机的取物装置和用途的不同,通用桥式起重机可以分为各种不同的类型,不同类型的起重机具有各自的特点和应用场合,如表2-4所示。

表2-4 通用桥式起重机的几种分类

分类	类型	分类	类型
按取物装置划分	吊钩桥式起重机	按用途划分	通用吊钩式起重机
	抓斗桥式起重机		装卸起重机
	电磁桥式起重机		专用起重机,如集装箱起重机
	吊钩电磁桥式起重机		堆垛起重机
	抓斗电磁桥式起重机		多用途起重机
	吊钩抓斗电磁起重机		其他用途起重机
	集装箱起重机		

吊钩桥式起重机取物装置是吊钩或吊环,起升机构与运行机构的工作速度根据需要可用机械或电气方法调整。适用于机械加工、修理、装配车间或仓库、料场的一般装卸吊运工作。

可调速的吊钩桥式起重机用于机修、装配车间(如图 2-18 所示)。

抓斗桥式起重机取物装置是抓斗。小车上有两套卷扬装置,实现抓斗的升降与开闭,可在任意高度上打开。适合于仓库、料场、车间等对矿石、煤炭、沙等散粒物料的装卸吊运工作(如图 2-19 所示)。

图 2-18 吊钩桥式起重机

图 2-19 抓斗桥式起重机

电磁桥式起重机取物装置是电磁盘。吊运的能力受物品的性质、形状、大小等的影响。适合于吊运有导磁性的金属及制品(如图 2-20 所示)。

图 2-20 电磁桥式起重机

1. 通用桥式起重机

通用桥式起重机分单梁和双梁桥式起重机。

单梁桥式起重机桥架的主梁多采用工字型钢或钢板的组合截面。电动葫芦或手动单轨小车沿主梁的工字钢下翼缘运行,跨度小时直接用工字钢做主梁,跨度大时,可在主梁工字钢的上面再作水平加强,形成组合断面的主梁,进行物料搬运作业。通常用于工厂车间、仓库等货物起吊量不大、作业不是很频繁的场所(如图 2-21 所示)。

单梁桥式起重机按驱动方式分手动、电动两种。手动单梁桥式起重机采用手动单轨小车作为运行小车,用手拉葫芦作为起升机构。手动单梁桥式起重机各机构的工作速度较低,起重量也较小(通常为 0.5~10 t)。但其结构紧凑、操作灵活、质量小、成本低,既可于地面操作,也可于司机室操作,还可进行遥控操作,便于组织生产,适合用于无电源或搬运量不大,对速度与生产率要求不高的场合。电动单梁桥式起重机的工作速度、生产率较手动的高,起重量也较大。电动单梁桥式起重机由桥架、大车运行机构、电动葫芦及电气设备等部分组成。

单梁桥式起重机按桥架支撑形式不同，分为支撑式和悬挂式两种。前者的桥架沿车梁上的起重机轨道运行，后者的桥架沿悬挂在厂房屋架下的起重机轨道运行。

双梁桥式起重机由直轨、主梁、电动环链葫芦和起重机小车组成，特别适合于大跨度和大起重量在平面范围内的物料运送（如图2-22所示）。

图2-21 单梁桥式起重机

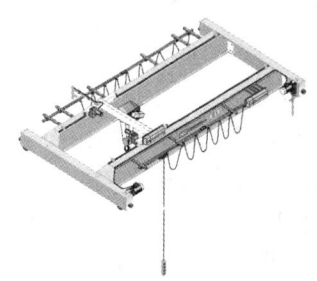
图2-22 双梁桥式起重机

2. 门式起重机

门式起重机，又称龙门式起重机，是桥式类起重机的一种机型，主要用于室外的货场、料场散货的装卸作业。金属结构像门形框架，承载主梁下安装两条支脚，可以直接在地面的轨道上行走。门式起重机具有场地利用率高、作业范围大、适应面广、通用性强等特点，在港口货场得到广泛使用。

门式起重机按门架结构形式可分为全门式起重机、半门式起重机（如图2-25所示）、双悬臂门式起重机和单悬臂门式起重机。全门式起重机主梁无悬挂，小车在主跨度内运行；半门式起重机支腿有高低差，可根据使用场地的土建要求而定；双悬臂门式起重机是最常见的一种结构形式，其结构的受力和场地面积的有效利用都是合理的。

门式起重机按主梁结构形式分为单主梁门式起重机和双主梁门式起重机（如图2-23和图2-24所示）。单主梁门式起重机支腿有L型和C型两种形式。

图2-23 单主梁门式起重机

图2-24 双主梁门式起重机

图 2-25 半门式起重机

单主梁门式起重机结构简单、制造安装方便，自身质量小，主梁多为偏轨箱形架结构。与双主梁门式起重机相比较，整体刚度要弱一些。因此，当起重量 $Q \leqslant 50$ t，跨度 $L \leqslant 35$ m 时，可采用这种形式。L 型单主梁门式起重机的制造安装方便，受力情况好，自身质量较小，但是吊运货物通过支腿处的空间相对小一些。C 型单主梁门式起重机的支脚倾斜或弯曲成 C 型，目的在于有较大的横向空间，以便货物顺利通过支脚。

双主梁式起重机承载能力强、跨度大、整体稳定性好、品种多，但自身质量与相同起重量的单主梁门式起重机相比要大，造价也较高。根据主梁结构不同，又可分为箱形梁和构架梁两种形式，目前一般多采用箱形梁结构。

（二）臂架类起重机

臂架类起重机在构造上具有臂架结构，是利用臂架的变幅（或俯仰），上部结构相对于下部结构的旋转运动而实现货物装卸任务的起重机。

臂架类起重机由行走、起升、变幅、旋转四个机构组成。通过这些机构的配合动作可使起重机在一个圆柱形空间范围内起重和搬运货物。

臂架类起重机可分为固定式、移动式和浮式三种类型。固定式臂架起重机直接安装在码头或库场的墩座上，只能原地工作，其中有的臂架只俯仰不能回转，而有的臂架既可俯仰又可回转；移动式起重机可沿着轨道或在地面上运行，主要有轮胎起重机、门座起重机、汽车起重机和履带起重机等；浮式起重机是安装在专用平底船上的臂架起重机，广泛应用于海、河港口的装卸作业。

臂架类起重机种类繁多，下面简单介绍常用的门座起重机。门座起重机又称门机，是有轨运行的臂架类移动式起重机。它和其他移动式起重机的主要区别在于起重机的回转部分安装在一个高大的门架上，门架可以沿地面的轨道运行。门架又是整个起重机的承载部分，起重机工作时的全部载荷，均由门架传到地面轨道上。

门座起重机的门架大多采用箱形结构，刚度大，如图 2-26 所示。由于门架底部能通行火车或其他车辆，因此门架轨距有三种规格：能通行一列铁路车辆的轨距为 6 m，称单线门架；能通行两列铁路车辆的轨距为 10.5 m，称双线门架；能并列通行三列铁路车辆的轨距为 15.3 m，称三线门架。港口码头前沿的门座起重机的门架大多属于双线门架。

门座起重机的结构是立体的，不多占用码头的面积，且有高大的门架和较长的臂架，因而具有较大的起升高度和工作幅度，适宜于工作范围较大的万吨级海轮的装卸、过驳，并且是水陆联运码头车、船转运的重要装卸机械。但门座起重机也有它的不足,如造价高,需要钢材多,需要较大的电力供给;轮压较大,需要坚固的地基;附属设备也较多,如变电所、电缆、地道等。

图 2-26　门座起重机

➤ 小提示

起重机作业时注意事项

起重机作业属于危险事故伴生性的活动。在进行起重机作业时,司机应注意如下事项:

（1）鸣铃后起车,起车要稳,逐挡加速。

（2）首次吊载前应先试吊。

（3）在工作过程中或有货载时,工作人员尤其是司机不得离开工作岗位。

（4）起重机如有主副钩,不可同时开启。

（5）特殊作业时,如数台起重机同时起重重物,必须配合默契,严格按"特殊操作技术"要求操作。

（6）作业时,禁止在任何部位上载人运行。

（7）司机应严格遵守起重机械作业的"十不吊":超过额定负荷、歪拉斜挂不吊;指挥信号不明、质量不清、光线暗淡不吊;吊索和附件捆绑不牢,不符合安全要求不吊;行车吊挂重物直接进行加工时不吊;起重机械的安全装置失灵时不吊;工件上站人或工件上有浮动物时不吊;氧气瓶、乙炔瓶等具有爆炸性的物品不吊;带棱角、未包好的快口不吊;埋在地下的物件不吊;管理人员违章指挥不吊。

（8）司机在作业时应遵守下列要求:不准利用极限位置的限位器进行停车;不准在有载荷的情况下,调整起升制动器;不准进行检查和维修;对无反接制动性能的起重机,除特殊情况外,不准利用打反车进行制动。

（9）载荷达到或接近额定能力时,在未检查制动和进行试吊前,不应进行吊运作业。

（10）作业时,作业全过程应暴露在操纵员的视野范围内。

2.3 叉车

2.3.1 叉车的特点和总体构成

1. 特点

叉车又称叉式装载车。按照 ISO(国际标准化组织)的分类,叉车属于工业起升搬运装载车辆。它种类繁多,用途广泛,是装卸搬运机械中应用最广泛的一种设备。它把水平方向的搬运和垂直方向的起升紧密结合起来,有效地完成各种装卸搬运作业(如图 2-27 所示)。

叉车机动灵活,既可用于集装箱装卸,又可用于杂件货装卸,既可用于堆场垂直堆码作业,又可用于水平运输,应用广泛,性能可靠,造价不高。但其轮压较大,对场地承载能力要求高,土建投资较大。而且由于作业时回转半径大,堆场面积利用率低。叉车主要被用于集装箱吞吐量不大的多用途码头。各种装卸作业系统的集装箱码头往往都配备有叉车。

图 2-27 叉车

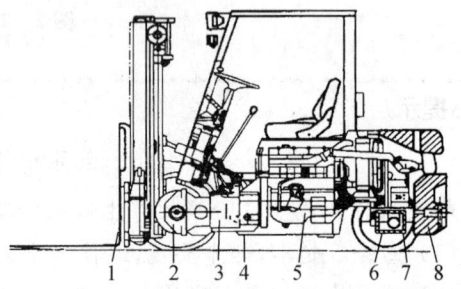

图 2-28 内燃平衡重式叉车总体布置
1. 工作装置;2. 驱动桥;3. 变速器;4. 离合器;
5. 发动机;6. 转向桥;7. 工作油泵;8. 平衡重

2. 叉车的总体构成

平衡重式叉车由发动机、底盘和工作装置三大部分组成,其总体布置如图 2-28 所示。

工作装置安装在叉车的最前部,悬挂在支承车轮的前方。最常用的取物装置是一对朝前的货叉,通过起升机构使货叉升降,通过门架倾斜装置使货架向下俯或向上仰,加上叉车的前进和后退,货叉就能方便地实现对货物的托取、升降、堆垛、拆垛等工作。工作装置采用伸缩式门架以及省时起升滑轮组,使叉车在较小的外形高度下得到较大的起升高度,提高了叉车的通过性和扩大了叉车的适用范围。

底盘由行驶系、传动系、转向系和制动系组成。底盘用来实现叉车行走,完成对货物的水平搬运。由于工作装置和货物位于前方,满载时前轮压力大,为了提高叉车的牵引性能,叉车采用前桥驱动、后桥转向的布置,并且采用前桥与车架固定连接,后桥与车架轴式悬挂连接方式。

(1) 传动系把发动机的动力传给驱动轮,使叉车运行。它由液力变矩器或离合器、变速器、传动轴和驱动桥内的主传动装置等组成。

(2) 转向系用来控制叉车行驶方向,使车辆保持直线行驶或实现曲线行驶。它由转向器、转向传动机构组成。

(3) 制动系是使叉车减速、驻车或可靠地停驻。叉车具有两套独立的制动系统:行车制动系统和驻车制动系统。每套制动系统由制动器和制动操纵机构组成。

叉车车速较低,一般只在驱动轮上装车轮制动器,用脚踏板控制。驻车制动器一般安装在传动轴上或车轮制动器内,用手拉杆操纵。

内燃机是叉车的动力装置,装在叉车的后部,兼起平衡重的作用。

2.3.2 叉车的分类

叉车种类很多,可以从不同角度分类。如图 2-29 所示。

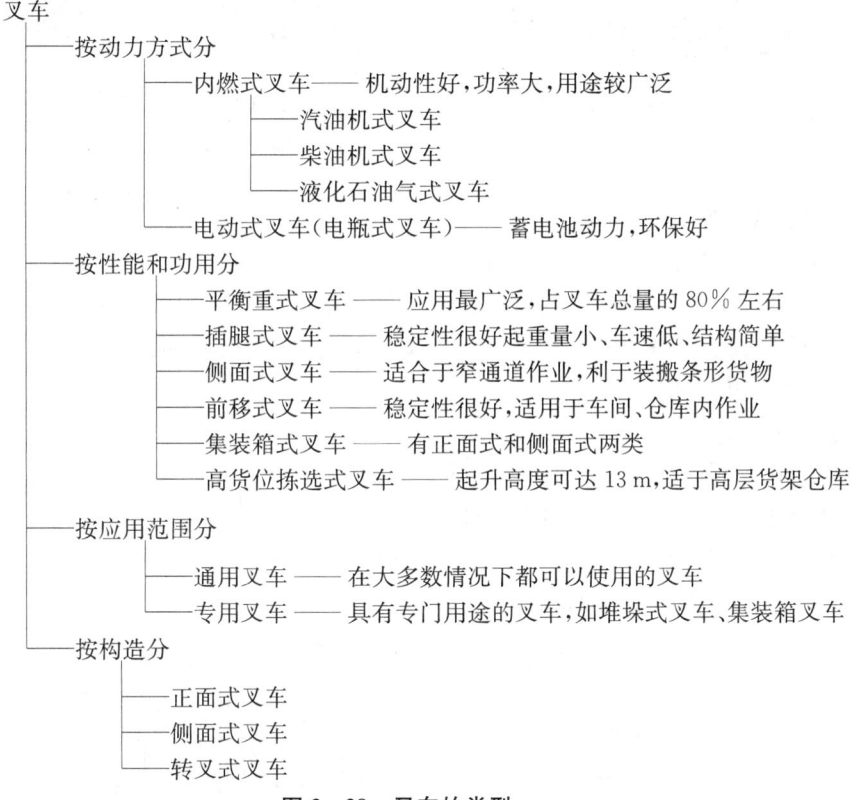

图 2-29 叉车的类型

叉车按货叉安装位置的不同,分为正面式叉车、侧面式叉车和多面式叉车等。

1. 正面式叉车

正面式叉车的货叉位于叉车的前方。正面式叉车按其保持稳定性的方法又可分为:

(1) 平衡重式叉车。

平衡重式叉车如图 2-30 所示。这种叉车的货叉与货物始终位于叉车前轮的前方。为平衡货物重量产生的倾翻力矩,在叉车的后部安装平衡重,保持叉车的纵向稳定性。平衡重式叉车是使用最广泛的叉车,起重量为 0.5~60 t。

(2) 前移式叉车。

前移式叉车如图 2-31 所示。它有两条前伸的支腿，前轮较大，支腿较高。需要叉取货物或卸下货物时，将门架（或叉架）沿车架上的水平轨道前移到前轮的前方，货叉叉取货物后，起升一定高度。当货物底部超过支腿高度后，货叉带着货物后移，使货物重心位于车轮的支承平面内，保持叉车行走时的良好稳定性。前移式叉车一般用电动机驱动，额定起重量在 2 t 以下，主要用于仓库堆垛作业。

 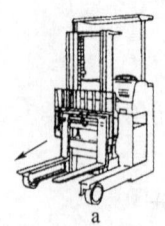 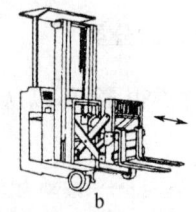

图 2-30　平衡重式叉车　　　　图 2-31　前移式叉车

(a) 门架前移式；(b) 叉架前移式

(3) 插腿式叉车。

插腿式叉车如图 2-32 所示。这种叉车车体前方有两条带小车轮的支腿，货叉位于支腿之间。支腿的高度很小，因此支腿可以连同货叉一起插入货架或托盘底部，再由货叉起升货架或托盘，被插腿式叉车举起的货物重心位于车轮的支承平面内，所以叉车的稳定性好，适用于通道狭窄的仓库内作业。

2. 侧面式叉车

侧面式叉车如图 2-33 所示。侧面式叉车的门架、货叉位于叉车的中部，并可以沿横向轨道移动，货叉朝向叉车的侧面。货叉在侧面叉取货物，起升一定高度后，门架向车内移动，降下货叉，把货物搁在叉车的货台上，叉车行走。起升机构在叉车行走时不受载，货物重心位于前后轮的支承平面内，所以叉车的纵向稳定性好。

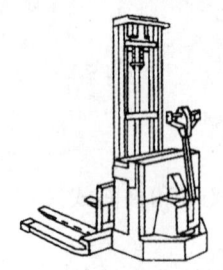 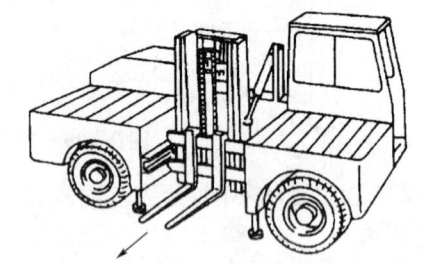

图 2-32　插腿式叉车　　　　图 2-33　侧面式叉车

侧面式叉车适应于装卸搬运长件货物，在叉取或卸下货物时，需要先将侧面液压支腿放下，用来减小该侧轮胎的负荷，保证叉车的横向稳定性。

3. 多面式叉车

多面式叉车的特点是门架或叉架可以绕垂直轴线旋转，因此货叉可能朝向两个方向或三个方向。图 2-34 所示是叉架可绕垂直轴旋转的三向堆垛叉车。它的货叉可朝向前方,也可朝向左方或右方。不仅叉架可以旋转,支承叉架的回转头还能向左或向右作横向位移,便于叉车从侧面取货或卸货。这种叉车能在通道狭窄的立体仓库中从通道两侧的货架上取、放货物。

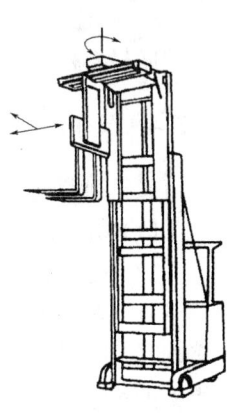

图 2-34
三向堆垛式叉车

2.3.3 叉车的主要技术参数

叉车的技术参数是表示叉车结构尺寸和工作性能的一些技术指标。
以平衡重式叉车为例,了解主要技术参数。

1. 额定起重量

额定起重量是指叉车门架处在垂直位置,载荷质心位于规定的载荷中心距时,允许货叉举起载荷的最大质量。额定起重量是叉车最主要的参数,我国有关标准已规定了叉车的额定起重量系列,这里不再赘述。

2. 载荷中心距

载荷中心距是指叉车载荷重心到货叉垂直段前壁的水平距离。

额定起重量与载荷中心距的乘积反映了叉车的起重能力。为了保证叉车的纵向稳定性,当载荷重心位于载荷中心距之内时,其额定起重量不变;当载荷重心位于载荷中心距之外时,其起重量小于额定起重量。随着重心距离的增大,起重量按曲线减小,此曲线称为载荷特性曲线。

3. 最大起升高度

最大起升高度是指叉车位于水平坚实路面上,门架处于垂直位置,货叉承载额定起重量,自货叉水平段上表面至地面的最大垂直距离。

4. 最大起升速度

最大起升速度是指叉车门架处于垂直位置,货叉承载额定起重量时,货物起升的最大速度。货叉、货物、滑架的下降一般依靠重力,为了避免满载时下降速度过快,在起升油缸进油口处装单向节流阀,控制下降速度。

5. 满载和空载最大行驶速度

满载和空载最大行驶速度是指货叉上承载额定起重量的叉车和空载的叉车在平整、坚硬道路上行驶能达到的最高稳定行驶速度。

对内燃叉车, $v=18\sim 25$ km/h; (2-3)
对电动叉车, $v=10\sim 15$ km/h。 (2-4)

6. 满载和空载最大爬坡度

满载和空载最大爬坡度是指叉车在载有额定起重量状态下或空载状态下,以最低档等速行驶所能爬越的最大坡度,以百分数表示。

7. 尺寸参数

尺寸参数包括外形长度、高度、宽度,最大起升时的外形高度、轴距、前后轮距、最小离地间隙、最小转弯半径等。

8. 质量参数

质量参数包括自重、前后轴压等。

2.3.4 叉车属具

叉车属具是指叉车取货的各种取物装置。

（1）货叉。

货叉是叉车最常用的属具的整体，也是叉车重要的承载构件。

货叉的水平段用来叉取并承载货物。其上表面平直，下表面前端略有斜度。叉尖较薄较窄，两侧带有圆弧。用货叉装卸货物时，一般将货物放在托盘或垫木上，以便于货叉插入底部。货叉的垂直段用来与滑架连接。有几种特殊的货叉可供选用：

① 前移叉（图 2-35）

② 旋转叉（图 2-36）

③ 横移叉（图 2-37(a)）

（2）推货器（图 2-38）

（3）吊架（图 2-37(b)）

（4）串杆（图 2-39）

（5）货斗（图 2-40）

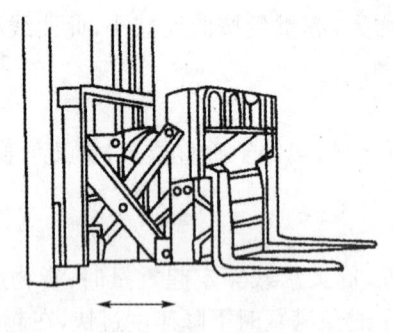

图 2-35 前移叉

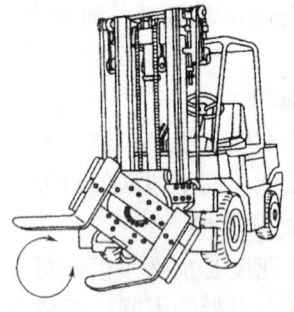

图 2-36 旋转叉

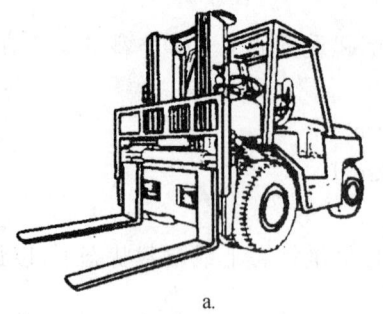

a.

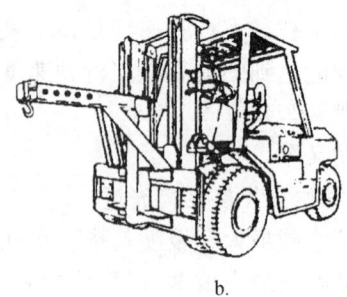

b.

图 2-37

(a) 横移叉；(b) 吊架

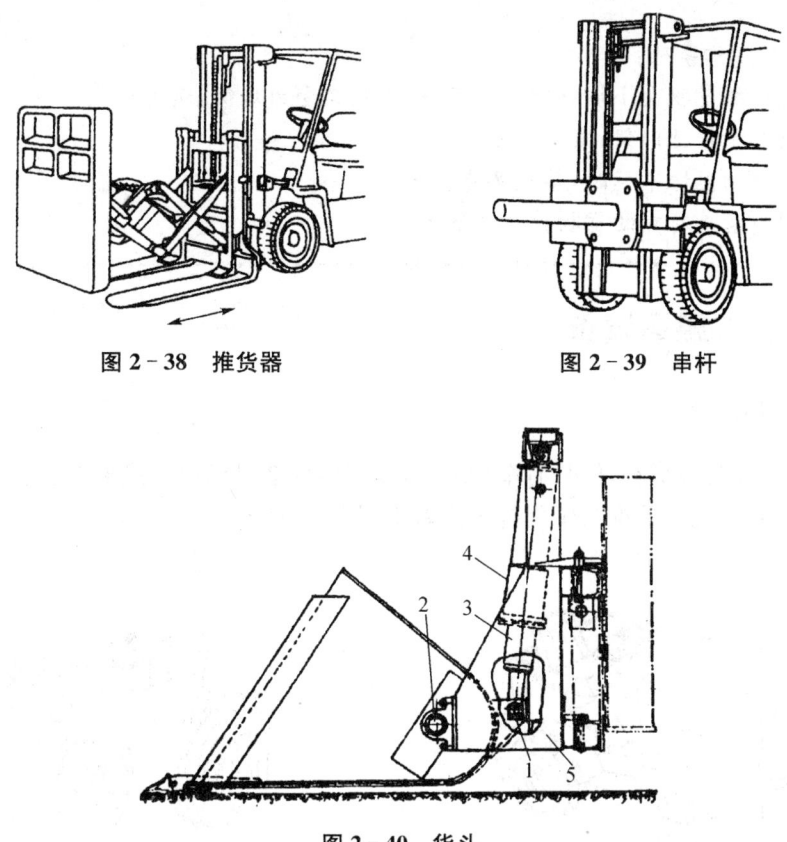

图 2-38 推货器 图 2-39 串杆

图 2-40 货斗

2.3.5 影响叉车选型配置的因素

叉车的选型配置一般要从以下几个方面考虑。

1. 作业功能

叉车的基本作业功能分为水平搬运、堆垛、取货、装货、卸货、拣选等。根据企业所要达到的作业功能考虑叉车选型。另外,特殊的作业功能会影响叉车的具体配置,如搬运的是纸卷、铁水等,需要叉车安装"属具"来完成特殊功能。

2. 作业要求

叉车的作业要求包括托盘或货物规格、提升高度、作业通道宽度,爬坡度等一般要求,同时还需要考虑作业效率(不同车型其效率不同)、作业习惯(如习惯坐驾还是站驾)等方面的要求。

3. 作业环境

如果企业需要搬运的货物或仓库环境对噪声或尾气排放等环保方面有要求,在选择车型和配置时应有所考虑。如果是在冷库中或是在有防爆要求的环境中,叉车的配置也应该是冷库型或防爆型的。仔细考察叉车作业时需要经过的地点,设想可能存在的问题,例如,出入库时门高对叉车是否有影响;进出电梯时,电梯高度和承载对叉车的影响;在楼上作业时,楼面承载是否达到相应要求等。

➢ 小提示

叉车叉货时注意事项：
① 叉货前根据货物大小调整货叉距离，保证双叉受力均衡，避免侧倾。
② 让货物尽量接近门架，减小力矩。
③ 托盘上货物码垛不稳时，禁止叉货。
④ 对不明质量或超重的货物禁止叉货。

2.4 其他装卸搬运设备

2.4.1 牵引车和挂车

牵引车本身不装载货物，但具有牵引装置，专门用来牵引载货的挂车作水平搬运。牵引车以内燃机为动力，为适应顶推与牵引挂车的需要，普通牵引车头部装有坚固的护板，尾部装有挂钩装置，如图 2-41 所示。

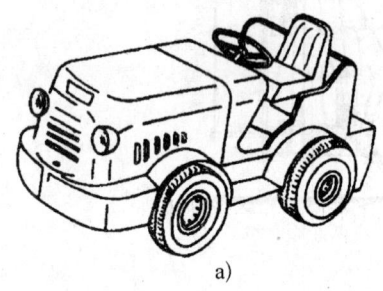 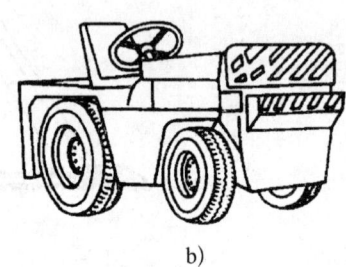

图 2-41 牵引车与推顶车
(a) 牵引车；(b) 推顶车

挂车又称平板车，是无动力车辆，有载货平台，由牵引车拖着行走。牵引车常拖带数辆挂车，对成批货物进行较远距离的运输。当挂车被拖到指定地点装卸货物时，牵引车脱开这列挂车，再去和其他挂车结合。

2.4.2 搬运车

搬运车是一种自行式载货小车，只能进行短距离的货物的水平搬运。按照操作特点分为：

1. 固定平台搬运车

图 2-42 所示为固定平台搬运车。它的载货平台固定不动，必须用其他机械或人力将货物装上或卸下平台。内燃机驱动的固定平台搬运车，构造与小型载货汽车相似，载重量 2～3 t，适合于搬运距离较长的场合。蓄电池、电动机驱动的固定平台搬运车具有体积小、操作简单、运行噪声小、不产生有害气体等优点，适宜于仓库或货场内作短距离的搬运。

图 2-42 固定平台搬运车

2. 托盘搬运车

托盘搬运车是一种主要用于搬运托盘的物流设备,也可用于直接搬运货物。托盘搬运车一般分为手动托盘搬运车和电动托盘搬运车。

手动托盘搬运车又称"地牛",小体积液压装置,手柄设计符合人体工程学原理,操作简单,使用方便。如图2-43所示。整体铸造油缸,优质钢板打造,坚固耐用,镀铬活塞杆,内部溢流阀提供过载保护,有效避免超载使用,降低维修费用。

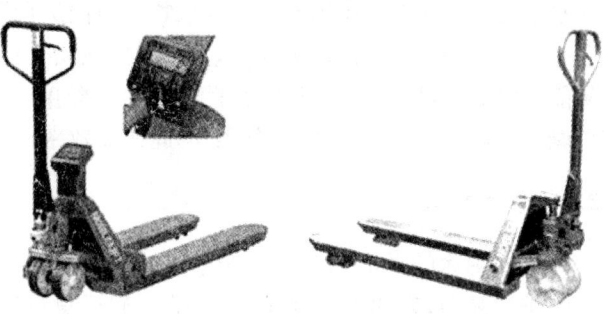

图2-43 手动托盘搬运车

手动搬运车一般有三个档位:中间是定位档,此档位车既不上升也不下降;往上拨是空档,即下降的档位、泄压档位;往下拨是挂档,即闭合油封可以让其液压上升。

手动托盘搬运车具有三大功能:举升、搬运、放下。在使用时将货叉插入托盘孔内,由人力驱动液压系统来实现托盘货物的起升和下降,并由人力推拉完成搬运作业。它是托盘运输工具中最简便、最有效、最常见的装卸搬运工具,适合在车间、仓储、车站、码头等场所作业,尤其适用于有防火和防爆需求的场所,如印刷车间、油库、化工库房等。

电动托盘搬运车是一种在国内外应用广泛且市场潜力巨大的轻小型仓储工业车辆。它以蓄电池为动力,直流电机驱动,有液压提升装置,由操纵手柄集中控制,站立式驾驶。承载能力为1.6～3.0 t,作业通道宽度一般为2.3～2.8 m。电动托盘车作业方便、平稳、快捷;外形小巧、操作灵活;低噪声、低污染,能在商场、超市、仓库、货场、车间等场所作业,尤其适合食品、纺织、印刷等轻工行业使用。

电动托盘搬运车按液压提升机构动力来源,可分为两种:一种是半电动托盘搬运车(图2-44(a)),由操作人员手动驱动液压提升,步行操作电动行走;另一种为全电动托盘搬运车(图2-44(b)),也称为电动起升行走式托盘搬运车,其提升、水平行走均由电力控制,可加装载人踏板以供驾驶员站立驾驶。

a.　　　　　　　　　　　　b.

图2-44

(a) 半电动托盘搬运车;(b) 全电动托盘搬运车

2.4.3 单斗车

单斗车又称单斗装载机。单斗车的装卸工具是铲斗,用来对散货进行装车、堆垛以及短距离的水平搬运。在港口还用单斗车在散货船舱内进行清仓作业。

单斗车一般以柴油机为动力,大多采用轮胎式行走机构。图2-45所示是前卸式单斗车,它从前方铲取物料后,退出料堆,并且转过一个角度,再从前方将物料卸下。前卸式单斗车需要频繁调车作业,以便对准料堆和车辆,因此作业效率较低。但这种作业方式方便安全,应用广泛。

2.4.4 手推车

不同用途的手推车有不同的车体结构。通用四轮手推车多数有一个载货平台。专用手推车则结构复杂,有的车体制成箱形,适于搬运重量轻而便于装卸的物品;有的车体伸出托架,便于安放杆、轴和管子等零件;有的车体形状完全与货物吻合,如气瓶车;有的车体十分小巧,可以折叠,便于携带;有的车体为便于装卸桶装液体、纸卷等筒状货物,有两条扁钢形成低矮斜面,以利于筒状物滚上滚下,如筒状货物装卸车。现代手推车都装有滚动轴承,车轮用实心轮胎或充气轮胎,如图2-46所示。

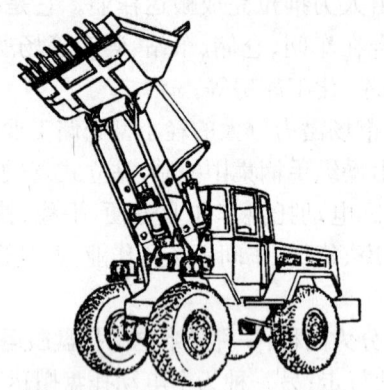

图2-45 单斗车

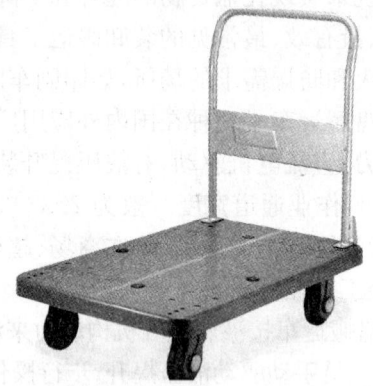

图2-46 双层手推车

图2-47 手动液压升降平台车

2.4.5 手动液压升降平台车

手动液压升降平台车可使操作者轻松快捷地装卸搬运箱内的零件,无需操作者弯腰或伸手。踏动脚杆操纵油泵,使工作台面平稳上升,操纵控制旋钮或向上提升扳手,使工作台面平稳下降。车架底部配有万向轮,可向任意方向旋转,操作灵活简便,取货方便轻巧,如图2-47所示。

【情景小结】

　　装卸搬运是改变物料空间位置和存在状态的活动,是连接物流运动的纽带,是一个连续的流动过程。装卸搬运活动已经渗透到物流各领域、各环节,成为物流顺利进行的关键。货物装卸搬运伴随着物流的始终,联系着物流的其他功能,成为提高物流效率、降低物流成本、改善物流条件、保证物流质量的最重要的环节之一。搬运装卸设备是物流系统中使用频度最大、使用数量最多的一类机械装备。根据不同的作业特点和要求,使用不同的设备和技术。起重设备是用于垂直升降货物的循环间歇运动的机械,是改善物料搬运条件.减轻劳动强度,实现机械化、自动化作业,提高生产效率必不可少的重要设备,在物流各节点和领域有广泛使用。叉车是物流领域应用最广泛的搬运装卸设备,货叉和其他取物装置的配备,使其能对多种规格品种的散货进行装卸作业。牵引车具有牵引装置,但不能独立搬运,专门用来牵引载货的挂车作水平搬运。手推车是以人力为动力,水平输送物料的搬运设备,人力车辆的作业和应用,成为物料搬运中机械化作业的有利补充。

【双基练习题】

一、填空题

1. 移动式起重机是_____的臂架类起重机,或支承在_____的桥架类起重机。
2. 臂架类起重机可分为_____、_____和_____三种类型。
3. 平衡重式叉车由_____、_____和_____三大部分组成。
4. 手动托盘搬运车具有三大功能:_____、_____、_____。
5. 电动托盘搬运车按液压提升机构动力来源,可分为_____、_____。
6. 单斗车又称单斗装载机。单斗车的装卸工具是铲斗,用来对_____进行装车、堆垛以及短距离的水平搬运。

二、选择题

1. 门座起重机门架轨距能通行两列铁路车辆的称为(　　)。
   A. 单线门架　　B. 双线门架　　C. 三线门架　　D. 四线门架
2. 当平均活性指数 & 为(　　)时,大部分物料处于集装状态。
   A. <0.5　　B. 0.5<&<1.3　　C. 1.3<&<2.3　　D. 2.7<
3. 下列不属于电动叉车特征的是(　　)。
   A. 操作简便　　B. 使用成本低　　C. 行驶速度高　　D. 维护保养周期长
4. 手动托盘搬运车一般有三个挡位。中间是(　　),此挡位车既不上升也不会下降。
   A. 空挡　　B. 挂挡　　C. 定位挡　　D. 倒挡
5. 下列仓储设备中,(　　)最适用于有防火、防爆要求的场地。
   A. 手动液压堆高车　　　　　　B. 半电动托盘堆高车
   C. 内燃叉车　　　　　　　　　D. 电动叉车

三、判断题

1. 搬运活性指标值越高,则对商品的装卸搬运操作越不方便灵活。(　　)
2. 千斤顶按其构造和工作原理不同,可分为齿条式、螺旋式和液压式三种。(　　)
3. 装卸搬运设备按作业性质可分为装卸机械、搬运机械及装卸搬运机械三大类。(　　)
4. 龙门式起重机属于臂架类起重机。(　　)

四、思考题

1. 简述装卸搬运的基本原则。
2. 装卸搬运作业的类型有哪些?
3. 起重设备有哪些常用类型,其特点是什么?适用于哪些场合?
4. 叉车的主要构成和各部分的功能如何?
5. 叉车的技术参数可以分成哪些类别,分别有哪些参数?
6. 托盘搬运车的一般分类及适用范围。

【情景演练】

通过本情境模块的学习,掌握叉车和起重机的使用性能,让学生在授课过程中充分利用校内和物产基地既有设备设施,加强实训,使学生能够理论联系实际。通过网络资料扩充教学内容,增强教学的生动性。

学习情景 3　连续输送机械

学习内容

【重点】
☆　带式输送机和气力式输送机

【难点】
☆　带式输送机构造特点及工作原理

学习目标
☆　准确理解连续输送机械的概念、特点
☆　理解输送机的概念、工作原理与特点
☆　领会斗式提升机的结构及各部分的特点
☆　领会气力输送机的结构及特点
☆　领会螺旋输送机的结构、工作原理、适用场合
☆　领会辊道输送机的特点
☆　掌握物料在管道中的运动状态,气力输送装置的输送形式

章前导读

2006年12月,浙江省长兴县李家巷新世纪工业园区长兴中科兴机械有限公司申请的专利——皮带式连续卸船机公布。该设备包括带驱动装置的基座、可活动桁架组件、设在桁架组件前端的螺旋取料器及设在桁架组件内的皮带组件,所述皮带组件包括覆盖带和载料带,载料带两侧设有波状载料裙边,在载料带上均匀设有若干连接两侧载料裙边的挡板,从而将载料带与两载料裙边分割成若干箱斗,所述覆盖带两侧设有覆盖裙边并覆盖于两载料裙边上,并和箱斗形成一封闭的载料箱体,便于散料的倾斜和垂直输送,所述载料带在取料口处设有外伸的横向取料段。本发明在散料输送时粉尘少、输送稳定,更加适合于倾斜或垂直状态下的运送,结合螺旋取料器,在运行时噪声也大大降低。

相关知识

由于连续输送机械能在一个区间内连续搬运大量货物,搬运成本较低,搬运时间比较准确,货流稳定,因此被广泛应用于现代物流系统中。输送机械不仅是生产加工过程中组成机械化、自动化、连续化的流水线作业运输线中不可或缺的组成部分,也是自动化仓库、大型货场、配送中心的生命线。

3.1 连续输送机械的概念、作用与特点

1. 连续输送机械的概念

连续输送机械是以连续输送方式,沿着一定的线路从装货点到卸货点输送散料和成件包装货物的机械。

2. 连续输送机械的作用

输送机械在国民经济各部门中得到了广泛的应用。连续输送设备是生产物流中的重要设备。在生产车间,输送设备起着人与工位、工位与工位、加工与储存、加工与装配之间的衔接作用,具有物料的暂存和缓冲功能。通过对输送设备的合理运用,使各工序之间的衔接更加紧密,提高生产效率,它是生产中必不可少的调节手段。

连续输送设备在现代物流系统中,特别是在港口、库场、车站、货站内,承担大量的货物运输任务,同时也是现代化立体仓库中的辅助设备,它具有衔接各物流站点的作用。物料输送是"装卸搬运"的主要组成部分,在物流各阶段、环节、功能之间,都必须进行输送作业。

3. 连续输送机械的特点

连续输送设备是沿着一定的输送路线运输货物的机械。与间歇动作的起重机械相比,连续输送机械具有鲜明的特点(如表3-1所示)

表3-1 连续输送机械的特点

	特 点	描 述
优点	连续作业、效率较高	连续输送设备可以不间断地搬运货物,不会因空载回程而引起输送间断,同时由于不必经常启动和制动而可采用较高的工作速度。连续和高速的输送使连续输送机械能够达到很高的生产率。
	结构简单、经济便捷	在同样生产率下,质量较小、结构紧凑、功耗较小、造价较低、经济实惠。但当输送路线复杂或输送线路变化时,会造成结构复杂或需要按新的路线重新布置输送机。
	连续输送距离较长	不仅单机长度日益增加,且可由多台单机组成长距离的输送线路。
	自动控制性好	由于输送线路固定,动作单一,且载荷均匀,速度稳定,所以较容易实现自动控制。

(续表)

特　　点		描　　述
缺点	通用性较差	每种机型一般只适用于输送一定类型的货物,只能按照固定路线来运输货物,并且一般不适合运输重量很大的单件物品。
	不能自行取货,需要辅助供料设备	大多数连续输送机不能自行取货,需要采用一定的辅助供料设备
	不能输送笨重的大件货物	不宜输送质量大的笨重的单件物品或集装容器

3.2 连续输送机械的组成与分类

1. 连续输送机械的一般组成

(1) 运输机械:由带式运输机(皮带机)、气垫带式运输机、螺旋运输机、气力运输机、刮板运输机等运输机械组成。

(2) 转载设备:一般由转载漏斗和其他转载设备及转载房等构成。

(3) 取堆设备:斗轮取料机、真空泵取料机、卸船机、卸车机等。

2. 连续输送机械的分类

(1) 根据连续输送机械安装方式的不同,可分为固定式和移动式两大类,如表 3-2 所示。

表 3-2　连续输送机械按安装方式不同的分类

种类	概念	特点	应用
固定式	固定式输送设备是指整个设备固定安装在一个地方,不能再移动	输送量大、单位耗能低、效率高	主要用于专用码头、仓库中货物移动、工厂的生产车间等
移动式	移动式输送设备是指整个设备安装在可移动的车轮上	机动性强、利用率高、输送量不太高、输送距离短	适用于中小型仓库中

(2) 根据连续输送机械的结构特点,可分为挠性牵引构件的输送机械和无挠性牵引构件的输送机械,如表 3-3 所示。

表 3-3　连续输送机械按其结构特点的分类

种类	工作特点	常见类型
挠性牵引构件的输送机械	物料或货物在牵引构件的作用下,利用牵引构件的连续运动使货物向一定方向输送	带式输送机、链式输送机、斗式提升机等
无挠性牵引构件的输送机械	利用工作构件的旋转运动或振动,使货物向一定方向运送,它的输送构件不具有往复循环形式	气力输送机、螺旋输送机等

(3) 根据用途和所处理货物形状的不同,可分为带式输送机、辊子输送机、链式输送机、重力式辊子输送机、液体输送机等。

(4) 根据输送货物的性质不同,可以划分为连续性输送机械和间歇性输送机械。连续性输送机械主要用于矿石等散装货物的输送;间歇性输送机械多用于成件的包装货物或集装单元化的货物。

(5) 根据使用范围,还可将输送机械分为分拣输送系统和生产输送系统。分拣输送系统是一种将不同去向、不同类别的物品按要求进行输送和分类的输送系统。分拣输送系统可分为链式输送机、带式输送机、悬挂分拣机、滚柱输送机和专用分拣机。生产输送系统是指由各类输送机、附属装置等组成,用于企业的分装、总装线上的输送系统。

(6) 根据输送机械的驱动方式还可分为重力输送机和电驱动式输送机等。

3.3 常见的几种输送机械

3.3.1 带式输送机

带式输送机如图 3-1 所示。

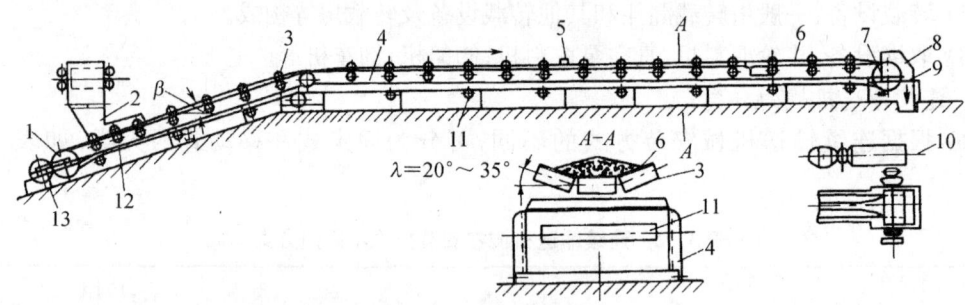

图 3-1 带式输送机

1. 改向滚筒;2. 装载装置;3. 支承装置(上支承托辊);4. 底座;5. 支承装置(调心托辊);6. 输送带;7. 驱动滚筒;8. 卸载装置;9. 清扫装置;10. 驱动装置;11. 支承装置(下支承托辊);12. 机架;13. 张紧装置

1. 带式输送机的工作原理和特点(见表 3-4)

表 3-4 带式输送机

概 念	工作原理	特 点
带式输送机是由电动机作为动力,胶带作为输送带,利用摩擦力连续输送货物的机械。	输送带是承载货物的构件,又是牵引构件,依靠输送带与滚筒之间的摩擦平稳地进行驱动。输送带绕过驱动滚筒和张紧滚筒,并支撑在许多托辊上。工作时,由电动机通过减速装置使驱动滚筒转动,依靠驱动滚筒与输送带之间的摩擦力使输送带运动,货物随输送带运送到卸载地点。	带式输送机的输送长度受输送带本身强度和运动稳定性所限制。输送距离越大,驱动力越大,输送带所受的张力也越大,带条的要求越高。当输送距离很长时,如果安装精度不够,输送带运行时很容易跑偏成蛇形,使带条使用寿命降低。所以采用普通胶带输送机,单机长度一般不超过 400 m;采用高强度的夹钢丝绳芯胶带输送机和钢丝绳牵引的胶带输送机,单机长度已达 10 km 之多。

实物带式输送机如图3-2所示,在国民经济各个部门都得到广泛应用,特别是在港口大宗散货的装卸作业。固定式带式输送机适应性强,港口、车站、货栈、库场应用较广泛,尤其适用于煤炭、矿石等散货的输送。

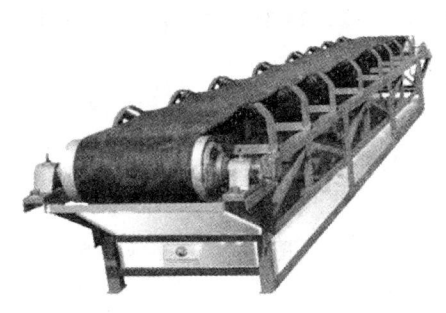 

图3-2 带式输送机

2. 带式输送机的主要装置

（1）输送带

输送带用来传递牵引力和承放被输送的货物,所以要求输送带强度高、自重小、伸缩率小、挠性好、磨耐性好和便于安装维修。

输送带由带芯和橡胶覆面所组成,如图3-3所示。带芯又称衬垫层,起骨架作用,并增强带条纵向抗拉强度。橡胶覆面有上覆面和下覆面,其作用是保护芯体免受机械损伤和减小磨损。

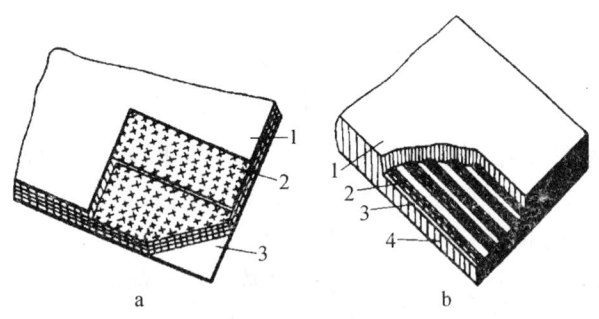

图3-3 输送带

(a)普通橡胶带；(b)钢丝绳芯橡胶带
(a)1.上覆盖胶；2.衬垫层；3.下覆盖胶
(b)1.上覆盖胶；2.钢丝绳；3.带芯胶；4.下覆盖胶

（2）支承装置

支承装置的作用是支承输送带和输送带上所载物料的重量；限制输送带的垂度,保证输送带正常运行不发生跑偏。

常用的支承装置由托辊和支架组成的托辊组形式。

托辊安装在机架上,对输送带起支承作用,减少带的下垂度,提高运行稳定性,并呈一定的槽型,以防止物料在输送过程中向两边撒漏。托辊的使用数量较大,上托辊的分布间距通常是根据带宽和物料特性来决定,间距过大输送带会下垂,间距过小会增大带的磨损和功率消耗。

托辊的形式有四种:缓冲托辊、槽形托辊(图 3-4)、调心托辊和平形托辊(图 3-5)。前三种为上支承,平形托辊为下支承。槽形托辊用于输送散货,可提高输送量;调心托辊用来调整输送带的横向位置,使其不会跑偏而保持输送带的正常运行;平形托辊用于输送件货。

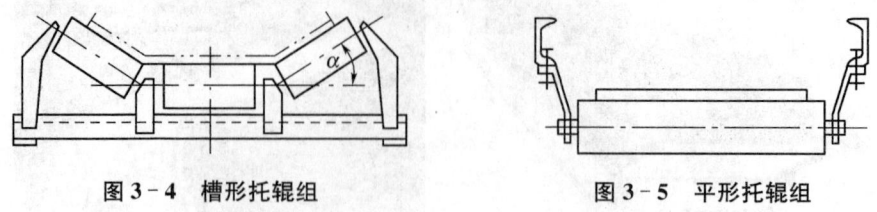

图 3-4 槽形托辊组　　　　图 3-5 平形托辊组

(3) 驱动装置

驱动装置是用来驱动输送带运动,实现物料运送的装置。

驱动装置是由电动机、减速器、联轴器和驱动滚筒等组成,如图 3-6 所示。倾斜式带式输送机还设有停止器或制动器,以防止电动机断电后,输送带在自重及物料重力作用下产生返回运动。

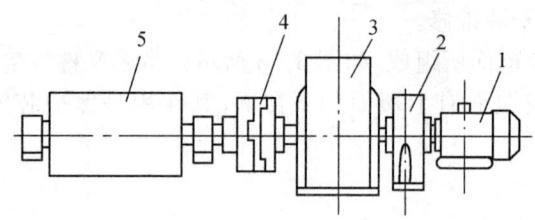

图 3-6 驱动装置
1. 电动机;2. 联轴器;3. 减速器;4. 联轴器;5. 驱动滚筒

固定带式输送机大都采用滚筒驱动,即借助滚筒表面和输送带之间的摩擦力使输送带运转。通常以电动机作为驱动力,经减速器和联轴节带动滚筒,再驱动输送带。短距离和小功率输送机均采用单滚筒驱动,长距离输送机采用多滚筒驱动。

滚筒表面分光面和胶面两种,胶面表面摩擦系数较大。如环境湿度小且功率不大,可采用光面滚筒;反之则采用胶面滚筒,用来防止打滑。

(4) 张紧装置

张紧装置的作用是使输送带保持一定的张力,以免在驱动滚筒上打滑失效同时避免输送带下垂度过大。螺旋式张紧装置的工作过程如下:如果输送带过松,使滚动轴承沿机架向右移动,从而拉紧输送带;如果输送带过紧,则相反。螺旋式张紧装置结构简单,操作方便,多用在小功率输送机上。

(5) 装载和卸载装置

装载装置是把物料均匀地装到输送带上,使带条不因加料时受力不均匀而跑偏,尽量减小物料(大块物料)对输送带的冲击和磨损,使物料沿带条运动方向有一定的初速度,以减小物料在带条上的滑移所造成的磨损。

常用的装载装置有漏斗、导料槽和导板。图 3-7 所示为槽底带孔的装载漏斗,使粉状和小块物料能透过孔预先落到带条上形成垫层,从而避免大块物料对带的直接冲击和磨损。

在带式输送机中,理想而又简便的卸载方法是在端部滚筒处卸载,端部滚筒卸载常用于卸载地点固定的场合。其原理是:当输送带绕过端部滚筒时,运动方向改变,物料则因运动惯性而与带条脱离被抛入卸料槽或直接卸到物料堆。而实际的输送系统中,经常要求在输送机中某点或任意处卸载,因此,除了采用端部卸载外,还常用犁式卸载器和电动卸载车进行中途卸载。

犁式卸载器如图 3-8(a)所示,分左侧、右侧和双侧卸载三种。犁式挡板可固定在框架上,不工作时拉起,需要卸料时落下。其结构简单,造价低,但对输送带磨损厉害,会增加输送带的运行阻力,特别是单侧卸载时,还会使带条跑偏。

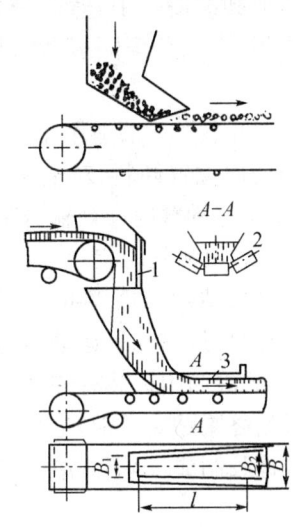

图 3-7 装载装置
1. 耐磨衬垫;2. 硬橡胶条;3. 导料槽

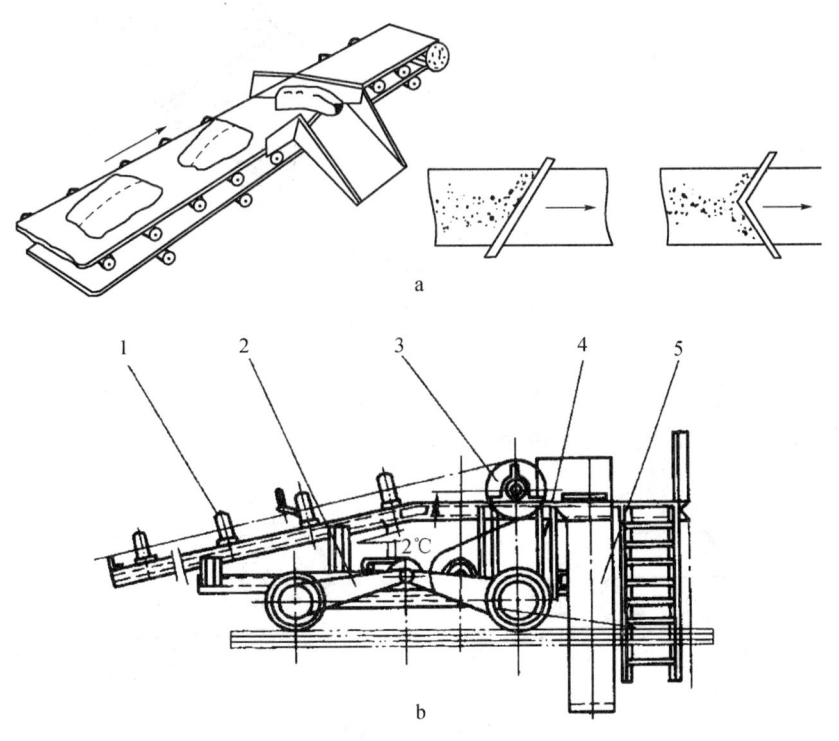

图 3-8 卸载装置
(a) 犁式卸载器;(b) 电动卸载车
1. 胶带;2. 双通道或三通道漏斗;3. 改向滚筒;4. 行轮;5. 钢轨

电动卸载车如图 3-8(b))所示,是串联在输送带中的高效卸载装置,卸载车可以沿轨道移动。卸载车上装有两个改向滚筒,输送带通过上滚筒升高,使物料卸出,落入三通道或双通道的卸载漏斗中,然后带条又通过下滚筒改向,恢复到原来的高度。卸载漏斗上装有分配隔板,拨动分配隔板,物料可从左侧或右侧卸出,还可以经中部卸料槽重新回到主输送带上。

电动卸载车一般适用于生产率高、输送距离长的场合。它的优点是能沿输送机长度方向移动到任何位置卸料,对输送机作业没有影响。但在使用时应注意,电动卸载车应安装制动器,否则定点卸载时会被输送带牵引移动。

(6) 清扫和制动装置

当输送粘、湿的物料时,在卸载后部分物料还会粘在带条的工作表面上,导致带条通过下支承托辊组时,增加了运动阻力和加速了带条的磨损。为了清除卸载后粘附于带条表面的物料,在卸载滚筒附近装有弹簧清扫器,如图3-9(a)所示。弹簧清扫器是利用弹簧的弹力使橡胶刮板始终紧贴输送带,进行物料刮扫。对于潮湿和粘性物料也可以用旋转刷子,刷子用硬性鬃毛或橡胶制成,由端部滚筒带动刷子旋转。

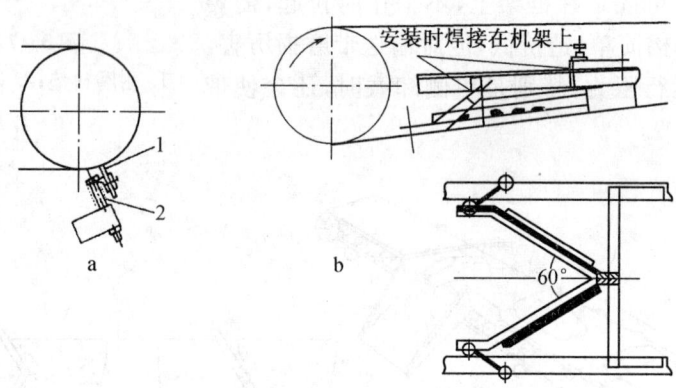

图3-9 清扫装置
(a) 弹簧清扫器;(b) 犁形清扫器
1. 刮板;2. 弹簧

空段清扫是采用犁形清扫器,如图3-9(b)所示。它是利用自重使橡胶刮板与带条的非工作面贴紧,以清扫由于装载时落入带条上的物料。

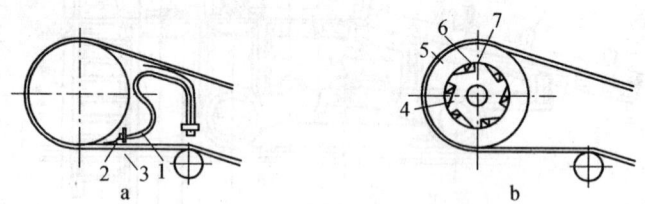

图3-10 制动装置
(a) 带式逆止器;(b) 滚柱逆止器
1. 制动器;2. 斜带;3. 固定架;4. 星轮;5. 固定圈;6. 滚子;7. 弹簧柱销

水平安装的带式输送机一般不需要制动装置,而倾斜式带式输送机为防止突然断电,输送带在自重和物料重力作用下而反转,使物料堆积在装载装置底部造成阻塞,有时甚至会使机件损坏,带条撕裂,因而需要安装制动装置。常用的有如图3-10(a)所示的带式逆止器、如图3-10(b)所示的滚柱逆止器。

3.3.2 斗式提升机

斗式提升机牵引构件为带条,承载构件为装载料斗,作用于垂直方向或接近垂直、大倾角方向连续提升粉粒状物料的连续输送机械。

1. 斗式提升机的组成与工作过程

(1) 斗式提升机的组成

斗式提升机通常由牵引构件(胶带或链条)、料斗、机头、机身、机座、驱动装置、张紧装置等组成,如图3-11、3-12所示。

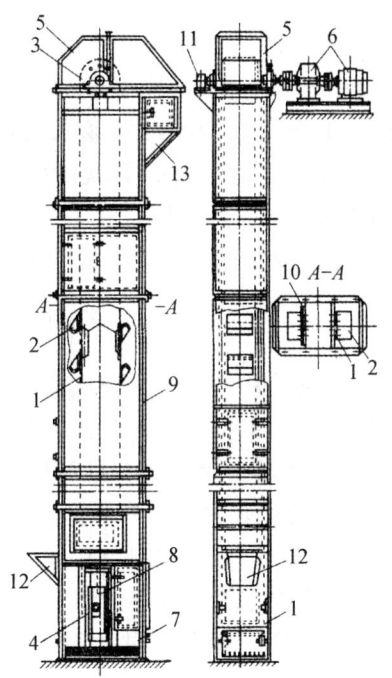

1. 牵引构件;
2. 料斗;
3. 驱动装置;
4. 张紧装置;
5. 上部罩壳;
6. 驱动装置;
7. 下部署壳;
8. 导轨;
9. 中部罩壳;
10. 导向装置;
11. 停止器;
12. 供料口;
13. 卸料口

图3-11 斗式提升机

(2) 斗式提升机的工作过程

斗式提升机的工作过程:在牵引构件(胶带或链条)上,每隔一定间距安装一个载料斗。头部滚筒(或链轮)由电动机带动的驱动装置驱使转动,尾部滚筒(或链轮)又起张紧作用。为了防止突然停车而产生的反转运动,在传动装置中装有止逆器。整个提升机在全高度上安装了铁皮罩壳。物料从下部的供料口进入料斗内,经提升至头部滚筒卸料,斗内的物料经卸料口被卸出。

斗式提升机的装料方式如表3-5所示。

图3-12 斗式提升机

表 3-5 斗式提升机的装料方式

顺向进料	逆向进料
料斗运动方向与进料方向一致,料斗对物料是挖取的方式,挖得越深,装得越满,但机座内的物料高度应低于张紧轮(或链轮)的水平轴线位置,以免料斗装得过满而超载,在提升过程中洒落。此方法适用于输送粉末状、小颗粒和摩擦性小的物料,如煤粉、谷物和水泥等	料斗运动方向与进料方向相反,料斗对物料是装入的方式。这种方式适用于块度大且密度高的物料,如用顺向进料法,很难将料斗装满;装料时料斗的运行速度应较低,否则物料不易装满

斗式提升机的卸料过程,就是料斗进入头部滚筒之后,随头部滚筒做旋转运动而将物料倒出的过程。

2. 斗式提升机的主要部件

(1) 牵引构件

牵引构件可采用橡胶或链条。常用的牵引链条有圆环链、套筒辊子链等。由于链条的啮合驱动会产生动载荷,而橡胶带链条轻便、工作平稳、噪声小,能采用较快的运动速度而达到较高的生产率。提升高度大、生产率高、被运货物比较沉重、温度高于 150℃ 或可能对橡胶带产生不良影响的情况下,或者在装载难于挖取的物料时,宜采用链条作为牵引构件。近年来,高强度的尼龙衬垫橡胶带和夹钢绳芯橡胶带的采用,可大幅度提高提升高度和生产率。

(2) 料斗

常用的料斗有四种结构形式:深斗、浅斗、导槽斗和组合斗。根据斗式提升机的运转速度和载运物料特性的不同,可采用不同的料斗形式。深斗的斗口与后壁夹角大,每个料斗可装载较多的物料,但较难卸空,适用于运送干燥的松散物料。浅斗的斗口与后壁夹角较小,每个料斗的装载量少,容易卸空,适用于运送潮湿的和黏性的物料。导槽斗是具有导向侧边的三角料斗,这种料斗在提升机中采用密集连续的布置,当绕过上滚筒卸料时,前一个料斗的两导向侧边和前壁形成一个料斗的卸载导槽,它适用于工作速度不高的斗式提升机和运送沉重的块状物料以及怕碰的物料。组合斗用于装卸流动性好的粮食和粉末状物料。

(3) 驱动装置

驱动装置在料斗提升机的上部(机头),包括电动机、传动装置(可为减速器或齿轮、皮带、链条传动等)、驱动滚筒(或链轮)。为防止突然断电等情况下由于有载分支上物料重力作用而使提升机逆转引起损坏,必须装设制动器或滚柱逆止器。

(4) 张紧装置

斗式提升机底部有张紧滚筒(或链轮)和螺旋式张紧装置,靠两个张紧螺杆把牵引构件张紧。

(5) 罩壳

为了防止粉尘污染环境,斗式提升机通常装在密封的罩壳之内。罩壳的上部与驱动装置、驱动滚筒组成提升机头部。为使物料能够卸出,设有卸料槽。机头外壳的形状应做成使得由料斗中抛出的物料能够完全进入卸料槽中。罩壳的下部与张紧装置、张紧滚筒组成提升机底垫。底座罩壳形式应和物料装载过程相适应,为进行供货应开装料口。为对装卸料过程进行观察以及便于检修,可开观察孔和检查孔。

3.3.3 气力输送机

1. 气力输送机的概念

气力输送机是利用具有一定速度和压力的空气流,带动粒状物料在密闭管路内进行输送的连续作业输送装置。

2. 气力输送机的工作原理

气力输送机是利用具有一定能量的空气流,迫使散粒状物料在密闭管路内从一处输送到另一处的设备。根据气力输送机管路内空气压力的大小,可以将输送机分为吸送式、压送式和混合式三种。

(1) 吸送式气力输送机

吸送式气力输送机的主要特点是通过抽风机从管路系统中抽气,使管路内的空气压力低于大气压力所形成的真空吸力而使物料运动实现物料的输送(图 3-13)。物料在吸嘴处与空气混合,由于管路内的真空度而被吸入输送管路并沿管路输送。到达卸料点后,经分离器将空气与物料分离,空气经除尘、消音处理后排出。

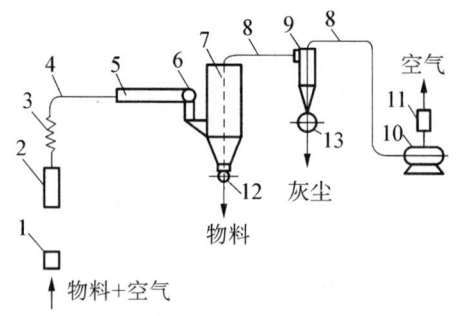

图 3-13 吸送式气力输送机

1. 吸嘴;2. 垂直伸缩管;3. 软管;4. 弯管;5. 水平伸缩管;6. 铰接弯管;7. 分离器;8. 风管;9. 除尘器;10. 鼓风机;11. 消声器;12. 卸料器;13. 卸灰器

(2) 压送式气力输送机

压送式气力输送机管路内的气压始终要高于一个大气压,才能使物料在压力差的作用下移动而实现输送(图 3-14)。空气经鼓风机压缩后进入输送管路,物料由料斗进入,混合后沿管路输送,至卸料点后经分离器分离,物料由下方排出,空气经除尘器、消声器排出。

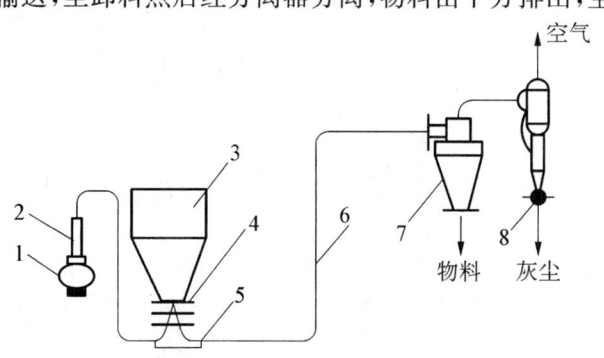

1. 鼓风机; 2. 消声器;
3. 料斗; 4. 旋转式供料器;
5. 喷嘴; 6. 输料管;
7. 分离器; 8. 除尘器

图 3-14 压送式气力输送机

压送式气力输送机的最大优点是可以输送较长距离,其缺点是供料器结构复杂。压送式气力输送机在散装水泥的装卸作业中应用较多。

(3) 混合式气力输送机

混合式气力输送机是由吸送式和压送式两部分结合组成(图3-15)。鼓风机装于系统的中部,由此至吸嘴的系统前半部分是吸送式,而系统的后半部分是压送式。混合式气力输送机具有吸送式和压送式的优点,但结构复杂,虽然进入鼓风机用于压送的空气都经过分离,但含尘量仍较高,易使鼓风机磨损。

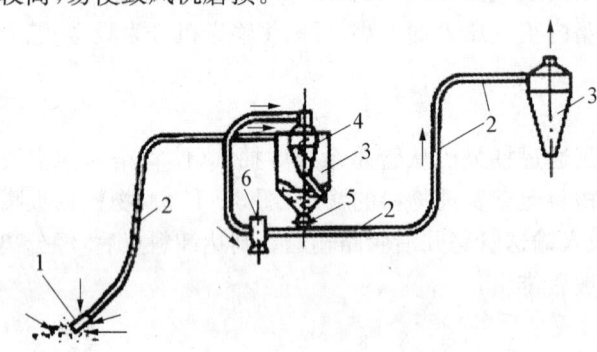

1. 吸嘴; 2. 输料管;
3. 分离器; 4. 消声器;
5. 卸料器; 6. 鼓风机

图3-15 混合式气力输送机

3. 气力输送机的主要部件

(1) 风机

风机是将机械能传给空气使空气形成压力从而流动的设备。在气力输送机中,风机用来使空气在管道内形成具有一定速度和压力的气流,以实现物料的输送。目前,常用的风机有离心式鼓风机、罗茨式鼓风机和往复式空气压缩机,如表3-6所示。

表3-6 风机的种类

种类	图示	构成	工作原理	特点
离心式鼓风机		由叶轮、机壳和机座等部分组成	利用离心力的作用使空气通过风机后,压力和速度得以提高并被输送出去	优点是结构简单、紧凑、重量小,容易制造,可以在含尘空气中工作。缺点是当吸送物料量和输送系统的压力变化时,鼓风机的风量就会产生很大波动,因而工作不稳定。此外,其产生的风量虽然较大,但风压较低,因而用在小型气力输送机中。
罗茨式鼓风机		由机壳和两个转子组成	两个腰形转子在一对齿数相同的齿轮的带动下旋转时进入机内,被转子与外壳包围的空气由于所在空间逐渐减小,空气被压缩,压力提高后排出	优点是结构紧凑、风压较大,管理简便,流量稳定。缺点是有间断泄露脉冲送气,运转时噪声较大,要求清洁空气进入,否则会加剧转子的磨损,导致风机性能下降。

(续表)

种类	图示	构成	工作原理	特点
往复式空气压缩机		是一种容积式风机	靠活塞在气缸中做往复运动,改变气缸工作腔的容积而使空气被压缩,压力提高后排出	主要用于高压的压送式气力输送机中

(2) 输送管及管件

输送管及管件主要用来输送空气和物料以及连接其他构件,包括直管、弯管、铰接弯头、分叉管、伸缩管和切换阀等。布置管道时,应根据作业要求和周围环境决定。尽量减少弯头数目,因为弯头处产生的压力损失大,而且弯头处容易造成物料堵塞。应采用直线配管并避免过长的水平管,太长的水平管容易产生物料的停滞。

(3) 供料装置

供料装置是把物料供入气力输送机的输料管内,并形成合适的物料和空气混合比的装置。因此其性能好坏对气力输送机的工作情况有直接的影响,它的结构特点和工作原理取决于被输送物料的物理性质和气力输送机的形式。

① 吸嘴。在吸送式气力输送机中,供料是在管道压力低于外界大气压的条件下进行的,所以供料装置结构较为简单,常采用吸嘴形式。吸嘴种类很多,有角吸嘴、双筒吸嘴、直吸嘴、简单吸嘴和转动吸嘴等。角吸嘴是一种简单吸嘴,下端做成弯角形,便于伸入船舱、车厢和仓库内。直吸嘴一般用于难以触及的地方吸取剩余物料,也称为清仓吸嘴。转动吸嘴下端装有松料刀(六把塌料刀和三把喂料刀),工作时吸嘴转动,松料刀不断地耙料使物料塌落松动,物料从静到动处于运动状态而被吸入输料管,从而提高取料效率。

② 供料器。压送式气力输送机供料是在管路中气体压力高于外界大气压的条件下进行的,必须将物料送进管道,同时又不能使管道中的空气逸出。因此,供料装置比较复杂,常用的供料器有旋转式、喷射式、螺旋式和容积式等。

③ 分离器。分离器是把物料从输送出来的双相流中分离出来的装置,常用的有容积式和离心式两种。容积式分离器是一个直径较大的圆筒容器,当双相流由输料管进入断面突然扩大的容器中时,流速急剧下降,使气流失去了对物料的携带能力,物料在重力的作用下从双相流中分离出来。离心式分离器(图 3-16)是利用双相流旋转时的离心力使物料被抛到分离器壁面并沿壁面下落被分离,其尺寸较小,容易制造,分离效率较高,在风量较大的情况下还能两个或几个并联使用。

④ 除尘器。除尘器是用来清除气流中灰尘的装置。由于从分离器出来的气流含有大量的灰尘,为了保护环境和风机,必须装设除尘器去除气流中的灰尘。除尘器按除尘方式可分为湿式和干式两大类。湿式除尘器是空气经过水来除尘的,除尘效果较好,但设备受各种条件的限制。干式除尘器常用的有离心式除尘器和袋式除尘器两种。离心式除尘器的结构、工作原理与离心式分离器相同,只是为了提高除尘效果,将除尘器的直径做得更小。袋式除尘器又称袋式过滤器(图 3-17),是利用特殊的滤袋来过滤含尘气流的。袋式除尘器除尘效率高达 99%,对极细的尘粒也具有较高的除尘效果,但不适用于含油雾、凝结水以及黏性粉尘的气流。袋式除尘器工作一定时间后滤袋上的积灰必须及时清除,否则积灰过多会使除尘器阻力增加,

除尘效率下降。

⑤ 卸料(灰)器。卸料(灰)器(图 3-18)是一种将物料(灰尘)从分离器(除尘器)中卸出来,并阻止空气进入分离器的装置。目前应用最广泛的是旋转式和阀门式。旋转式卸料器的结构与旋转式供料器相同。阀门式卸料器由上、下两道阀门构成。在工作过程中,上阀门打开,下阀门关闭,使物料落入卸料器中。需要卸料时,关闭上阀门,打开下阀门,即可在气力输送机不停机的情况下卸料。阀门式卸料器的结构比较简单,气密性好,但其高度尺寸较大。

图 3-16　离心式分离器　　　图 3-17　袋式除尘器　　　图 3-18　卸料(灰)器

4. 气力输送机的特点

气力输送机已作为一种比较先进的输送方式得到越来越广泛的应用,其特点见表 3-7。

表 3-7　气力输送机的特点

优　点	缺　点
利用管道输送不受管路周围条件和气候变化的影响	动力消耗大,如生产率为 200 t/h 的吸粮机,其鼓风机的电动机功率为 240 kW
输送生产率高,有利于实现散货装卸自动化,降低了装卸成本	被输送物料有一定的限制,不宜输送潮湿的、黏性的和易碎的物料
能够避免物料受潮、污损或混入其他杂物,保证输送物料的质量	输送颗粒大、坚硬的物料时,管道等部件容易磨损
输送管道能灵活布置,适应各种装卸工艺	风机噪声大,必须采取消音措施,否则会造成噪声公害
结构较简单,机械故障较少,维修方便	

3.3.4　螺旋输送机

螺旋输送机是无挠性牵引构件的输送机械,它借助原地旋转的螺旋叶片将物料推移向前而进行输送,主要用来输送粉粒状散货。主要用于粮食、化工、机械制造和交通运输等工业部门。

1. 螺旋输送机的优缺点

螺旋输送机的主要优点是结构简单、紧凑,占地小,无空返,维修方便。其缺点是功率消耗较大,叶片和料槽易磨损,物料易被磨碎,对超载敏感,易堵塞。

2. 螺旋输送机的类型

螺旋输送机可以水平或小倾角输送散料,也可以垂直输送;既可以固定安装,也可以制成移动式。根据输送物料的特性、要求和结构的不同,螺旋输送机有以下几种型式:水平螺旋输送机、立式螺旋输送机和弯曲螺旋输送机等。

(1) 水平螺旋输送机

由驱动装置(马达、减速器、联轴节)、螺旋器、轴承、料槽、盖板、进料口、出料口等几部分组成。模型图如图 3-19 所示,实物图如图 3-20 所示。

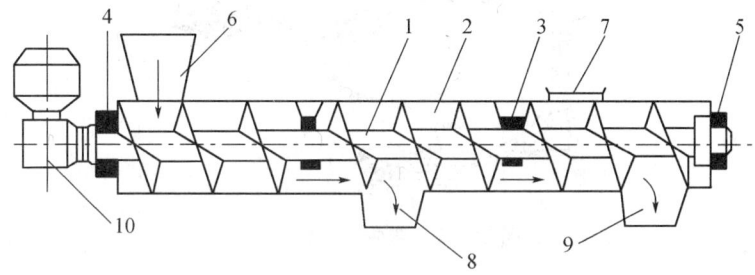

图 3-19 水平螺旋输送机
1. 轴;2. 料槽;3. 中间轴承;4. 首端轴承;5. 末端轴承;6. 装载漏斗;
7. 中间装载口;8. 中间卸载口;9. 末端卸载口;10. 驱动装置

根据机体的结构,螺旋输送机可以分为头节、中间节、尾节三部分,其中头、尾两节的长度基本固定,中间节的长度可以根据实际需要而确定。首尾两端并非一定要装进料口和出料口,整个输送长度上都可以装、卸料;料槽将输送机整体封闭,防止灰尘飞扬;螺旋可以制成左旋、右旋或左右旋,从而改变输送的方向。

为了使螺旋输送机能可靠工作,对装进料槽中的物料量应加以限制,即规定物料在料槽中的堆积高度不高于螺旋轴线以上。

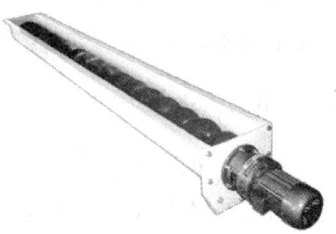

图 3-20 螺旋输送机

(2) 立式螺旋输送机

立式螺旋输送机与水平螺旋输送机在结构上大致相同,也是由驱动装置马达、减速器、联轴节、螺旋、轴承、料槽、进料口、出料口等几部分组成,但工作原理不一样。在输送过程中,物料随着螺旋作高速旋转,由于离心力的作用,物料在料槽内形成若干同心圆层,物料的最外层紧贴槽壁,两者之间所产生的摩擦力的大小是物料是否向上输送的关键。当螺旋器转速不高时,物料所受到的离心力不能克服物料与螺旋器表面的摩擦力,物料与螺旋器一起做旋转运动,保持相对静止状态;当螺旋器转速较高时,物料所受到的离心力大于物料与螺旋器表面的摩擦力,物料向螺旋器的外缘移动,对料槽壁产生压力并且同时产生摩擦力,只有当这个摩擦力能够克服物料与螺旋器表面之间的摩擦力以及物料重力的分力时,物料才能向上输送,否则只是旋转而不能上升。此时转速称为临界转速,只有当输送机的转速大于临界转速时,物料才能实现向上输送。主要特点是输送量小、输送高度小、转速较高、能耗大。特别适宜输送流动性好的粉粒状物料,提升高度一般不大于 30 m。

（3）弯曲螺旋输送机

弯曲螺旋输送机(图3-21)与水平、立式螺旋输送机的主要不同之处是在螺旋器与料槽的结合上。用合成橡胶制成螺旋叶片，然后粘在高强度的挠性心轴上，再配以不同形状的弹性料槽，螺旋器与料槽接触，所以不设置中间轴承。螺旋可以按不同要求弯成任意形状，从而达到空间多方位输送物料的目的。这种输送机通常对粉状、颗粒状的物料以及污泥等进行输送。

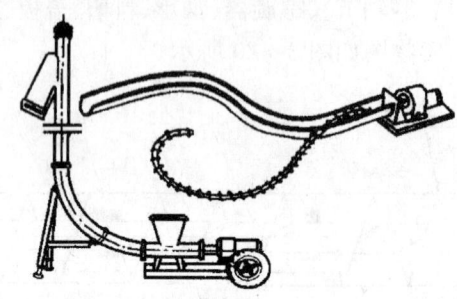

图3-21 弯曲螺旋输送机

与普通的螺旋输送机相比，弯曲螺旋输送机具有以下优点：
① 无中间支撑轴承，结构简单，安装维修方便；
② 由于螺旋和料槽都为非金属，所以工作时噪声较小，且耐腐蚀；
③ 可以实现多向输送。

其主要缺点是输送距离短，通常不超过15 m。

3.3.5 重力输送机

在现代化的物流中心，为了节省占地面积，缩短输送距离，提高储存空间和扩大使用面积，其建筑物往往采用多层次结构。发达国家的物流中心有的高达4层，为了在各层之间高效自动地输送物品，大多使用立体输送机。

1. 空中移载台车

空中移载台车是悬挂在空中导轨上，按照指令在导轨上运动或停止。在运动过程中货台装置通过卷扬机和升降带被提到最高位置，并与车体成为一体。当运动到指定位置时，升降带伸长，货台下落，进行卸货或装货。其优点是快速、安全、准确、所占空间小。

2. 旋转滑槽式垂直输送机

旋转滑槽式垂直输送机利用重力及螺旋倾斜滑槽，使物品自上而下平稳滑下。因为没有驱动装置，只能向下而不能向上输送物品。其特点是：滑槽轨道用四氯乙烯制成，倾斜度在12°以内，速度缓和，不损伤物品；可连续输送料箱，当料箱很多时，可暂存于槽内；由于没有驱动装置，因此基本没有噪声；结构简单、成本低、维修费用少。这种输送机主要用于塑料的连续垂直运输。要求货箱尺寸为560 mm×360 mm，货物重量为2~24 kg/个，输送能力为10~20箱/min。

3. 垂直升降输送机

物流中心各楼层之间的物品搬运除了一般电梯之外，还必须有专门的垂直运输设备，以充分利用空间。垂直升降输送机运动平稳，不会使物品因振动而损坏。垂直往复式升降机其原理与电梯相同。垂直升降输送机升降平台的上下移动是由卷扬机或液压装置来驱动的。共有三种形式,即输送线用垂直输送机、手推车用垂直输送机和叉车用垂直输送机。这三种输送机只是物品进出口的衔接方式不同。

4. 托盘式垂直输送机

托盘式垂直输送机因为能连续输送,所以效率较高,可达每小时 500 个。这种输送机节省空间和人力,运费少,承载能力大,承载范围为 50~2 000 kg。

3.3.6 辊道输送机

1. 辊道输送机的应用

辊道输送机是一种在两侧框架间排列若干辊道的连续输送机,如图 3-22、3-23 所示。它主要用来输送具有一定规则形状、底部平直的成件物品,如箱类容器、托盘等。它具有结构简单、运行可靠、维护方便、经济节能等优点,同时与生产工艺过程有良好的相容性和配套性。因此,各种通用的和专用的辊道输送机得到了迅速而广泛的发展,特别是由辊道输送机组成的生产线和装配线,越来越广泛地应用在机械加工、轻工与食品、邮电以及仓库和物资分配中心等各个行业。

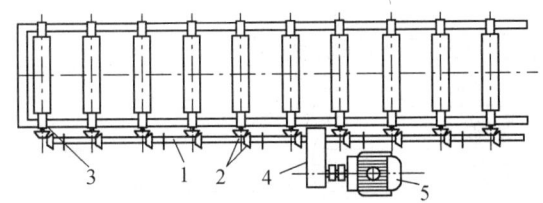

图 3-22 圆锥齿轮传动的辊道输送机
1. 辊道轴;2. 锥齿轮;3. 传动轴;4. 减速器;5. 电动机

图 3-23 辊道式输送机

2. 辊道输送机类型及特点

(1) 辊道输送机类型

按布置方式可分为直线段辊道输送机和曲线段辊道输送机。辊道输送机的直线段和曲线段均可作水平或微倾斜布置;按辊道形式可分为短辊辊道输送机和滚轮辊道输送机;按辊道支承形式可分为定轴式辊道输送机和转轴式辊道输送机。

(2) 辊道输送机特点

① 布置灵活。具有直线、转弯和倾斜等输送线路,可根据需要组成分支、合流等各种形式的输送线路,并且输送线路易于封闭。

② 衔接方式简单紧凑。可利用升降台补足工艺和设备的高差要求,组成立体输送线路,便于和生产工艺设备衔接配套。

③ 功能多样。具有重力式、动力式和集放式等多种输送和存放物品的形式,在输送线路上可完成物品的回转、翻转和升降,以满足工艺流程的要求。但由于辊道间距较小,使得输送线路上辊道数较多,在输送距离相同时,其设备投资较其他输送方式要高。

④ 输送平稳。便于对输送过程中的物品进行加工、检验和装配等各种工艺操作。

⑤ 定位精确。平稳的输送和精确的定位,适合组成自动化的生产流水线和输送路线。

【情景小结】

本章主要叙述连续输送机械的工作特点、种类、主要参数及典型输送机械(带式输送机、斗式提升机、气力输送机、螺旋输送机、重力输送机、辊道输送机等)的结构、工作原理和适用场合。把握总体特征,并理解不同机械之间的关系。

【双基练习题】

一、填空题

1. 连续输送机械按安装方式不同,可分为_____和_____两大类。
2. 带式输送机主要由_____、_____、_____、_____和进料斗组成。
3. 带式输送机的驱动装置是由_____、_____、_____和_____等组成。
4. 斗式提升机的装料方式为_____和_____。
5. 斗式提升机的主要部件为_____、_____、_____、_____、_____。
6. 气力输送设备可以分为_____、_____、_____。
7. 重力输送机的类型主要有空中移载台车、_____、_____和_____。

二、单向选择题

1. 普通胶带输送机,单机长度一般不超过( )。
   A. 200 m B. 300 m C. 400 m D. 500 m
2. 生产率为 200 t/h 的吸粮机,其气力输送机的鼓风机的电动机功率为( )。
   A. 200 kW B. 240 kW C. 260 kW D. 300 kW
3. 螺旋输送机的输送量通常为( )m/h。
   A. 20~40 B. 30~40 C. 40~50 D. 20~50
4. 旋转滑槽式垂直输送机要求货箱尺寸为( )个。
   A. 500 mm×360 mm B. 560 mm×300 mm
   C. 500 mm×320 mm D. 560 mm×360 mm
5. 旋转滑槽式垂直输送机的输送能力为( )。
   A. 10~15 箱/min B. 15~20 箱/min
   C. 10~20 箱/min D. 20~25 箱/min

三、判断题

1. 螺旋式输送机的特点是布置灵活、衔接方式简单紧凑、功能多样。( )
2. 气力输送机适宜输送潮湿的、黏性的和易碎的物料。( )
3. 斗式提升机是以带条(或链条)作为牵引构件,装载料斗作为承载构件,用于垂直方向

或接近垂直的大倾角方向连续提升散货的连续输送机械。　　　　　　　（　　）

4. 气力输送机不能够避免物料受潮、污损或混入其他杂物，保证输送物料的质量。
　　　　　　　　　　　　　　　　　　　　　　　　　　　　　　　（　　）

四、思考题

1. 连续输送机的特点是什么？与起重机械比较，连续输送机械具有哪些优缺点？
2. 带式输送机工作原理与特点？
3. 气力输送机的主要部件及特点？
4. 螺旋输送机的类型及其特点？
5. 辊道输送机特点？

【情景演练】

本章情境操作性强，必须结合实物才能更了解各种输送机械的性能、工作原理。在教授课程过程中用现有资源利用影音资料，结合实验室器材，由学生亲自观摩演练会达到很好的效果。

学习情景 4　物流运输设施与设备

学习内容

【重点】
☆　物流运输设备的特点和类型
☆　物流运输设备基本结构、主要技术参数和使用性能
☆　配置不同的物流运输设备

【难点】
☆　正确选择物流运输方式和设备

学习目标

☆　了解不同运输方式的特点
☆　描述物流运输设备基本结构、主要技术参数和使用性能
☆　描述物流运输设备的特点和类型
☆　选择和配置相应的物流运输设备

　**章前导读**

中国铁路总公司全面推出货物快运业务

　　2014年10月13日,记者从中国铁路总公司了解到,中国铁路总公司将全面推出货物快运业务。目前,全国铁路总公司共有4 200余个货运营业站开办了货物快运业务,形成了覆盖全国的货物快运网络。货物快运业务取消了对货物的品类、重量、体积、件数和批量的限制。除法律禁止运输的货物外,货物快运业务对各种零散货物均敞开受理,并且全部按实际重量或体积受理。客户只需拨打营业站的客服电话12306,或者登录12306铁路客户服务中心网站提交运货需求,即有铁路客户代表上门服务。货物快运业务为客户设计了菜单式服务方案,提供站到站、门到站(站到门)、门到门等全程物流服务,供客户自主选择。

　　目前,高铁技术的发展大大提升了铁路运行速度,也促进了铁路货物运输的发展,给铁路货运带来空前的发展机遇。

相关知识

4.1 公路运输设施与设备

4.1.1 公路运输简介

公路运输是以汽车为载体,实现货物跨地区或跨国界移动的一种运输方式。公路运输是最普及的一种运输方式,是最重要的中、短途运输方式。它适用于近距离、小批量、多品种、多批次,"短"、"小"、"轻"、"薄"的货物运输。

公路运输的优缺点如表 4-1 所示。

表 4-1 公路运输的优缺点

优　点	缺　点
① 自由灵活,可实现"门到门"直达运输,减少了转运环节,包装简化,运输过程中损失率小,误送率低	① 运输量小,单位运输成本高
② 自然适应性强,投资较小,托运速度和送达速度均较快	② 司机主观意识和个人经验对运输安全影响较大,易出事故,环境污染大

4.1.2 汽车的分类和特点

(一) 汽车的分类

公路运输所使用的汽车大致分三类:客车、货车(载货汽车、普通运输车辆)、专用运输车辆。

客车又可分为小客车(如轿车、吉普车等)和大客车等。

货车按其载质量可分为轻型、中型和重型三种。

这里主要介绍货车和专用运输车辆。

1. 货车简介

货车,全名为载货汽车,主要指用于运送货物的汽车,有时也指可以牵引其他车辆的汽车,属于商用车辆类别,如图 4-1 所示。

a) 三轮货车　　　　　　　　b) 后四轮厢式货车　　　　　　　c) 平头后八轮货车

图 4-1　货车

2. 货车的种类及介绍

我国对货车的分类方式较多,有的按货车总质量分类,有的按发动机排气量不同分类,有的按车辆构造不同分类(如车厢),有的按车辆用途不同分类。以下仅对常用运输车辆进行分类并对其特点进行介绍。

(1) 货车按其总质量可分为微型货车、轻型货车、中型货车和重型货车等,其性能特点及应用领域如表 4-2 所示。

表 4-2 按照货车总质量进行分类

类别	总质量	性能特点	应用领域
微型货车	低于 1.8 t	外形尺寸小,车长不超过 3.5 m;载重量不超过 750 kg;机动灵活,价格便宜,适应性广;报废年限为 8 年	主要托运一些轻便货物,用于实现企业内的物料转移和同城配送运送作业比较多
轻型货车	1.8 t~6.0 t 之间	车长一般不超过 6 m;载重量不超过 4.5 t;机动灵活,价格便宜;15 年强制报废	短途轻便货物托运常用
中型货车	6.0 t~14.0 t 之间	车长一般不超过 6 m;载重量在 2.5 t 到 8 t 之间;价格适中;报废年限为 10 年	适合中短距离中小批量货物托运
重型货车	14 t 以上	造型设计显笨重,车型尺寸大,车长 6 m 以上;载重量 8 t 以上;价格昂贵;报废年限为 10 年	适合笨重货物的中长距离托运

对于不同货箱形式的载货汽车应根据货物的品种及规格进行恰当的选用。

(2) 货车按照发动机和驾驶室的相对位置,可分为长头式、短头式、平头式和侧置式。长头式是指发动机位于驾驶室前部;短头式是指发动机有部分位于驾驶室内;平头式是指发动机全部位于驾驶室内;侧置式是指发动机偏置在驾驶室一侧。其性能优缺点如表 4-3。

表 4-3 按照货车发动机和驾驶室的相对位置进行分类

类别	优点	缺点
长头式	前轴负荷小,但车身变长,汽车通过性能受影响;驾驶室内机构简单;进出驾驶室方便;离合器、变速器等操纵机构简单;驾驶室内受热及振动均比较小;汽车正面与其他物体发生碰撞时,特别是微型、轻型长头货车,驾驶员和前排乘员受到严重伤害的可能性较小	汽车总长和轴距尺寸长,最小转弯直径大,机动性能差;驾驶员的视野差,容易造成驾驶失误;汽车面积利用率低
短头式	汽车总长和和轴距适中,驾驶员视野得到改善,汽车面积利用率较好,集成了长头式和平头式的优点	没有最大限度提高货厢面积和驾驶员视野,一旦发动机出现故障,维修难度大
平头式	汽车总长和轴距尺寸短,最小转弯直径小,机动性能良好;不需要发动机罩和翼子板,加上总长缩短等因素的影响,汽车整备质量减小,驾驶员的视野大;采用翻转式驾驶室时能起到方便维修的作用;汽车面积利用率高,应用非常广泛	前轴负荷大,汽车通过性能变坏;驾驶室内机构复杂;进出驾驶室不如长头式货车方便;离合器、变速器等操纵机构复杂;驾驶室内受热及振动均比较大;汽车正面与其他物体发生碰撞时,驾驶室和前排乘员受到严重伤害的可能性增加

(续表)

类别	优点	缺点
侧置式	轴距短、视野良好,此外还具有驾驶室通风条件好、维修发动机方便等	应用面很窄,主要用于重型矿用自卸车

(3) 货车按照车厢的不同,可分为通用货车和专用货车

通用货车是指货车车厢具有通用性特点,应用范围广泛。通用货车按照车厢封闭程度又可细分成平板式、低护栏式、高护栏式、仓栅式和全封闭厢式。运送大型集装货物可采用平板式或低护栏式货车;运送轻便或集装单位较小的货物可采用高护栏式货车;仓栅式货车适合各种货物运输,缺点是厢体容积受限;全封闭车厢式货车能较好地保护货物。

专用货车的车厢结构比通用货车更复杂,多为专用运输车辆,如罐式汽车、冷藏车等。

(4) 货车按照车轮数目的不同,可分为三轮货车、四轮货车、前四后四货车和前四后八货车。其中前两种主要在轻微型货车中比较常见,前四后四在中型货车中比较常见,前四后八型货车一般在重型卡车或挂车中常见。

(5) 其他分类。

按货车车厢门开门方式的不同,主要分为单侧开门货车、双侧开门货车、三开门货车、上开门货车、后开门货车和侧向内置推拉门货车。

按货车车轴(也称车桥)数量的不同,货车可分为二车桥货车、三车桥货车、四车桥货车、五车桥货车、六车桥货车及六车桥以上货车。货车车轴数量直接影响货物运输的载质量。

按货车的特殊用途,可分为长大货物车、凹底货车、落下孔车、钳夹车、广告车等。

> 小提示

如何合理选择使用车辆

在日常的公路货运业务中,选择使用车辆是提高运输效率、优化管理车辆的难题。考虑到现今公路收费标准变化的因素,运距和运量是选择车辆的重要指标,由车轴数决定的运量指标又是重中之重。

(1) 车货总重不大(22 t 以下)的短途运输可选用轻量化二车轴中卡货车。

(2) 中途运输可选用三车轴货车,如 6×2 平板车。

(3) 车货总重适中(24~37 t)的中长途运输可选用四车轴货车或汽车列车。

(4) 车货总重大的长途运输可选用六车轴甚至六车轴以上的汽车列车。

4.1.3 常见货车图例及适用范围

各种货车如表 4-4 所示。

表 4-4 各种常见货车

序号	货车名称	货车样图	适用范围
1	仓栅式货车		适用范围较广,适合各类货物装载运输,但车厢容积受限,不适合超限货物
2	高护栏货车		由于高护栏可避免货物塌垛风险,因此更适合小单元普通轻便货物装载运输
3	低护栏货车		护栏对货物的保护作用有限,因此低护栏货车更适合外形体积重量较大的货物装载运输
4	平板货车		适合重大型箱体货物及重型设备的装载运输
5	长头货车		应用广泛,对货物无限制要求,仅是车辆结构特征的一种表现

(续表)

序号	货车名称	货车样图	适用范围
6	平头后八轮		后八轮,车辆后轮由8个车轮组成,能承受更重的货物重量。多为大型货车(如挂车)或特殊货物装载(如运载沙土等较重货物)适用
7	三轮货车		小型运载工具,车辆灵活性更强。集贸批发市场等地常见,用于短途小批量送货
8	后四轮厢式货车		厢式货厢对货物的保护最佳,适合运载散件、鲜活货物、贵重货物等

4.1.4 货车的主要特点和参考性能

(一)货车的主要特点

1. 灵活性强

货车的灵活性是所有运输工具中最强的,它可以满足客户不同时间、不同地点、不同频率的运送要求。货车的运行可以没有时刻表的限制,发货时间可灵活控制,汽车的体积比较小,因此对道路也没有严格的要求,可以深入工厂、矿山、城市街道等,容易实现"门到门"的直达运输。

2. 成本较低

对各种运输方式运输成本的分析,需要考虑两个因素,即端点成本和运行成本。

公路运输车辆在托运准备工作中的成本较低,站点基础设施投入不大,因此端点成本较低,货车运行过程中因耗油费用及路线费用(如过桥费、高速公路过路费)高,因此运行成本较高,但由于货车通常只适用于中短途货物运输,总成本受运行成本影响相对较小,尤其是在中短途运输距离内,通过高速公路运输,大吨位汽车的运送速度和经济效益均较铁路运输优越。

3. 适应性强

用户可根据需要,针对客货的不同情况采取不同的运输形式。既可单车运输,也可拖挂运输;既可散货运输,也可集装箱运输等。

4. 操作简单

汽车的驾驶技术比较容易掌握,与驾驶火车、轮船和飞机相比,培养一名汽车驾驶员所需要的成本和时间均比较小。

5. 污染严重

货车带来的污染主要有噪声污染和空气污染。货车主要以燃油为动力,因此导致出现尾气排放等问题。另外,当货车在城区附近活动时,又产生了噪声污染。

6. 风险较大

这里所指的风险包括运输过程车辆交通安全和货物安全两部分。由于公路上车辆密集度的不确定性以及车辆行驶轨迹并没有严格界定,车辆间发生交通事故的可能性增强,尤其是在驾驶员疲劳驾驶和天气影响情况下,发生交通事故的可能性会更大。路面的平滑程度和车辆底座的弹性直接决定了货物在车厢内的稳定性,容易导致货物之间出现摩擦振动和塌垛现象,进而导致货损货差。

7. 不适合长距离运输

按照国际标准,公路运输的经济里程在 300 km 以内。所谓经济里程,是指采用某种运输方式时成本比较低廉的里程范围。但是,该数据并不是绝对的,经济里程受路线状况、交通状况、经济状况等众多因素的影响。目前我国中长距离的货物运输依然主要靠铁路运输方式来完成,公路运输方式主要应用在中短距离的城际运输。随着我国公路基础设施建设步伐加快,尤其是高速公路网的快速形成,公路运输的经济里程将逐步增长。

(二) 货车的主要性能参数

用户在货物运输组织准备过程中,必然会涉及车辆选择的问题,选用货车应对以下主要性能参数加以了解。

1. 额定吨位

额定吨位是指载货货车最大的货物装载质量,该参数直接决定货车的运输能力。

2. 耗油量

耗油量是指在额定载荷状态下,单位运行距离所消耗的燃油量(L/100 km),该参数直接决定了货车的运行成本。

3. 行驶速度

行驶速度指在额定载荷状态下,车辆行驶在水平路面,变速器最高挡,节气门全开时,车辆稳定行驶的最高速度。该参数直接决定了货车运输的送达速度。

4. 比功率

比功率指发动机额定功率(kW)/厂定最大总质量(t)。该参数直接决定了货车动力性能水平的高低。

5. 制动距离

制动距离是指当车辆处于某一行驶速度时,从开始制动刹车到车辆完全停止全过程的行驶距离。该参数是衡量货车制动性能的主要参数,正确把握该参数对保障行驶安全起着十分重要的作用。

4.1.5 专用运输车辆

众所周知,汽车运输在物流过程中的地位非常突出。采用汽车运输可以提高运输效率、减少中间环节和降低运输成本,降低装卸货物的难度,进而实现最佳经济效益。然而仅从运输功能角度来讲,普通货车虽然具有应用领域的普遍适用性,但在很多情况下,尤其是当货车的性质和物理状态与一般货物存在比较大的差异时,如有的货物易燃易爆、易腐蚀、易变质腐烂甚至有毒,普通货车就很难满足这类货物的运输要求,因此必须使用专用运输车辆才能更加有效地发挥汽车运输的经济效益和专用功能。本节将对专用运输车辆的相关知识结合实际应用的广度进行阐述。

专用运输车辆是相对于普通运输车辆而言的,是指用于特殊货物运输或特殊功能(如自卸等)的公路运输车辆。公路运输车辆最常见的专用运输车辆有汽车列车、自卸汽车、罐式汽车和特种车辆。

(一)汽车列车

汽车列车主要有以下几种类型:

1. 全挂汽车列车

全挂汽车列车是指由一辆牵引汽车用牵引连接装置连接一辆或一辆以上的全挂挂车组合而成的汽车列车,如图 4-2 所示。牵引汽车为全挂汽车列车的运行提供动力,在摘掉挂车后,可单独从事货运。全挂挂车可以独立承载,重心稳定;行驶时稳定性差,易侧向偏摆;追随性差,不宜过狭隘的急弯道;挂车长度不宜过长。

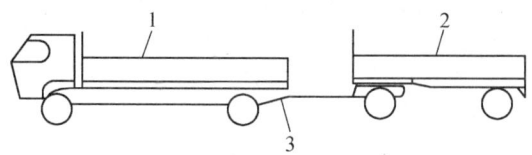

图 4-2 全挂汽车列车示意图
1. 载货牵引车;2. 全挂车;3. 牵引连接装置

2. 半挂汽车列车

半挂汽车列车是指由一辆半挂牵引汽车和一辆半挂车组合而成的汽车列车,最为常见,如图 4-3 所示。半挂汽车列车的牵引车上备有牵引座,半挂车上装有牵引销,半挂车通过牵引销与牵引车上的牵引座连接(或分离),并将半挂车一部分载荷和自重分配给牵引车的牵引座处。因此,半挂牵引车必须具有支承力和牵引力,为半挂汽车列车的运行提供动力,本身并不装载货物。半挂挂车部分承载,重心靠后,需支架支承;工作中通常先挂上牵引车再载货;行驶稳定性和追随性均良好;挂车长度优于全挂;应用广泛。

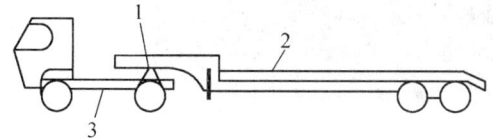

图 4-3 半挂汽车列车示意图
1. 牵引座;2. 半挂车;3. 半挂牵引车

3. 双挂汽车列车

双挂汽车列车是指由一辆半挂牵引车与一辆半挂车和一辆全挂车组合而成的汽车列车，如图4-4所示。由于双挂汽车列车又增加了一节挂车，所以装载质量增加了，运输效率大大提高。但它要求牵引车具有更大的发动机功率，并且要求运行的道路条件要好。

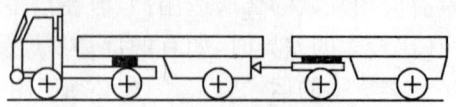

图4-4 双挂汽车列车示意图

由于半挂车的应用最为普遍，种类繁多，以下就常见的半挂车车型及应用特点进行介绍，如表4-5所示。

表4-5 半挂车车型图例及应用特点

名称	图例	应用特点
栏板式半挂车		可装载大型集装单元货物，可将货厢四边的栏板打开，具有整车重心低、载重量适中的特点，有高护栏、低护栏和平板之分。多用于企事业单位的货物运输。
厢式半挂车		货厢具有独立式封闭结构，载货容积大，密封性能和安全性能好，可防止货物散失。比较适合装载散货、易腐蚀怕潮和贵重的货物。
罐式半挂车		半挂车上的货厢为油罐状，故称罐式半挂车，适合装载油料货物

(续表)

名 称	图 例	应用特点
自卸式半挂车		由汽车底座、液压举升机构、货厢和取力装置等部件组成,适合装载不易破碎的散货,如沙石、建筑材料等
仓栅式半挂车		比较集装单元小型化的货物运输,也适合鲜货和活物的运输

（二）自卸汽车

自卸汽车是指通过液压或机械举升而自行卸载货物的车辆,业内俗称翻斗车,作业时车厢可以自由倾斜一定角度,使货物快速卸载,大大节省装卸时间和劳动力,降低了运输成本,提高了运输工作效率,经常与挖掘机、输送机等工程机械联合作业使用,是常用的沙土、散料装卸运输专用车辆。

1. 自卸汽车的分类

常用的自卸车种类繁多,根据车厢卸货时翻动的方向不同,主要分为后翻式和侧翻式两种;根据最大总质量,自卸车可分为轻型自卸车、中型自卸车和重型自卸车。最大总质量在1.8～6 t的自卸汽车为轻型自卸车;最大总质量在6～14 t之间的为中型自卸车;最大总质量大于14 t的为重型自卸汽车。根据用途不同,自卸车又可分为普通自卸车、专用自卸车、矿用自卸车等;按照倾斜构造不同,自卸车可分为直推式和连杆式两种类型。常见的自卸车如图4-5所示。

图4-5 自卸车

2. 自卸汽车的主要性能参数

自卸汽车的性能参数除了普通汽车的技术性能参数外,还有以下主要使用性能参数:

(1) 容积利用系数

自卸汽车的容积利用系数是用来确定汽车车厢容积的一个参数。它是指自卸汽车单位容积的装载质量。车厢容积不能过大也不能过小。车厢的容积过大,会使自卸汽车经常超载而造成车辆的早期损坏或发生危险;车厢容积过小,又会使自卸汽车的实际装载质量减少,造成吨位的浪费,导致运输生产率和经济效益降低。因此,容积利用系数的确定应根据自卸汽车的使用情况和所装运货物的种类来确定。

(2) 质量利用系数

质量利用系数是指自卸汽车装载质量与整车质量的比值。普通自卸汽车由于其自重较基本车型有所增加,因此,它的质量利用系数有所降低。

(3) 车厢的最大举升角

车厢的最大举升角即车厢的最大倾斜角,是指车厢举升至极限位置时,车厢底部平面与地平面之间的夹角。车厢的最大举升角应保证所装运的货物能自动地全部卸出,一般应在50°～70°之间。

(4) 举升时间和降落时间

举升时间是指车厢满载时,从举升车厢开始至车厢举升到最大举升角位置所需的时间,一般为15～25 s。降落时间是指车厢卸完货物后,开始下降至完全降落到车架上时所需的时间,一般为8～15 s。

大吨位的自卸汽车的举升、降落时间偏上限,且随着装载质量的增加而延长。车厢的举升和降落时间对汽车的运输生产率有较大的影响,尤其对于运距较短的自卸汽车,这个参数的选择尤为重要。

(三) 罐式汽车

罐式汽车是指车辆载货车厢为封闭罐体的载货汽车,简称罐车,如图4-6所示。专门用于装运散装的液体、粉末、气体、颗粒状等具有一定流动性质的货物。

目前,罐式汽车主要在运油、环卫、公路建设等领域比较常见,如加油车、洒水车、沥青运输工程车等。

图4-6 罐式汽车

(四) 特种车辆

所谓特种车辆,是指车辆的外形尺寸、结构、重量设计超过一般运输车辆限制或使用功能特殊的车辆。特种车辆种类繁多,根据应用的功能不同,公路运输企业中比较常见的特种车辆主要有消防车、公路清障车、冷藏车、水泥搅拌车、垃圾车、车辆运输车等,其应用特点如表4-6所示。

表 4-6 常见特种车辆图例及应用特点

名　称	图　例	应用特点
车辆运输车		可装运微型客车和轿车,有的可装运大型车辆。该车辆目前还存在许多问题,比较突出的是超限问题和装卸自动化程度不够高等
消防车		俗称救火车,专门用作救火或其他紧急用途。消防车身多为红色,根据灭火方式不同,通常配有消防栓、云梯、水罐、水枪、泡沫枪等消防器材
公路清障车		具有起吊、拽拉和托举牵引等多项功能,适用于高速公路、城市道路的清障作业。
冷藏车		常用于冷冻食品、奶制品、生物制剂(疫苗)、蔬菜水果等货物的运输
水泥搅拌车		车身主要由搅拌筒、传动系统、供水系统、混凝土流槽组成。在建筑工程领域常见,通常车辆运行前将混凝土材料装入搅拌筒,边运行边搅拌,到达目的地即可通过流槽供应水泥

(续表)

名 称	图 例	应用特点
垃圾车		主要用于运载垃圾、粉碎垃圾、处理灰沙石土等建筑材料

（五）公路集装箱运输车辆

集装箱运输车有普通载货汽车、集装箱半挂车、集装箱全挂车和双挂汽车列车4种类型。其中集装箱半挂车具有机动性好，适用于"区段运输"、"甩挂运输"和"滚装运输"的特点，是一种理想的集装箱运输专用车辆，如图4-7所示。

集装箱半挂车按其使用场合的不同可分为一般公路用集装箱半挂车和站场用集装箱半挂车两大类。这里主要介绍公路用集装箱半挂车。

公路运输用集装箱半挂车，其外廓尺寸及轴荷等参数均应符合国家标准规定。在公路上使用的集装箱半挂车按其结构形式可分为以下几种类型：

图4-7 集装箱半挂车

1. 平板式集装箱半挂车

平板式集装箱半挂车除有两条承重的主梁外，还有多条横向支承梁，并在这些支梁上全部铺上花纹钢板或木板，同时在应装设集装箱固定装置的位置，均按集装箱的尺寸和角件规格要求，装设转锁件。因而它既能装运国际标准集装箱，又能装运一般货物。在装运一般货物时，整个平台承受载荷。平板式集装箱半挂车由于自身的整备质量较大，承载面较高，因此只有在需要兼顾装运集装箱和一般长大件货物的场合才使用。平板式集装箱半挂车如图4-8所示。

图4-8 平板式集装箱半挂车

2. 骨架式集装箱半挂车

骨架式集装箱半挂车专门用于运输集装箱,它仅由底盘骨架构成,而且集装箱也作为强度构件加入半挂车的结构中予以考虑。因此,其自身整备质量较轻,结构简单,维修方便,在专业集装箱运输企业中普遍采用。骨架式集装箱半挂车如图4-9所示。

图 4-9 骨架式集装箱半挂车

3. 鹅颈式集装箱半挂车

鹅颈式集装箱半挂车是一种专门运载40 ft集装箱的骨架式半挂车。其车架前端拱起的部分称为鹅颈。当半挂车装载40 ft集装箱后,车架的鹅颈部分可插入集装箱底部的鹅颈槽内,从而降低了车辆的装载高度,在吊装时,还可起到导向作用。鹅颈式集装箱半挂车的固定转锁装置与骨架半挂车稍有不同。

4. 带浮动轮的摆臂悬架式集装箱半挂车

带浮动轮的摆臂悬架式集装箱半挂车在其第一轴的后面增加了附加机构,可使车辆在空驶时,将浮动轮升起离开地面,以减小道路阻力,而满载时浮动轮可着地,增加了车辆的承载能力。

5. 可伸缩式集装箱半挂车

可伸缩式集装箱半挂车是一种柔性半挂车,它的车架分为三段:前段是一带有鹅颈及支撑20 ft箱的横梁,并由牵引销与牵引车连接,整个前段为一个框架的刚体;中段是一根方形钢管,一段插入前段的方形钢管中,另一段被后段的方形钢管插入,使前段和后段成为柔性连接;后段由两个框架组成,上框架与一方形管固定,后段方形管插入中段方形管后,与前段组成整个机架,支承及锁紧装运的集装箱,并且通过不同的定位销确定车架不同的长度,可适应装运20 ft、30 ft、40 ft和45 ft各型集装箱的要求。

6. 低床式集装箱半挂车

低床式集装箱半挂车只能装运20 ft的集装箱,而且仅在有较特殊要求的场合下,如库房的高度较低,用普通的半挂车不能满足要求时,或主要用于装运大件货物,而又要兼顾装运集装箱时才考虑采用这种形式,一般用得较少。

(六)专用运输车辆在物流系统中的地位和作用

随着物流业的快速发展和人民生活水平的不断提高,社会对物流业的服务效率和服务质量要求也越来越高,因而对物流服务的设施与设备提出了更高的要求,对于道路运输车辆,要求必须根据货物的运输条件要求,选用合适的专用运输车辆来承担运输任务。专用车辆能更有效地发挥汽车运输的经济效益和专用功能,从而满足运输"质"的要求,在物流领域中的应用将会大大提高物流企业的经济效益和社会效益。

(1)提高运输效率,降低运输成本。

专用汽车能充分发挥汽车的运输能力,提高实载率,降低运输成本。

(2) 保证货物运输质量,减少货损货差。

(3) 节约包装,缩短装卸时间,改善劳动条件,减少劳动消耗。

(4) 提高货物运输的安全性,减少环境污染。

许多易燃、易爆、易腐蚀、有毒等危险货物的运输必须采用专用运输汽车,以确保其运输安全,同时也能避免造成环境污染。

4.2 铁路运输设施与设备

4.2.1 铁路运输简介

铁路运输是一种大运量、现代化的陆上运输方式,它是指利用机车、车辆等技术设备沿铺设轨道运行,运送旅客和货物的一种运输方式。铁路运输是陆地长距离运输的最主要方式,适用于长距离、大批量的干线运输,运输的产品多是"重"、"厚"、"长"、"大"的货物。

铁路运输的优缺点如表 4-7 所示。

表 4-7 铁路运输的优缺点

优 点	缺 点
① 固定线路,气候和自然条件影响较小,按时刻表准点运行,运输较准时	① 缺乏机动性,不能实现"门到门"运输,通常要依靠其他运输方式配合,才能完成运输任务,除非托运人和收货人均有铁路专用线
② 行驶阻力小,不需频繁启动和制动,可重载高速行驶,运量大,单位运输成本低	② 基建投资大,建设周期长

4.2.2 铁路机车与车辆

(一)铁路机车

机车是铁路运输的基本动力。由于铁路车辆大都不具备动力装置,列车的运行和车辆在车站内有目的的移动均需机车牵引或推送。

铁路机车按原动力分为蒸汽机车、内燃机车及电力机车,如图 4-10 所示;按用途分为客运机车、货运机车、调车机车。客运机车要求速度快,货运机车需要功率大,调车机车要机动灵活。

1. 蒸汽机车

蒸汽机车是通过蒸汽机,把燃料燃烧产生的热能转换成机械能,用来牵引列车的一种机车。它主要由锅炉、汽机、走行部、车架、煤水车、车钩缓冲装置以及制动装置等组成。在现代铁路运输中,蒸汽机车已逐渐被其他新型牵引形式取代。

2. 内燃机车

内燃机车是以内燃机为原动力的一种机车。一般来说,内燃机车由动力装置(即柴油机)、传动装置、车体车架、走行部、辅助设备、制动装置和车钩缓冲装置等主要部分组成。

目前的内燃机车多为柴油内燃机车。按照动力类型的不同,柴油内燃机车可以分为柴油机车和柴电机车。柴油机车是将内燃机所产生的动力经变速箱以机械的方式传递到车轮。柴电机车是利用内燃机发电后把电能供给马达,用电能带动车轮。内燃机车的热效率可达30%

左右,其独立性强,线路投资少、见效快,准备时间比蒸汽机车短,起动和加速快,运行线路长,通过能力大,劳动条件好,可实现多机连挂牵引。

3. 电力机车

电力机车靠其顶部升起的受电弓从接触网上获取电能,并转换成机械能牵引列车运行。电力机车由电气设备、车体与车架、走行部、车钩缓冲装置和制动装置等主要部分组成。电力机车的功率大,获得能量不受限制,因而能高速行驶,可以牵引较重列车,启动加速快,爬坡性能强,容易实现多机牵引,更适合于坡度大、隧道多的山区铁路和繁忙干线行驶。

蒸汽机车　　　　　　　　内燃机车　　　　　　　　电力机车
时速60千米　　　　　　时速100—120千米　　　时速250—300千米

图4-10　铁路机车

(二) 铁路车辆

铁路车辆是运送旅客和货物的工具。车辆一般不具备动力装置,需要连挂成列车后由机车牵引运行。铁路车辆根据其用途,可分为客车和货车两大类;根据其轴数的不同,又可以分为四轴车、六轴车和多轴车;货车通常还按载重分为 50 T、60 T、75 T 和 90 T 等多种车型,其中以 60 T 为最多。

为了适应不同货物的运输要求,货车的种类很多,主要有:① 棚车(P),装运怕湿及贵重货物;② 敞车(C),装运不怕湿的散装货物及一般机械设备;③ 平车(N),装运长大货物与集装箱;④ 罐车(G),装运液体、半液体或粉状货物;⑤ 保温车(B),又称冷藏车,装运新鲜易腐货物。

1. 铁路车辆的结构

铁路车辆的种类虽然很多,但其基本结构都是一样的,主要是由车体、车底架、走行部、车钩缓冲装置和制动装置五个基本部分组成。

(1) 车体

车体是装载货物的部分。不同的铁路车辆,其车体也不一样。棚车的车体由端墙、侧墙、地板、车顶和门窗等组成,在装载货物时要关闭门窗,防止风吹雨淋和阳光照射。敞车的车体由端墙、侧墙和地板组成,车墙高度通常在 0.8 米以上。平车的车体只有地板,有的平车则装有很低的侧墙和端墙,有的平车为便于装运特别长和大的货物,被做成下弯的凹型车或有一部分不安装地板的落下孔车。保温车的车体也是由端墙、侧墙、地板、车顶和门窗等组成,其墙板是双层壁板构成,壁板间填充绝热材料以减轻气温对货物的影响,车内还装有制冷或冰箱等设备。罐车的车体为圆筒形,在车体上装有空气包和安全阀以保证液体货物运送的安全,在罐体上设有装卸口。

(2) 车底架

车底架是车体的基础，主要由中梁、侧梁、枕梁及端梁等组成。它承受车体和货物的重量，通过上、下心盘将重量传给走行部。车底架在货车运行时由于要承受机车牵引力和各种冲击力，因此必须具有足够的强度和刚度。

(3) 走行部

走行部是车辆的基础。其作用是引导车辆沿着轨道运行，并把重量传给钢轨。在四轴车上四组轮分成两部分，每两组轮和侧架、摇枕、弹簧减振装置以及轴箱油润装置等组成一个整体，称为转向架。通过中心销将摇枕上的下心盘和底架枕梁上的上心盘相连接，可以相对于车底架做自由转动，便于车辆顺利地通过曲线。

(4) 车钩缓冲装置

车钩缓冲装置由车钩和缓冲器组成，其作用是连接机车车辆、传递机车牵引力和制动力，缓和车辆之间的冲击力。

(5) 制动装置

制动装置一般包括空气制动机和手制动机两部分，它是用外力迫使运行中的机车车辆减速或停车的一种设备，是机车安全、正点运行的重要保证，也是提高机车载重量和运行速度的前提条件。

2. 铁路货车的选用

(1) 棚车(P)

这种货车具有车顶、侧墙、端墙，并设有窗和滑门。主要用于承运粮食、食品、日用工业品等怕湿、怕晒的货物和贵重货物，必要时也可以承运售货员和马匹，如图 4-11 所示。

图 4-11 棚车

图 4-12 敞车

(2) 敞车(C)

这种货车没有车顶，但有平整地板和固定侧墙。主要用于承运煤矿、矿石、砂、木材、钢材等不怕日晒和雨淋的散装货物和一般机械设备货物，如图 4-12 所示。

(3) 平车(N)

这种货车没有侧墙、端墙和车顶。有的车型具有可以放倒的侧板和端板。主要用于承运大型建筑材料、压延钢材、汽车、拖拉机、军用装置和集装箱等，低边平车还可以承运矿石、煤炭等货物，如图 4-13 所示。

图 4-13 平车

图 4-14 保温车

(4) 保温车(B)

又称为冷藏车。这种货车外形结构类似棚车,车体设有隔热层,加装有冷冻设备以控制温度。主要用于装运新鲜易腐货物。保温车具有车体隔热、气密性好的特点,如图 4-14 所示。

(5) 罐车(G)

这种货车可以分有底架和无底架两种结构。专门用于承运液体、液化气体或粉末状货物。罐车按运载货物的类型,可以分为轻油罐车、粘油罐车、沥青罐车、液化罐车、酸碱罐车、水泥罐车等,如图 4-15 所示。

酸碱罐车

轻油罐车

粘油罐车

图 4-15 罐车

(三) 信号设备

信号设备的作用是保证列车运行与调车安全和提高铁路的通过能力。它包括铁路信号、联锁设备和闭塞设备。

1. 铁路信号

信号是对列车运行和调车工作的命令,以保证安全和提高作业效率。我国规定用红色、黄色和绿色作为信号的基本颜色,其中红色表示停车,黄色表示注意或减速慢行,绿色表示按规定的速度运行。铁路信号按信号形式可以分为视觉信号和听觉信号两大类,按设备形式可以分为固定信号、移动信号和手信号三类。

2. 联锁设备

联锁设备的主要作用是保证站内列车运行和调车作业的安全以及提高车站的通过能力。

在车站上,为列车进站、出站所准备的通路称为列车进路。凡是为各种调车作业准备的通路,则称为调车进路。一般每一个列车、调车进路的始端都应设立一架信号机进行防护,以保证作业时的安全。

列车的进出站和站内的调车工作通常是根据防护每一进路信号机的显示状态进行的。在有关的道岔和信号机之间,以及信号机和信号机之间,必须建立一种相互制约的关系,才能保证安全。我们把这种相互制约的关系称为联锁。为完成联锁关系而安装的技术设备称为联锁设备。

3. 闭塞设备

闭塞设备是用来保证列车在区间内运行安全的区间信号设备。在单线铁路上，为了防止一个区间内同时进入两列对向运行的列车而发生正面冲突，以及避免两列同向运行的列车(包括复线区间)发生追尾事故，铁路上规定区间两端车站值班员在向区间发车前必须办理的行车联络手续，称为行车闭塞手续。用于办理行车闭塞的设备称为闭塞设备。闭塞设备必须保证在一个区间内，在同一时间里只能允许一个列车占用。

4.2.3 铁路集装箱运输设备

(一) 铁路集装箱运输系统

铁路运输系统由参与运输过程的所有物体(作为运输对象的货物除外)和与运输过程有关的物体组成，包括机车、车辆、铁路网、集装箱、车站的运输设备及装卸机械等。

(二) 铁路集装箱

当前铁路集装箱的干货集装箱有 1 t、10 t、20 ft、40 ft 集装箱。此外，铁路的专用集装箱和特种集装箱有 20 ft 机械冷藏集装箱、20 ft 汽车集装箱、20 ft 罐式集装箱、20 ft 木材集装箱、20 ft 板架集装箱、40 ft 机械冷藏集装箱以及 50 ft 汽车集装箱。

20 ft 台架式汽车集装箱是运输微型汽车和农用三轮车的专用集装箱，可实现车辆"纵向平装""横向平装""爬装"等装载方式，提高了车辆装载率。

20 ft 罐式集装箱打破了传统的圆柱形罐体设计，容积较传统箱提高了 40%，达到 33.5 m³，适合装运轻油、工业酒精等非腐蚀性液体货物，并可实现"门到门"运输。

50 ft 汽车集装箱采用密封式双层装载，可保证各型号轿车的运输安全，防盗防污，并充分利用了车辆装载率。一辆 X6h 型专用平车可运输 6 辆高档轿车，使每辆专用平车装载率提高了一倍，此外，回空时可用作普通干货集装箱使用。

(三) 集装箱直达列车

全部由装运集装箱的车辆编成的列车称为集装箱直达列车。

集装箱直达列车始于 20 世纪 60 年代的英国，美国固定时间运行的单元集装箱列车采用双层集装箱专用货车，即五联车车组关节式凹底平车，这种双层集装箱列车的车钩数目只有原来的 20%，大大减少了列车冲击，自重较轻，空气动力学条件得到改进，可比普通列车节约大约 40%的燃料，其运载能力也比普通铁路列车大约翻了一番，一列 20 辆双层集装箱专用车组成的列车长约为 1 英里，可运载 200 个 40 ft 集装箱，而相当长度的平车装运的集装箱列车只能运载 110 个 40 ft 集装箱。这种双层集装箱车能装载 20 ft、40 ft、45 ft、48 ft 和 53 ft 的集装箱。

我国铁路开行集装箱直达列车始于 1987 年，铁道部组织试开行了广安门—广州北的集装箱直达列车。铁路开行集装箱直达快运列车是铁路集装箱运输的重大突破，是铁路货物运输的一项重大变革，也是铁路运输现代化的重要标志，开行集装箱直达快运列车是我国铁路运输组织工作的一项长期政策。

4.3 水路运输设施与设备

4.3.1 水路运输简介

水路运输是指利用船舶,在江、河、湖泊、人工水道以及海洋上运送旅客和货物的一种运输方式。水路运输是水路长距离运输的最主要方式,适用于远距离、大批量水道干线运输,运输的产品多是"重""厚""长""大",尤其是"超大""超重"货物。

水路运输按其航行的区域,大体上可划分为海洋运输和内河运输两种类型。海洋运输又有"远洋""近洋""沿海"之分。"远洋"是指我国与其他国家或地区之间,经过一个或整个大洋的海上运输,如我国至非洲、欧洲、美洲、澳洲等地区进行的运输;"近洋"是指我国与其他国家或地区间,只经过沿海或太平洋(或印度洋)的部分水域的海上运输,如我国与朝鲜、日本、东南亚各国所进行的运输;"沿海"是指我国沿海区域各港之间的运输。

内河运输是指利用船舶、排筏和其他浮运工具,在江、河、湖泊、水库及人工水道上从事的运输。内河运输通常多利用天然河流,因此建设投资少,运输成本低。我国有大小湖泊 900 多个,天然河流 5 000 多条,总长约 43 万 km,并且大多数河流水量充沛,常年不冻,适宜航行。目前的通航河流有长江、珠江、黑龙江以及大运河等。

水路运输的优缺点如表 4-8 所示。

表 4-8 水路运输的优缺点

优 点	缺 点
① 可以利用天然水道,与其他运输方式相比,水运对货物的载运和装卸要求不高,因而占地较少	① 船舶平均航速较低
② 水上航道四通八达,它的通航能力几乎不受限制。一般说来,水运系统综合运输能力主要是由船队运输能力和港口通过能力所决定	② 水路运输生产过程由于受自然条件影响较大,特别是受气候条件影响较大,因而呈现较大的波动性及不平衡性
③ 可以实现大吨位、长距离的运输。水运的特点是运量大、成本低,非常适合大宗货物的运输。	

根据水路运输的上述特点,在综合运输体系中,水路运输的功能主要是:
(1) 承担大批量货物,特别是集装箱运输。
(2) 承担原料、半成品等散货运输,如建材、石油、煤炭、矿石、粮食。
(2) 承担国际贸易运输,系国际商品贸易的主要运输工具之一。

4.3.2 船舶

船舶是指能航行或停泊于水域进行运输或作业的运输工具,按不同的使用要求具有不同的技术性能、装备和结构形式。这里仅介绍以载运货物为主的货船,其大部分舱位用于堆储货物。货船的船型很多,大小悬殊,排水量也从数百吨至数十万吨不等。

(一) 货船的分类

1. 干散货船

干散货船又称散装货船,是用以装载无包装的大宗货物的船舶(如图 4-16 所示)。因为干散货船的货种单一,不需要成捆、成包、成箱的装载运输,不怕挤压,便于装卸,所以都是单甲板船。总载质量在 5 万吨以上的,一般不装起货设备。

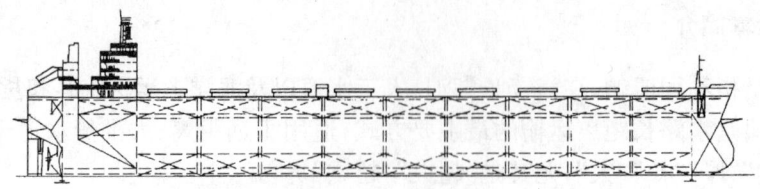

图 4-16 干散货船

由于谷物、煤和矿砂等的积载因数(每吨货物所占的体积)相差很大,因此所要求的货舱容积的大小、船体的结构、布置和设备等许多方面都有所不同。一般习惯上仅把装载粮食、煤等货物积载因数相近的船舶,称为散装货船,而把装载积载因数较小的矿砂等货物的船舶,称为矿砂船。散货船通常分为如下几个级别,如表 4-9 所示。

表 4-9 船舶级别分类

级 别	总载重量	说 明
好望角型	10 万吨级以上	指在远洋航行中可以通过好望角或者南美洲大海角最恶劣天气的干散货船
巴拿马型	6 万吨级	这是一种巴拿马运河所容许通过的最大船型。船长要小于 245 m,船宽不大于 32.2 m,最大的容许吃水为 12.04 m
轻便型散货船	3.5 万吨~4 万吨级	吃水较浅,世界上各港口基本都可以停靠
小型散货船	2 万吨~2.7 万吨级	它是可驶入美国五大湖泊的最大船型。最大船长不超过 222.5 m,最大船宽小于 23.1 m,最大吃水小于 7.925 m

2. 杂货船

杂货船又称普通货船、通用干货船或统货船,主要用于装载一般包装、袋装、箱装和桶装的件杂货物(如图 4-17 所示)。由于件杂货物的批量较小,杂货船的吨位亦较散货船和油船小。典型的载货量在 1 万~2 万吨,一般为双层甲板,配备完善的起货设备。货舱和甲板分层较多,便于分隔货物。新型的杂货船一般为多用途型,既能运载普通件杂货,也能运载散货、大件货、冷藏货和集装箱。

图 4-17 杂货船

3. 冷藏船

冷藏船最大的特点是其货舱实际上就是一个大型冷藏库,可保持适合货物久藏的温度(如图 4-18 所示)。冷藏舱所需的冷源由设置在机舱内的大型制冷机提供。为保证一定的制冷效率,冷藏舱的四壁、舱盖和柱子都铺设隔热材料,以防止外界热量传入。为使船员能及时掌握并控制舱内的温度、湿度、二氧化碳含量等舱内环境参数,冷藏舱内还装有各种远距离测量和记录装置。此外,为了有效地抑制各类微生物的繁殖和活动,舱内还设有臭氧发生器,使舱内在特定的持续时间内保持一定的臭氧浓度,以起到杀菌消毒的作用。

由于不同种类的货物所要求的冷藏温度不同,因此冷藏船还可按不同的冷藏温度进行细分,如专门运输水果、蔬菜的保温运输船;鱼、肉等动物性货物,因需在较低的温度下以冻结的状态进行运输,所以冷冻并运输这类货物的船舶称为冷冻船。

图 4-18 冷藏船

4. 木材船

木材船是专门用以装载木材或原木的船舶。这种船舱口大,舱内无梁柱及其他妨碍装卸的设备。船舱及甲板上均可装载木材。为防甲板上的木材被海浪冲出舱外,在船舷两侧一般设置不低于 1 m 的舷墙(如图 4-19 所示)。

图 4-19 木材船

5. 原油船

原油船是专门用于载运原油的船舶,简称油船。由于原油运量巨大,油船载重量亦可达 50 多万吨,是船舶中最大者。结构上一般为单底,随着环保要求的提高,结构正向双壳、双底的形式演变。上层建筑设于船尾。甲板上无大的舱口,用泵和管道装卸原油。设有加热设施,在低温时对原油加热,防止其凝固而影响装卸。超大型油船的吃水可达 25 m,往往无法靠岸装卸,而必须借助于水底管道来装卸原油(如图 4-20 所示)。

图 4-20 原油船

6. 成品油船

成品油船是指专门载运柴油、汽油等五油制品的船舶。其结构与原油船相似,但吨位较小,有很高的防火、防爆要求(如图 4-21 所示)。

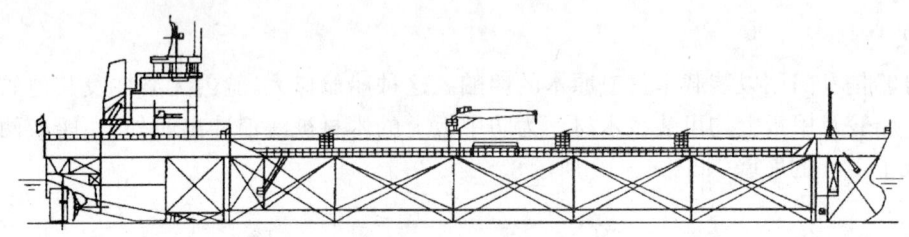

图 4-21 成品油船

7. 集装箱船

集装箱船又称箱装船、货柜船或货箱船,是一种专门载运集装箱的船舶。其全部或大部分船舱用来装载集装箱,往往在甲板或舱盖上也可堆放集装箱。集装箱船的货舱口宽而长,货舱的尺寸按载箱的要求规格化。装卸效率高,大大缩短了停港时间。集装箱船可分为部分集装箱船、全集装箱船和可变换集装箱船三种。

(1) 部分集装箱船:仅以船的中央部位作为集装箱的专用舱位,其他舱位仍装普通杂货(如图 4-22a 所示)。

(2) 全集装箱船:指专门用以装运集装箱的船舶。它与一般杂货船不同,其货舱内有格栅式货架,装有垂直导轨,便于集装箱沿导轨放下,四角有格栅制约,可防倾倒。集装箱船的舱内可堆放 3～9 层集装箱,甲板上还可堆放 3～4 层(如图 4-22b 所示)。

(3) 可变换集装箱船。其货舱内装载集装箱的结构为可拆装式结构。因此,它既可装运集装箱,必要时也可装运普通杂货。

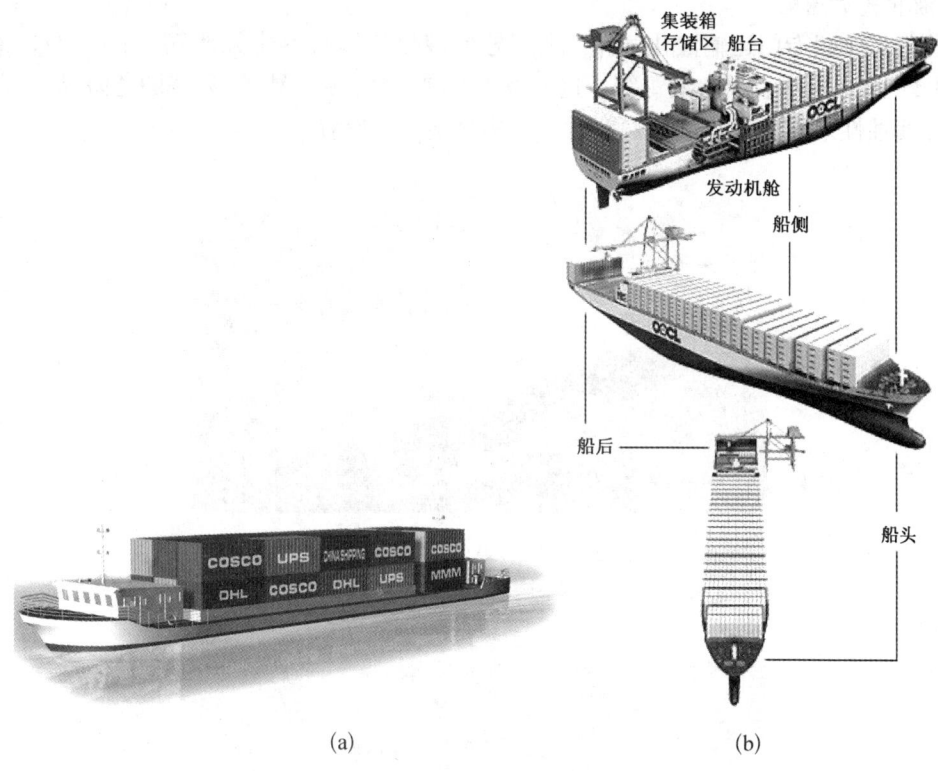

图 4-22 集装箱船

8. 滚装船

滚装船主要用来运送汽车和集装箱。这种船本身无须装卸设备,一般在船侧或船的首、尾有开口斜坡连接码头,装卸货物时,或者是汽车,或者是集装箱(装在拖车上的)直接开进或开出船舱。这种船的优点是不依赖码头上的装卸设备,装卸速度快,可加速船舶周转(图4-23)。

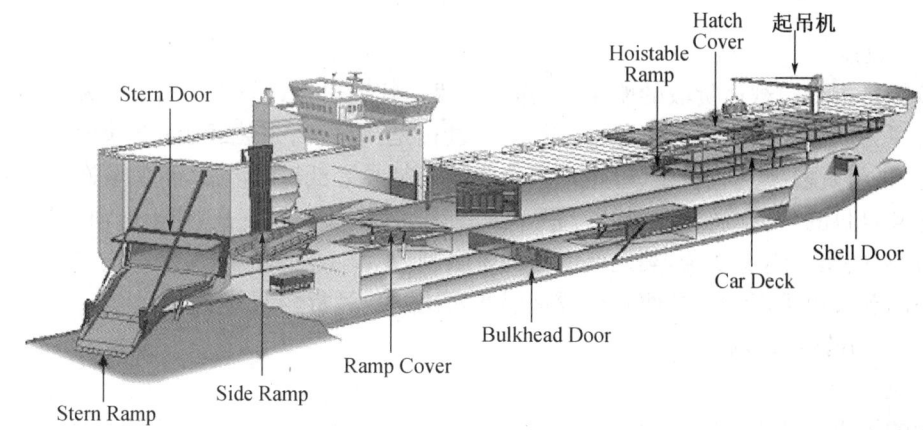

图 4-23 滚装船

9. 液化气运输船

液化气运输船专门运输液化气体。所运输的液化气体有液化天然气(图4-24)、液化石油气(图4-25)、氨水、乙烯、液氯等。这些液货的沸点低,多为易燃、易爆的危险品,有的还有剧毒和强腐蚀性。因此液化气运输船货舱结构复杂,造价高昂。

图4-24 液化天然气船

图4-25 液化石油气船

10. 载驳船

载驳船是指专门载运货驳的船舶,又称母子船。其运输方式与集装箱运输方式相仿,因为货驳亦可视为能够浮于水面的集装箱。其运输过程是:将货物先装载于统一规格的方形货驳(子船)上,再将货驳装到载驳船(母船)上,载驳船将货驳运抵目的港后,将货驳卸至水面,再由拖船分送各自目的地。载驳船的特点是不需码头和堆场,装卸效率高,便于海河联运。但由于造价高,货驳的集散组织复杂,其发展也受到了限制。

常用的载驳船可以分为拉西式载驳货船和西比式载驳货船两种。

(二)船舶的组成和性能

1. 船舶的组成

船舶的组成如图4-26所示。

```
                    ┌─ 船壳即船的外壳，是将多块钢板铆钉或电焊结合而成的，包括船底板、
                    │  舭列板和舷侧板3部分
                    │
                    │  船架是指为支撑船壳所用各种材料的总称，分为纵材和横材两部分。纵
              ┌ 船体┤  材包括龙骨、纵骨和桁材；横材包括助骨、船梁和舱壁
              │     │
              │     │  甲板是铺在船梁上的钢板，将船体分隔成上、中、下3层。大型船甲板数
              │     │  可多至六七层，其作用是加固船体结构和便于分层配载及装货
              │     │
              │     └  船舱是指甲板以下的各种用途空间，包括船首舱、船尾舱、货舱、机器
              │        舱和锅炉舱等。船舱一般用于布置动力装置、装载货物、储存燃油和淡
              │        水以及布置其他各种舱室
              │
              │  上层    位于上甲板以上，由左、右侧壁，前、后端壁和各层甲板围成。其内部
              ├─ 建筑 ─ 主要用于布置各种用途的舱室，如工作舱室、生活舱室、贮藏舱室、仪器
              │         设备舱室等。上层建筑的大小、层楼和形式因船舶用途和尺度而异
              │
              │          包括推进装置——主机经减速装置、传动轴系以驱动推进器（螺旋桨
              │  船舶动   是主要的形式）；为推进装置的动性服务的辅助机械设备和系统，如
船舶的组成 ┤  力装置  ─ 燃油泵、滑油泵、冷却水水泵、加热器、过滤器、冷却器；船舶电
              │          站，它为船舶的甲板机，机舱内的辅助机械和船上照明等提供电力；
              │          其他辅助机械和设备，如锅炉、压气机、船舶和系统的泵、起重机械
              │          设备、维修机床等。通常把主机（及锅炉）以外的机械统称为辅机
              │
              │  船舶    包括舱室内装结构（内壁、天花板、地板等）、家具和生活设施（炊
              ├─ 舾装 ─ 事、卫生等）、涂装和油漆、门窗、梯和栏杆、桅杆、舱口盖等
              │
              │           除推进装置外，还有锚设备与系泊设备；舵设备与操舵装置；
              │  船舶的其他 救生设备；消防设备；船内外通信设备；照明设备；信号设备；
              └─ 装置和设备─ 导航设备；起货设备；通风、空调和冷藏设备；海水和生活用淡
                             水系统；压载水系统；液体舱的测深系统和透气系统；舱底水疏
                             干系统；船舶电气设备；其他特殊设备（依船舶的特殊需要而定）
```

图 4-26 船舶的组成

2. 船舶的主要技术参数

船舶的主要技术参数有船舶排水量、船舶主尺度、船体系数、舱容和登记吨位、船体型线图、船舶总设计图、船体结构图、主要技术装备的规格等。图 4-27、图 4-28 所示分别为船舶的剖面图及各部位名称。

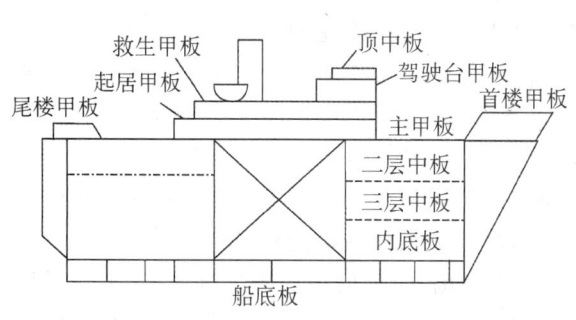

图 4-27 船舶剖面图

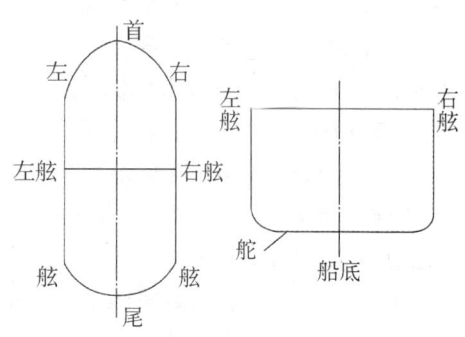

图 4-28 船舶部位名称

(1) 船舶排水量。根据阿基米德原理,船体水线以下所排开水的重量,即为船舶的浮力,并等于船舶总重量,称为船舶排水量。

(2) 船舶主尺度。包括总长、设计水线长度、垂线间长、最大船宽、型宽、型深、满载(设计)吃水等。钢船型尺度的度量指量到船壳板内表面的尺寸,称为型宽和型深,水泥船、木船等则指量到船体外表面的尺寸。

(3) 舱容。指货舱、燃油舱、水舱等的体积,它是从容积能力方面表征船舶的装载能力、续航能力,它影响船舶的营运能力。登记吨位是历史上遗留下的用以衡量船舶装载能力的度量指标,作为买卖船舶、纳税、服务收费的依据之一。登记吨位和载重量分别反映船舱的容积能力和船的载重能力。它们虽互有联系,但属于不同的概念。

(4) 船体型线图。船体型线图表征船舶主体(包括舷墙、首楼和尾楼)的型表面的形状和尺寸,是设计和建造船舶的主要图样之一。它由3组线图构成,即横剖线图、半宽水线图和纵剖线图。三者分别由横剖面、水线面和纵剖面与船体型表面切割而成。

(5) 船舶总设计图。船舶总设计图是设计和建造船舶的主要图样之一,它反映船的建筑特征、外形和尺寸、各种舱室的位置和内部布置、内部梯道的布置、甲板设备的布局。总布置图由侧视图、各层甲板平面图和双层底舱划分图组成。

(6) 船体结构图。反映船体各部分的结构情况,船体各相关部分的结构既独立又相互联系。船舶主体结构是保证船舶纵向和横向强度的关键,通常把它看成一个空心梁进行设计,并用船中横剖面结构图来反映它的部件尺寸和规格。

3. 船舶的主要性能

船舶的主要性能有浮性、稳性、抗沉性、快速性、耐波性、操纵性和经济性等。

(1) 浮性是指船在各种装载情况下,能浮于水中并保持一定的首、尾吃水和干舷的能力。根据船舶的重力和浮力的平衡条件,船舶的浮性关系到装载能力和航行的安全。

(2) 稳性是指船舶受外力作用离开平衡位置而倾斜,当外力消失后,船能回复到原平衡位置的能力。稳性是与船舶安全密切相关的一项重要性能。有关规范规定了各类船舶应具备的稳性标准,所有船舶必须达到规定的指标要求。为使船舶具有良好的稳性,可采取措施降低船舶的重心,减小上层建筑受风面积等措施。

(3) 抗沉性是指船体水下部分如发生破损,船舱淹水后仍能浮于水面而不沉和不倾覆的能力。船舶主体部分的水密分舱的合理性、分舱甲板的干舷值和完整船舶稳性的好坏等,是影响抗沉性的主要因素。安全限界线指船侧舱壁甲板边线下 76 mm 平行于甲板边线的曲线。按《国际海上人命安全公约》的规定,船舶遭受海损船舱进水后,其吃水应不超过安全限界线。

(4) 快速性是表示船舶在静水中的直线航行速度,与其所需主机功率之间关系的性能。它是船舶的一项重要技术指标,对船舶营运开支影响较大。船舶快速性涉及船舶阻力和船舶推进两个方面。合理地选择船舶主尺度、船体系数和线型,是降低船舶阻力的关键。

(5) 耐波性指船舶在风浪中遭受由于外力干扰所产生的各种摇荡运动及抨击、上浪、失速等,仍具有足够的稳性和船体结构强度,并能保持一定的航速安全航行的性能。耐波性不仅影响船上乘员的舒适和安全,还影响船舶安全和营运效益等,因而日益受到重视。

(6) 操纵性指船舶能按照驾驶者的操纵保持或改变航速、航向或位置的性能,主要包括航向稳定性和回转性两个方面,是保证船舶航行中少操舵、保持最短航程、靠离码头灵活方便和避让及时的重要环节,关系到船舶航行安全和营运经济性。

(7) 经济性是指船舶投资效益的大小。它是促进新船型的开发研究、改善航运经营管理和造船工业的发展的最活跃因素,日益受到人们重视。船舶经济性属船舶工程经济学研究的内容,它涉及使用效能、建造经济性、营运经济性和投资效果等指标。

4. 船籍和船旗

船籍指船舶的国籍。商船的所有人向本国或外国有关管理船舶的行政部门办理所有权登记,取得本国或登记国国籍后才能取得船舶的国籍。

船旗是指商船在航行中悬挂其所属国的国旗。船旗是船舶国籍的标志。按国际法规定,商船是船旗国浮动的领土,无论在公海或在他国海域航行,均需悬挂船籍国国旗。船舶有义务遵守船籍国法律的规定并享受船籍国法律的保护。

船级是表示船舶技术的一种指标。在国际航运界,凡注册总吨数在 100 吨以上的海运船舶,必须在某船级社或船舶检验机构监督之下进行监造。在船舶开始建造之前,船舶各部分的规格须经船级社或船舶检验机构批准。每艘船建造完毕,由船级社或船舶检验局对船体、船上机器设备、吃水标志等项目和性能进行鉴定,发给船级证书。证书有效期一般为 4 年,期满后需重新予以鉴定。

船舶入级可保证船舶航行安全,有利于国家对船舶进行技术监督,便于租船人和托运人选择适当的船只,以满足进出口货物运输的需要,便于保险公司决定船、货的保险费用。

(三) 船舶的货运常识

1. 船舶的重量性能

在海上货物运输中,船舶的重量性能表示船舶装载货物能力的大小。它分船舶排水量和载重量,其计量单位为吨(t)。通常军舰的大小以船舶排水量表示,货船的大小以船舶载重量表示。

(1) 船舶排水量

船舶排水量是指船体自由浮于静水中保持静态平衡时所排开同体积水的重量。

船舶排水量可分为:

① 空船排水量

空船排水量是指船舶的空船重量,为船体、船机、锅炉、各种设备、锅炉中的燃料和水、冷凝器中的淡水等重量的总和。

② 满载排水量

满载排水量是指船的空船排水量加上全部可变载荷(货物或旅客,航次所需的燃料、淡水,压舱水、食物、船员和行李、供应品、备品及船舶常数)后的重量。通常指夏季满载排水量。

(2) 船舶载重量

船舶载重量是指船舶载重能力的大小。具体可分为:

① 总载重量(简称 DW)

总载重量是指船舶在任意吃水状况下所能装载的最大重量,为货物或旅客、燃料、淡水、船员和行李、供应品和备品等航次储备量及船舶常数的总和。其值等于该吃水下的船舶排水量与船舶空载排水量之差。

船舶常数(Constant)是指船舶经过一段时间营运后的实际空船重量与船舶新出厂时的空船重量的差值。

总载重量是随船舶排水量的变化而变化的,与航行区域和航行季节有关。在实际应用和船舶资料中,总载重量一般指夏季船舶满载排水量与船舶空载排水量之差,其值为定值。

② 净载重量(简称 NDW)

净载重量是指船舶在具体航次中所能装载货物的最大重量,与航次总储备量和船舶常数有关。其值等于总载重量与航次总储备量和船舶常数之差。

总载重量表示船舶载重能力的大小,净载重量表示船舶载货能力的大小。它们都是水路运输管理中计算航次货运量的依据。

2. 船舶的容积性

船舶的装载能力除受船舶的载重性能限制外,还受船舶容积性能的限制。船舶容积性能是表示船舶装载货物体积大小的能力,其计量单位为立方米(m^3)。具体内容有舱柜容积及舱容系数、船舶登记吨位等。

(1) 舱柜容积

舱柜容积是指船舶各液、货舱的总容积或其中任一液、货舱的单舱容积。货舱容积包括货舱散装舱容和货舱包装舱容。船舶出厂时,一般都附有详细的各货舱散装舱容、包装舱容和相应的舱容中心位置资料。

(2) 舱容系数

舱容系数是船舶载货性能的重要指标,指船舶货舱的总容积与船舶净载重量之比,即每一净载重吨所占有的货舱容积。舱容系数是表示船舶适宜装轻货还是重货的重要容积性能。舱容系数较大的船舶适用于装轻货,舱容系数较小的船舶适用于装重货。一般杂货船的舱容系数均在 1.5 m^3/t 以上,有的可达 18~21 m^3/t

3. 船舶装载能力

船舶装载能力是指船舶在具体航次中所能承运的货物数量的最大限额以及承运特殊货物或忌装货物的可能条件和数量限额。它包括载重能力、容积能力和其他装载能力。载重能力是指船舶在具体航次中所能承运货物重量的最大限额,用净载重量表示。容积能力是指船舶所能容纳货物体积的最大限额。其他装载能力对杂货船来说是指对性质互抵的货物的隔离能力以及对重大件、冷藏货、散装液体货、集装箱等特殊货物的承运能力。

提高船舶装载能力的基本途径:

(1) 提高船舶的载重能力。① 根据航线上的限制水深或航次所应使用的载重线正确确定总载重量;② 确定合理的燃料、淡水补给方案,尽可能减少航次储备量;③ 清除船上垃圾、废料和污物,减小船舶常数;④ 确定船舶的净载重量。

(2) 轻重货物合理搭配。当货源充足时,船舶能否达到满舱满载,取决于货物的组成,即取决于船舶舱容系数(ω)与所运货物的加权平均积载因数(SF)之间的关系。货物积载因数简称 SF,是指货物所具有的平均量尺体积与货物的重量之比,单位为 m^3/t。量尺体积是指货物的最大外形尺寸之长、宽、高的乘积。积载因数小于舱容系数,称为重货,反之为轻货。在为船舶分配货载时,应注意轻重货的合理搭配,尽量做到满舱满载。配载时,往往是多种货物的品种与数量已经确定,而待选的货物品种及数量是其中的若干种。此时,在待选的货物中选择一票重货和一票轻货,就能通过求解方程组求得所选的重货重量和轻货重量。

(3) 合理确定货位及提高堆装质量,减少亏舱。除了货种轻重搭配外,实际工作中还要根据货件特点合理选择舱位。如将笨重大件货尽量装在体积较大、形状规则的舱室,并配备一些小件货填补空位;狭窄的舱位应堆装体积小的货或软包装,不在二层舱柜等高度不大的舱位堆积包装尺寸很大的货件,避免增加操作难度以致上面出现剩余空位无法装货而浪费舱容。装货质量的高低直接影响到舱容的利用程度,因此,要装卸工人与船方密切配合,按照积载图的要求使货物在舱内紧密堆装,尽量减少亏舱损失。

(4) 利用特殊舱室和舱面甲板装载货物。当舱容紧张,而载重能力又未得到充分利用的情况下,可考虑利用特殊舱室和舱面甲板装载货物。如当深舱和冷藏舱没有得到利用时,可考虑把一些小包装、重量轻、易于搬运的货物装在这些舱室里。另外,当有可供在甲板上积载的货物,如重大件、坚固包装的桶装货,在征得货物托运人同意的条件下,应尽量利用舱面甲板装载。这些措施也是充分利用船舶装载能力不可忽视的有效办法。

4.4 航空运输设施与设备

4.4.1 航空运输简介

(一) 航空运输的特点

航空运输(air transportation)是使用飞机、直升机及其他航空器担负政治、经济、文化中心及国际交往的快速运送旅客、报刊邮件、急迫物资、贵重鲜活物的一种运输方式。航空运输是最快的运输方式,其主要优缺点如表 4-10 所示。

表 4-10 航空运输的主要优缺点

	特征	说 明
优点	快速性	这是航空运输的最大特点和优势。现代喷气式客机,巡航速度为 800~900 km/h,比汽车、火车快 5~10 倍,比轮船快 20~30 倍。距离越长,航空运输所能节约的时间越多,快速的特点也越显著
	机动性大	飞机在空中飞行,受航线条件限制的程度比汽车、火车、轮船小得多。它可以将地面上任何距离的两个地方连接起来,可以定期或不定期飞行。尤其对灾区的救援、供应、边远地区的急救等紧急任务,航空运输已成为必不可少的手段
	舒适、安全	喷气式客机的巡航高度一般在 10 km 左右,飞行不受低空气流的影响,平稳舒适。现代民航客机的客舱宽敞、噪声小,机内有供膳、视听等设施,旅客乘坐的舒适程度较高
	基本建设周期短、投资少	要发展航空运输,从设备条件上讲,只要添置飞机和修建机场。这与修建铁路和公路相比,一般说来建设周期短、占地少、投资省、收效快
缺点		航空运输的主要缺点是飞机机舱容积和载重量都比较小,运载成本和运价比地面运输高。由于飞行受一定的气候条件限制,影响其正常、准确性
		航空运输速度快的优点在短途运输中难以充分发挥。航空运输比较适宜 500 km 以上的长途客运,以及时间性强的鲜活易腐和价值高的货物的中长途运输

(二) 航空运输的地位和作用

航空运输是随着社会、经济发展和技术进步发展起来的,它在现代社会的政治、经济生活中占据着重要的地位,发挥着不可低估的作用。它对经济所起的作用主要表现为:

(1) 航空运输是交通运输体系的一个重要组成部分。航空是长距离旅行,特别是国际、洲际间旅行的主要工具。它和其他交通运输方式分工协作、相辅相成,共同满足人们对运输的各种需求。

(2) 航空运输促进了全球经济的发展和文化的交流。航空运输本身是国家经济领域的一个重要行业,除了其自身的经济效益外,还带动了一批相关产业的发展,如旅游业等。它使国际间经济、文化、科技的交流往来变得十分方便,有利于国家或地区间的相互协作和共同发展,也有利于经济发达国家或地区到经济不发达国家或地区的投资与开发。在我国,航空运输发展已成为某地区经济是否发达、对外开放是否有利的重要标志。

(3) 航空运输带动了飞机制造及相关行业和技术的发展。国际航空运输业的不断发展,使几个主要飞机制造商,如波音公司、空客公司,保持了长盛不衰的势头,也为相关设备的生产厂家提供了广阔的商机。航空技术属于高新技术领域,航空运输的发展,促使新的、更安全舒适的民航客机机型不断出现,也使通信、导航、监视等设备与技术不断更新完善。

4.4.2　航空运输设施与设备

航空运输设施与设备的归纳总结如图 4-29 所示。

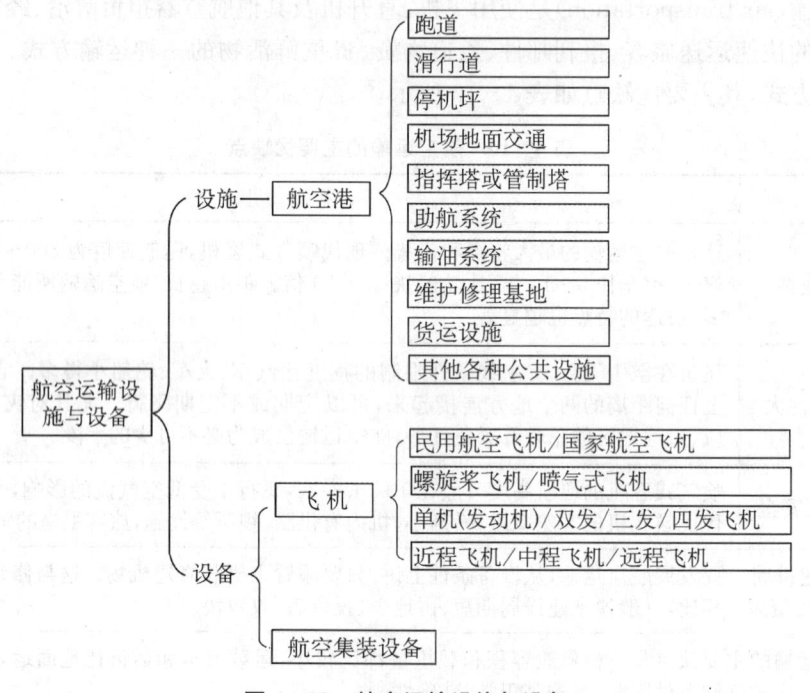

图 4-29　航空运输设施与设备

(一) 航空港

航空港为航空运输的经停点,又称航空站或机场,是供飞机起飞、降落和停放以及组织、保障飞机活动的场所。航空港内配有以下设施:

(1) 跑道与滑行道:前者供航空器起降,后者是航空器在跑道与停机坪之间出入的通道。

(2) 停机坪:供飞机停留的场所。

(3) 指挥塔或管制塔:为航空器进出航空港的指挥中心。其位置应有利于指挥与航空管制,维护飞行安全。

(4) 助航系统：是为辅助安全飞行的设施。包括通讯、气象、雷达、电子及目视助航设备。

(5) 输油系统：为航空器补充油料。

(6) 维护修理基地：为航空器做归航以后或起飞以前的例行检查、维护、保养和修理。

(7) 货站：提供航空货物专业装卸、搬运、分拣、计量、包装、理货、仓储服务；航空货运信息咨询、查证服务；仓储设施的建设经营及办公场地出租；海关二级监管仓的运营等。

(8) 其他各种公共设施：包括给水、电、通讯交通消防系统等。

(二) 飞机的分类、主要组成、常用参数及飞行性能

飞机如图 4-30 所示。

1. 飞机的类型

飞机按分类标准不同，可有以下划分方法：

(1) 飞机按其用途划分，分为国家航空飞机和民用航空飞机。国家航空飞机指军队、警察和海关等使用的飞机，民用航空飞机主要指民用飞机和直升机，民用飞机指民用的客机、货机和客货两用机。客机主要运送旅客，一般行李装在飞机的深舱。到目前为止，航空运输仍以客运为主，由于客运航班密度高、收益大，因此大多数航空公司都采用客机运送货物。不足的是，由于舱位少，每次运送的货物数量十分有限。货机运量大，可以弥补客机的不足，但经营成本高，只限在某些货源充足的航线使用。客货混合机可以同时在主甲板运送旅客和货物，并根据需要调整运输安排，是最具灵活性的一种机型。

图 4-30 飞机

(2) 飞机按发动机的类型划分，分为螺旋桨飞机和喷气式飞机。螺旋桨飞机是利用螺旋桨的转动将空气向机后推动，借其反作用力而推动飞机前进的，所以螺旋桨转速越高，飞行速度越快。喷气式飞机最早由德国人在 20 世纪 40 年代制成，它是将空气多次压缩后喷入飞机燃烧室内，使空气与燃料混合燃烧后产生大量气体推动涡轮，然后于机后以高速将空气排出机外，借其反作用力使飞机前进。它的结构简单，制造、维修方便，速度快（一般时速可达 500～600 英里），节约燃料费用，装载量大（一般可载客 400～500 人或 100 t 货物），使用率高（每天可飞行 16 h），已经成为世界各国机群的主要机种。

(3) 飞机按发动机数量划分，分为单发（动机）飞机、双发（动机）飞机、三发（动机）飞机及四发（动机）飞机。

(4) 飞机按航程远近划分，分为近程、中程及远程飞机。近程飞机的航程一般小于 1 000 km。中程飞机的航程为 3 000 km 左右。远程飞机的航程为 11 000 km 左右，可以完成中途不着陆的洲际跨洋飞行。近程飞机一般用于支线，因此又称为支线飞机。中、远程飞机一般用于国内干线和国际航线，又称干线飞机。

2. 飞机的主要组成

飞机主要由机翼、机身、动力装置、起落装置、操纵系统等部件组成。

(1) 机翼。机翼是为飞机飞行提供升力的部件。机翼受力构件包括内部骨架、外部蒙皮

以及与机身连接的接头。

（2）机身。机身是装载人员、货物、燃油、武器、各种装备和其他物资的部件，连接机翼、尾翼、起落架和其他有关构件。

（3）动力装置。飞机飞行速度提高到需要突破"音障"时，要用结构简单、质量轻、推力大的涡轮喷气式发动机。涡轮喷气式发动机包括进气道、压力机、燃烧室、涡轮和尾喷管五部分。

（4）起落装置。飞机起落装置使飞机能在地面或水面上平顺地起飞、着陆、滑行停放，由吸收着陆撞击的能量机构、减震器、机轮和收放机构组成。改善起落性能的装置包括增举装置、起飞加速器、机轮刹车和阻力伞或减速伞等。

（5）操纵系统。飞机操纵系统分为主操纵系统和辅助操纵系统。主操纵系统对升降舵、方向航和副翼三个主要操纵面进行操纵。辅助操纵系统指对调整片、增举装置和水平安定面等进行操纵。

飞机的基本组成如图 4-31 所示。

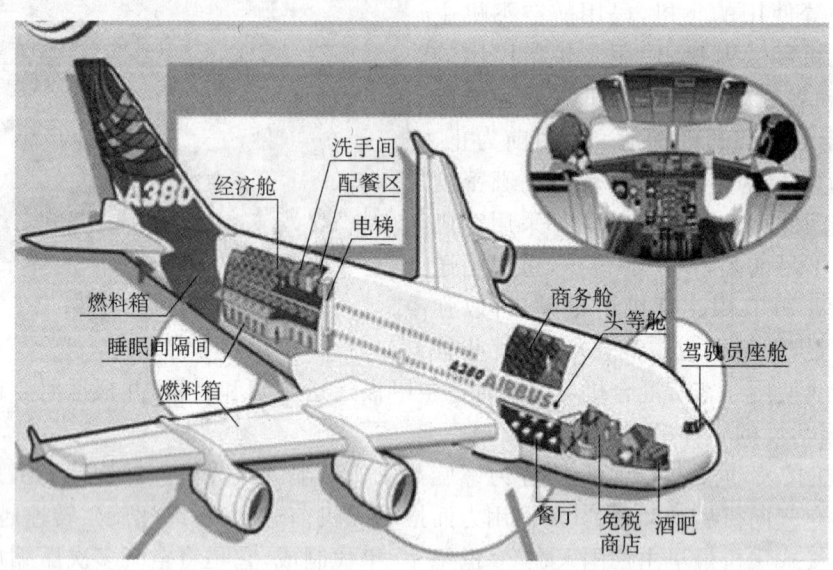

图 4-31　飞机的基本组成

3. 飞机的常用参数

飞机的常用参数如图 4-32 所示。

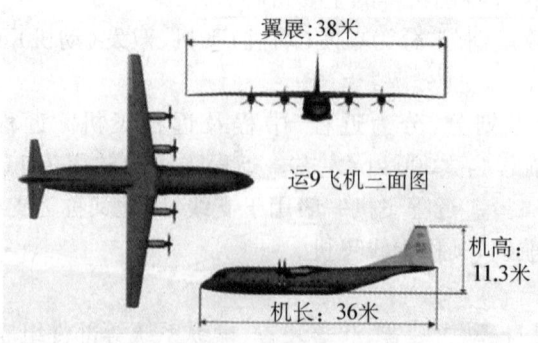

图 4-32　飞机常用参数

(1) 机长——指飞机机头最前端至飞机尾翼最后端之间的距离。
(2) 机高——指飞机停放地面时,飞机尾翼最高点的离地距离。
(3) 翼展——指飞机左右翼尖间的距离。
(4) 最大起飞重量——指飞机试航证上所规定的该型飞机在起飞时所许可的最大重量。
(5) 最大着陆重量——指根据飞机的起落和机体结构所能承受的撞击量。由飞机制造厂和民航当局所规定。
(6) 飞机基本重量——指商务载重(旅客及行李、货物邮件)和燃油外飞机做好执行飞行任务准备的飞机重量。

4. 飞机的飞行性能

飞机的飞行性能是评价飞机性能优劣的主要指标。主要包括下列几项:

(1) 最大平飞速度

飞机的最大平飞速度是在发动机最大功率或最大推力时飞机所获得的平飞速度。其单位是"km/h"。影响飞机最大平飞速度的主要因素是发动机的推力和飞机的阻力。由于发动机推力、飞机阻力与高度有关,所以在说明最大平飞速度时,要明确是在什么高度上达到的。通常飞机不用最大平飞速度长时间飞行,因为耗油太多,而且发动机容易损坏。

(2) 巡航速度

巡航速度是指发动机每公里消耗燃油最少情况下的飞行速度,其单位是"km/h"。这时飞机的飞行最经济,航程也最远,发动机也不大"吃力"。

(3) 爬升率

飞机的爬升率是指单位时间内飞机所上升的高度,其单位是"m/s"。爬升率大,说明飞机爬升快,上升到预定高度所需的时间短。爬升率与飞行高度有关。随着飞行高度增加,空气密度减小,发动机推力降低,所以一般最大爬升率在海平面时,随着高度增加而减小。

(4) 升限

飞机上升所能达到的最大高度,叫作升限。

(5) 航程及续航时间

航程是指飞机一次加油所能飞越的最大距离,用巡航速度飞行可取得最大航程。增加航程的主要办法有多带燃料、减小发动机的燃料消耗和增大升值化。

(三) 航空集装设备

航空运输中的集装设备主要是指为提高运输效率而采用的托盘和集装箱等成组装载设备。为使用这些设施,飞机的甲板和货舱都设置了与之配套的固定系统。

由于航空运输的特殊性,这些集装设备无论从外形构造还是技术性能指标都具有自身的特点。

1. 成组器

成组器是航空运输中用以装载货物、邮件和旅客行李用的容器。它具有一定的形状、尺寸和强度要求,可以使用货舱内的滚轮系统进行装卸和固定。成组器分为航空用成组器和非航空用成组器。航空用成组器又分为有证成组器和无证成组器;在非航空用成组器中主要有国际航空运输协会的标准尺寸集装箱。

2. 航空用货板

航空用货板具有平滑的底面,能采用货网和圆顶将货物捆绑起来,并装载到飞机上的输送机和固定装置上。通常使用的货板的厚度一般为 2 cm,如果要求承受弯曲负荷,则其厚度应为 6 cm。

3. 航空用货网

航空用货网是指航空运输中用于固定托盘上货物用的网。它通常由一张顶网和两张侧网组成,3 张网用皮带扣连接。货网和托盘之间利用装在货网下端的金属环连接。也有顶网与侧网组成一体的,这种货网主要用于非固定结构圆顶上。

4. 航空用圆顶

航空用圆顶是长形面包式航空集装箱的一种。通常是在底板上使用航空用托盘制成的简易集装箱。它分为固定结构圆顶和非固定结构圆顶两种。"圆顶"一词是因纽特人住的圆顶茅屋而得名。这种圆顶用于 DC8F 和 B747F 等机型。

5. 航空用托盘

航空用托盘是航空运输中用于装载货物、邮件和旅客行李,用货网将货物加以固定用的托盘。托盘是一块平滑的底板,在制造上必须满足如下要求:① 能用货网将货物固定起来;② 能方便地装在机内的固定装置上;③ 货网是用精工编织的带子编成,可用以绑缚托盘上的货物。

6. 航空用马厩集装箱

航空用马厩集装箱是航空用来装载马匹用的一种特殊集装箱。日航的空用马厩集装箱的尺寸为 240 cm×206 cm×200 cm,一箱可装 3 匹马。

7. 空陆联运集装箱

空陆联运集装箱是为航空和陆上联运而设计的航空集装箱。它的角部不设角件,因此不能装上集装箱船做海上运输。其长度有 10 ft、20 ft、30 ft、40 ft 等几种,具备航空集装箱的各项条件,有与航空器栓固系统相配合的栓固装置,箱底可全部冲洗并能用滚装装卸系统进行装运。可以装在波音 747 货机和陆地运输工具上运输。

8. 空陆水联运集装箱

空陆水联运集装箱具备航空集装箱的各项条件,可以装在波音 747 货机内,也可装在铁路和公路车辆上运输,因角部设有角件,故也可用集装箱船进行海上运输,它是一种多式联运用的集装箱。其长度与海上集装箱相同,有 10 ft、20 ft、30 ft、40 ft 等几种。

4.5 管道运输设施与设备

4.5.1 管道运输简介

管道运输是国民经济综合运输的重要组成部分之一,也是衡量一个国家的能源与运输业是否发达的特征之一。如图 4-33 所示。

管道运输多用来输送流体(货物),如原油、成品油、天然气及固体煤浆等。它与其他运输方式(铁路、公路、海运、河运)相比,主要区别在于驱动流体的输送工具是静止不动的泵机组、压缩机组和管道。泵机组和压缩机组给流体以压力能,使其沿管道连续不断地向前流动,直至输到指定地点。

图 4-33 管道运输

➢ 知识链接

中俄原油管道(如图 4-34 所示)起自俄罗斯远东管道斯科沃罗季诺分输站,经我国黑龙江省和内蒙古自治区 13 个市区县,止于大庆末站。管道全长 999.04 千米,俄罗斯境内 72 千米,中国境内 927.04 千米。

2009 年 4 月 27 日,中俄原油管道俄罗斯境内段开工建设,同年 5 月 18 日,中俄原油管道中国境内段开工。俄原油管道已于 2010 年 9 月 26 日建设投产,投产后俄罗斯将通过这条管道每年向中国供应 1 500 万吨原油,合同期 20 年。中俄原油管道工程是我国正在构建的东北、西北、西南和海上四大能源战略通道之一。

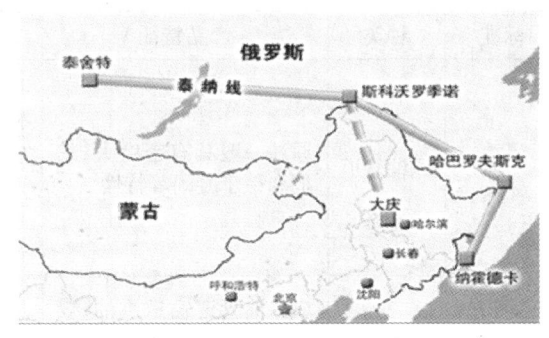

图 4-34 中俄原油管道

管道运输的优点:

(1) 运量大。一条直径 720 mm 的管道,年输原油量可达 2 000 万吨以上,相当于一条铁路的运量。

(2) 能耗少,运费低。原油管道的单位能耗只相当于铁路的 1/12~1/7。

(3) 占地少,受地形、地貌限制小,宜选取短捷路径,缩短运输距离。

(4) 易于全面实现自动化管理。

(5) 安全密闭,基本上不受恶劣气候的影响,能够长期安全稳定运行。

(6) 基本上不产生废渣废液,不会对环境造成污染。

管道运输的缺点:

(1) 运输货物范围有限,一次运输的货物品种单一。

(2) 铺设需大量钢材。

4.5.2 管道运输设施

管道运输设施由管道线路设施、管道站库设施和管道附属设施三部分组成。

1. 管道线路设施

管道的线路设施是管道运输的主体,主要有石油管道和天然气管道。

(1) 管道本体是由钢管及管阀件组焊而成的。

(2) 管道防腐保护设施:包括阴极保护站、阴极保护测试桩、阳极地床和杂散电流排流站等。

(3) 管道水工防护构筑物、抗震设施、管堤、管桥及管道专用涵洞和隧道。

(4) 截断阀:在各站、穿(跨)越工程两端以及管道沿线每隔一定距离都要设截断阀。

2. 管道站库设施

按照管道站、库位置的不同,分为首站(起点站)、中间站和末站(终点站)。按照所输介质的不同,又可分为输油站和输气站。输油站包括增压站(泵站)、加热站、热泵站、减压站和分输站;输气站包括压气站、调压计量站和分输站等。

3. 管道附属设施

管道附属设施主要包括管道沿线修建的通信线路、供电线路和便于检修等工作的道路。此外还有管理机构、维修机构及生活基地等设施。

4. 运输管道的分类

常见的运输管道的分类如表4-11所示。

表4-11 运输管道的分类

标准	种类	产品特征	管道输送任务	运输特点
运输管道按所输送的物品不同分类	原油管道	原油一般具有密度大、粘稠和易于凝固等特性	用管道输送时,要针对所输原油的特性,采用不同的输送工艺。原油运输是自油田将原油输给炼油厂,或输给转运原油的港口或铁路车站	输量大、运距长、收油点和交油点少,故特别适宜用管道输送。世界上的原油85%以上是用管道输送的
	成品油管道	成品油管道输送汽油、煤油、柴油、航空煤油和燃料油,以及从油气中分离出来的液化石油气等成品油。每种成品油在商业上有多种牌号,常采用在同一条管道中按一定顺序输送多种油品的工艺,这种工艺能保证油品的质量和准确地分批运到交油点	将炼油厂生产的大宗成品油输送到各大城镇附近成品油库,然后用油罐汽车转运给城镇的加油站或用户。有的燃料油则直接用管道输送给大型电厂,或用铁路油槽车外运	批量多、交油点多,因此,管道的起点段管径大,输油量大;经多处交油分输以后,输油量减少,管径亦随之变小,从而形成成品油管道多级变径的特点
	天然气管道	输送天然气和油田伴生气的管道,包括集气管道、输气干线和供配气管道。就长距离运输而言,输气管道系指高压、大口径的输气干线		这种输气管道约占全世界管道总长的一半
	固体料浆管道	固体料浆管道是20世纪50年代中期发展起来的,到70年代初已建成能输送大量煤炭料浆管道	其输送方法是将固体粉碎,掺水制成浆液,再用泵按液体管道输送工艺进行输送	

(续表)

标准	种类	产品特征	管道输送任务	运输特点
运输管道按用途不同分类	集输管道	集输管道是指从油(气)田井口装置经集油(气)站到起点压力站的管道	主要用于收集从地层中开采出来的未经处理的原油(天然气)	
	输油(气)管道	它是指从气源的气体处理厂或起点压气站到各大城市的配气中心、大型用户或储气库的管道,以及气源之间相互连通的管道,输送经过处理符合管道输送质量标准的天然气,是整个输气系统的主体部分		
	配油(气)管道	对油品管道来说,它是指在炼油厂、油库和用户之间的管道;对于输气管道来说,是指从城市调压计量站到用户支线的管道,压力低、分支多、管网稠密、管径小,除大量使用钢管外,低压配气管道也可用塑料管或其他材质的管道		

4.5.3 管道施工设备与管道设备的维护技术

(一)管道施工设备

1. 吊管器

吊管器是将各种类型的钢管或防腐层钢管吊运到各种条件下的施工场地的设备。它可以安装在吊车、吊管机或液压挖掘机上,属于通用设备。真空泵向真空罐提供90%的真空度,在吸盘接触到管壁时,将吸盘与管壁间的间隙抽成真空而产生吸附力,吊起管子。吊管器可以更换吸块装置,一台真空吊管器可以装卸多种管径的管子。

2. 对口器

内对口器:在管子内部快速准确地完成两管口的对中。
外对口器:在管子外表面卡紧管子完成两管口的对中。

3. 逆变焊机

逆变焊机实现只用一台焊机就能适用于所有焊接的方法,其特殊的设计可以在现代的管线施工现场实施经济、高效的管道全自动焊接。履带式综合焊接车为野外管线施工而设计,所有的部件坚固、耐用、可靠。宽大的履带使其能够在泥泞的湿地上行走,车上可配备吊臂、发电机、空气压缩机、逆变焊机和气瓶升降架等。

4. 管道内喷涂机

管道内喷涂机主要用于管道内防腐施工时,单根管子预制作业,主要由行走系统、供料系统和旋喷系统组成。该设备以220 V交流电作为动力源,工作时,启动行走电机,设备从管道一端爬行到另一端,停下来后,打开旋喷电机开关,待转速升至稳定状态,反向启动行走电动机,喷涂机后退的同时,启动供料泵供料。涂料从喷涂机自带的料仓中被输送到旋杯中,并在强离心力的作用下,经高效雾化后喷向管壁。

5. 管道内涂层补口车

管道内涂层补口车主要用于单根内防腐已预制好的管子,在安装焊接后,对管线内焊口处进行补口补伤处理。其主要由行走、定位、供料、旋喷和控制五部分组成,行走系统可控制设备在管道内正反两个方向爬行;定位系统采用的是彩色CCD定位装置,操作人员通过监视器可直观、准确、方便地确定要补口、补伤的位置;供料系统由料仓和料泵组成,旋喷电动机转速在20 000 r/min以上,可使涂料通过旋杯在强离心力的作用下高效雾化;工作时所有的操作指令都通过控制箱仪表牌上的按键来完成。

6. 管道内焊口磨光车

管道内焊口磨光车主要用于管道内焊口处焊瘤、焊疤、焊碴的打磨处理以及局部内表面除锈。其主要由行走系统、视觉光学定位系统、打磨系统和除尘系统组成。作业时，将该磨光机放入管道内，启动行走电动机，爬行至最远的焊缝处，利用CCD定好焊缝位置后关闭行走电机，按下支撑开关，有3个支撑脚从车内伸出，并压紧到管壁上稳定车身，以保障在打磨时车身在磨光头强扭力的作用下不会翻转。

7. 管道内窥车

管道内窥车主要用于管线内表面腐蚀、污垢等运行状态以及安装过程中的焊接、除锈、喷涂、补口、补伤等施工质量的外观检测。工作中的检测信号经视频传送至管道外监视器上，可得到清晰、准确的图像显示，并能实时记录。管道内窥车分为有线式和无线式两种。有线式以220 V交流电作为动力源，视频信号通过有线方式传导，进管深度受电缆线长度限制，但图像清晰，动力充足，操作方便，性能稳定。无线式以车载蓄电池为动力源，管中爬行深度大，图像以微波方式传导，适用于长跷的管道在线检测。

(二) 管道设备的维护技术

1. 管道防腐技术

尽管管道系统具有便于管理、运行安全的特点，但由于其输送管道大多深埋于地下，给日常维护带来一定困难。尤其是管道和储罐的腐蚀，不仅会造成因穿孔而引起的油、气、水跑漏损失与污染，给维修带来材料和人力的浪费，而且还可能引起火灾和爆炸。针对管道发生腐蚀的原因，通常可采取下列措施：

(1) 选用耐蚀材料，如聚氯乙烯管、含钼和含钛的合金钢管等。

(2) 在输送或储存介质中加入缓蚀剂抑制内壁腐蚀。

(3) 采用内外壁防腐绝缘层，将钢管与腐蚀介质隔离。

(4) 采用阴极保护法。

目前国内外普遍采用的经济可靠的方法是防腐绝缘层加阴极保护的综合措施。

2. 管道清洗技术

管道运输是原油、天然气最主要的运输方式。但因油、气中含有各种盐类、杂质、硫化物、细菌等，管线经长期运行而造成结垢、被腐蚀等影响生产的因素，因此，需对管道进行清洗、修复，输油(气)管道清洗技术也随之而产生，管道清洗是一门工程技术。

目前，管线清洗技术主要分为三大类：物理清洗法、化学清洗法、物理和化学结合清洗法。详细内容如表4-12所示。

表4-12 管线清洗技术分类

管线清洗技术	主要清洗方法
物理清洗法	包括高压水射流清洗、机械法清洗、PIG清洗、喷砂清洗、电子跟踪式清洗、爆炸清洗法等
化学清洗法	多用于一般金属管道、不锈钢管道和管道脱脂。化学法清洗管道是向管道内投入含有化学试剂的清洗液，与污垢进行化学反应，然后用水或蒸汽吹洗干净。为了防止在化学清洗过程中损坏金属管道的基底材料，可在酸洗液里加入缓蚀剂；为提高管道清洗后的防锈能力，可加入钝化剂或磷化剂使管道内壁金属表层生成致密晶体，提高防腐性能

(续表)

管线清洗技术	主要清洗方法
物理和化学结合清洗法	物理清洗和化学清洗这两类方法,对工业管线及相关设备清洗各有千秋,然而单独使用哪一种方法都不具备把两者结合起来使用时所具有的优势,从技术上说应取长补短,相辅相成;从经济上来说,也应合理选用、兼收并蓄。单独用化学试剂来清洗,会降低管道寿命,提高清洗成本,而且有些污垢难以用化学方法完全处理干净。同样,对长期输送沉积速度较快的油管线,单纯用清管器清管也难以达到改购后理想的效果。物理清洗与化学清洗多种方法结合使用已成为当今清洗技术发展的一种趋势,现已开发出多种实用的复合清洗技术,可获得最佳的效果

总之,对管线及设备进行更为有效的清洗,必须对管线现状、清洗要求及相关信息、资料进行综合分析评价,优化组合,这样才能有针对性地筛选出最好的制剂和方法,达到最佳清洗效果。

4.6 运输方式的选择

4.6.1 运输方式的技术经济特点

运输的方式很多,根据使用的运输工具的不同,对于各种运输方式的技术经济特点可以主要从以下几方面考察。

(1) 运输速度。速度是指单位时间内的运输距离。决定各种运输方式运输速度的一个主要因素是各种运输载体能达到的最高技术速度。

(2) 运输成本。物流运输成本是由多个项目构成的,而不同运输方式的构成比例又不同。

(3) 运输能力。由于技术及经济的原因,各种运输方式的运载工具都有其适当的容量范围,从而决定了运输线路的运输能力。

(4) 运输灵活性。灵活性是指一种运输方式在任意给定两点间的服务能力。

(5) 经济性。经济性是指单位运输距离所支付费用的多少。

4.6.2 选择运输方式的基本原则

随着物流需求的高速发展,多品种、小批量物流成为现代物流的重要特征,对产品运输的质量要求也越来越高。就物流而言,组织运输工作应该遵循以下基本原则:

1. 及时性

及时就是要求按照货主规定的时间把商品运往目的地。缩短运输时间的主要手段是实现运输现代化。除选择现代化运输工具外,关键是做好商品在不同运输工具之间的衔接工作。如果衔接不好,就会发生有了货而没有运输工具,有了运输工具却又没有货的现象;也容易产生由于短途运输和长途运输没有衔接好,造成运输工具等候商品的现象。这些都将延长商品待运时间,影响商品的及时发运。此外对于委托中转的商品中转单位必须做到随来随转,及时把商品转运出去。

2. 准确性

准确就是要防止商品短缺、错放等意外事故,保证把商品准确无误地运抵目的地。商业部门经营的特点是品种繁多、规格不一。一件商品从企业交货一直到消费者手中,要经过不少环节,稍有疏忽就容易发生偏差。运输中出现短缺会使客户蒙受经济损失。有时运输的商品出现攫余的现象,也应该作为差错,要注意防止。

3. 安全性

安全就是在运输过程中要保证商品的完整和安全,不发生霉烂、残损、丢失、污染、渗漏、爆炸、燃烧等事故,保证人身、物品、设备安全。在市场经济活动中,各类商品都有其使用和利用的价值,如果在运输中使商品失去了使用和利用的价值,那么商品就会成为无用之物。同时因商品的使用和利用价值是商品价值的物质承担者,商品的使用和利用价值受到损害,那么商品自身的价值也必然会受到影响。

4. 经济性

以物流系统或供应链的总成本最低、综合效益最好作为原则来选择运输方式、运输路线及运输工具,节约人力、物力、财力,降低物流费用,提高总体效益,关键问题在于如何权衡运输服务的速度和成本。由于运输费用在物流费用中占相当大的比重,节省运输费用的支出,是降低运输总成本、减少物流费用的最主要方法。节约运输费用的主要途径则是开展合理运输,即选择最经济合理的运输路线和运输方式,尽量减少运输环节、缩短运输里程,力求用最少的费用将产品运到目的地。

5. 可靠性

如果运输缺乏一致性,就需要安全储备存货,以防不测。

4.6.3 影响运输方式选择的因素

1. 商品性能特征

这是影响企业选择运输工具的重要因素。一般来讲,粮食、煤炭等大宗货物适宜选择水路运输;水果、蔬菜、鲜花等鲜活商品,电子产品,宝石以及季节性商品等宜选择航空运输;石油、天然气、碎煤浆等适宜选择管道运输。

2. 运输速度和路程

运输速度的快慢、运输路程的远近决定了货物运送时间的长短。而在途运输货物犹如企业的库存商品,会形成资金占用。一般来讲,批量大、价值低、运距长的商品适宜选择水路或铁路运输;而批量小、价值高、运距长的商品适宜选择航空运输;批量小、距离近的适宜选择公路运输。

3. 运输的可得性

不同运输方式的运输可得性也有很大的差异,公路运输最容易获得,其次是铁路,水路运输与航空运输只有在港口城市与航空港所在地才可得。

4. 运输的一致性

指在若干次装运中履行某一特定的运次所需的时间与原定时间或与前 N 次运输所需时间的一致性。它是运输可靠性的反映。近年来,托运方已把一致性看作是高质量运输的最重要的特征。如果给定的一项运输服务第一次花费 2 天、第二次花费了 6 天,这种意想不到的变化就会给生产企业产生严重的物流作业问题。厂商一般首先要寻求实现运输的一致性,然后再提高交付速度。如果运输缺乏一致性,就需要安全储备存货,以防预料不到的服务故障出现。运输一致性还会影响买卖双方承担的存货义务和有关风险。

5. 运输的可靠性

运输的可靠性涉及运输服务的质量属性。对质量来说,关键是要精确地衡量运输可得性和一致性,这样才有可能确定总的运输服务质量是否达到所期望的服务目标。运输企业若要持续不断地满足顾客的期望,最基本的是要承诺不断地改善运输服务质量。运输企业的服务质量来之不易,它是经仔细计划,并得到培训、全面衡量和不断改善支持的产物。在顾客期望和顾客需求方面,基本的运输服务水平应该现实一点。必须意识到顾客是不同的,所提供的个性化服务必须与之相匹配。对于没有能力始终如一地满足的不现实的过高的服务目标必须取缔,因为对不现实的全方位服务轻易地做出承诺会极大地损害企业的信誉。

6. 运输费用

企业开展商品运输工作,必然要支出一定的财力、物力和人力,各种运输工具的运用都要企业支出一定的费用。因此,企业进行运输决策时,要受其经济实力以及运输费用的制约。例如企业经济实力弱,就不可能使用运费高的运输工具,如航空运输。也不能自备一套运输工具来进行商品运输工作。

7. 市场需求的缓急程度

在某些情况下,市场需求的缓急程度也决定着企业应当选择何种运输工具。如市场急需的商品须选择速度快的运输工具,如航空或汽车直达运输,以免贻误时机;反之则可选择成本较低而速度较慢的运输工具。

【情景小结】

物流运输技术主要包括运输设施和运输作业两大类,前者属于运输硬技术,后者属于运输软技术。运输硬技术主要包括运输基础设施与设备,如公路、铁路、水路、航空、管道运输的基础设施与设备的完善;运输软技术则包括管理方法、物流技术、物流人员素养等。本章主要介绍了公路、铁路、水路、航空和管道运输设备的运输特点、运输业务及运载工具的使用,要求了解物流运输设备的基本管理方法,对比五种运输方式的营运特征,在实际工作中能够选择配置不同的物流运输设备。

【双基练习题】
一、填空题

1. 公路上行驶的汽车大致分为_____、_____和_____三类。
2. 货车(载货汽车)按总质量可以分为_____、_____、_____、_____。
3. 铁路运输系统主要由_____、_____、_____和_____四部分组成。
4. 铁路信号设备主要包括_____、_____、_____。
5. 水路运输包括_____和_____。
6. 船舶的主要性能有_____、_____、_____快速性、耐波性、_____和经济性等。
7. 液化气运输船按液化气的贮存方式分为_____、_____、_____三类。
8. 航空运输的优点有_____、_____、_____和_____。
9. 运输管道按所输送的运物品不同分为_____、_____、_____和_____四类。
10. 航空港内应配备_____、_____、_____、_____、输油系统、维护修理基地、货站和其他各种公共设施等。

二、选择题

1. 管道运输的对象不包括(　　)。
   A. 原油　　　　B. 天然气　　　　C. 固体料浆　　　　D. 书籍
2. 下面属于水路运输特点的是(　　)。
   A. 运量大、成本低　　B. 适合大宗货物　　C. 运送速度快　　D. 受气候影响大
3. 下面属于公路集装箱运输特点的是(　　)。
   A. 简化了装卸作业　　　　　　　　B. 增加了包装费用
   C. 降低了整体运输成本　　　　　　D. 节省了包装费用
4. (　　)运输特别适合于运输长距离高价值的产品。
   A. 铁路　　　　B. 公路　　　　C. 航空　　　　D. 集装箱
5. 自卸汽车按用途可以分为(　　)。
   A. 后倾自卸车　　B. 普通自卸车　　C. 矿用自卸车　　D. 专用自卸车
6. 在下列运输方式中,能够实现"门到门"运输的是(　　)
   A. 铁路运输　　B. 公路运输　　C. 水路运输　　D. 航空运输
7. 下面属于铁路运输优点的是(　　)。
   A. 运输能力大　　　　　　　　　　B. 受气候影响小
   C. 能实现"门到门"运输　　　　　　D. 准时性差
8. 在下列运输方式中,运量相对较大的是(　　)。
   A. 公路运输　　B. 航空运输　　C. 水路运输　　D. 管道运输
9. 下面属于航空运输特点的是(　　)。
   A. 运送速度快　　　　　　　　　　B. 不受地面条件影响
   C. 安全准确　　　　　　　　　　　D. 节约包装费用
10. 下面属于管道运输特点的是(　　)。
    A. 运量大　　　　　　　　　　　　B. 建设周期长、费用高
    C. 灵活性好　　　　　　　　　　　D. 占地少
11. 成组器是航空运输中用以装载货物、邮件和旅客行李用的容器,可分为(　　)三种。
    A. 航空用托盘和货网　　　　　　　B. 航空集装箱
    C. 货物的配装　　　　　　　　　　D. 航空用圆顶

三、判断题

1. 货车(载货汽车)的技术性能参数有性能参数、类别参数、尺寸参数和质量参数。(　　)
2. 自卸汽车按用途可以分为普通自卸车、矿用自卸车和专用自卸车。(　　)
3. 公路集装箱运输简化了装卸作业,节省了包装费用,减少了货损货差,降低了整体运输成本。(　　)
4. 在公路、铁路、水路、航空等运输方式中,一般来说,我国货运量最大的运输方式是铁路运输。(　　)

四、思考题

1. 货车的主要性能参数。
2. 比较五种运输方式各自的适用范围。

3. 什么是全挂车和半挂车?
4. 铁路车辆的结构主要由哪几部分组成?
5. 水路运输的特点有哪些?
6. 管道运输的特点有哪些?
7. 提高船舶装载能力的基本途径有哪些?
8. 船舶的主要技术参数有哪些?

五、实作题

撰写运输方式比较分析报告,专用车及通用车选择方案。

【情景演练】

本情景模块是物流系统中的一个基础环节,概念多,直观感觉性强,在授课过程中利用教学课件及多媒体结合案例、图片、视频和现场参观的方式让学生认识公路、铁路、水路、航空和管道运输工具,鼓励学生主动思考,勇于思考,采用分组讨论方式,加强师生交流和学生之间的交流。

学习情景5　集装化技术与设备

学习内容

【重点】
- ☆ 托盘的概念、分类,托盘码垛与货物紧固的方法
- ☆ 集装箱基础知识

【难点】
- ☆ 托盘的标准化,集装箱的使用管理

学习目标
- ☆ 了解托盘的概念、分类及标准
- ☆ 学习托盘码垛与货物紧固的方法
- ☆ 了解集装箱基本知识和使用管理
- ☆ 认识集装箱专用设备
- ☆ 了解其他集装技术与设备

章前导读

导读一:托盘的标准化

托盘[serving tray],多为长方形,木制或金属制,端饭菜时放置碗盏的盘子。也用来盛礼物。《水浒传》第二回:"酒保听了,便下楼去,少时,一托盘把上楼来。"《金瓶梅词话》第七回:"西门庆便叫玳安用方盒呈上锦帕二方,宝钗一对,戒指六个,放在托盘内送过去。"老舍《二马》第四段五:"她端着个小托盘,盘子上一瓶葡萄酒,两个玻璃杯。"

如今,托盘的运输与使用已成为发展现代物流的必不可少的方式之一。

目前,世界范围内多数国家的物流标准化工作还处于初始阶段,但作为物流托盘化基础的托盘标准化却由于托盘使用量大,使用频率高,使用范围广,而有较大进展。据统计,美国拥有15~20亿个托盘,日本拥有约7~8亿个托盘,物流业刚起步不久的我国也拥有上亿个托盘,并且社会生产、流通的大多数行业都不同程度地大量使用托盘。国际标准化组织——托盘标准化技术委员会(IO/TC51)是国际托盘标准制订、修订的专门机构,在2003年颁布的ISO 6780标准中推出6种国际托盘标准规格,其中,欧洲普遍使用1200 mm×800 mm,1200 mm×1000 mm两种规格的托盘,美国主要使用的规格为40英寸×48英寸,澳大利亚则以1140 mm×1140 mm,1067 mm×1067 mm两种规格为主,亚洲国家,特别是日本、韩国,分别于1970年和1973年把1100 mm×1100 mm(简称T11)规格托盘作为国家标准托盘大力推广。目前,澳大利亚标准化托盘使用率最高,为95%;美国为55%;欧洲为70%;日本为亚洲之最,使用率为35%;韩国为26.7%。我国已成立了中国物流标准化技术委员会和中国物流与采购联合会托盘专业委员会(以下简称两会)。两会成立后,制订了若干物流国家标准,如《数码仓库应用系统规范》《物流企业分类与评价指标》等,还与国际上托盘使用大国,特别是与日本、韩国这两个临近托盘大国进行了广泛深入的交流与合作,为我国托盘事业发展做了大量工作。但目前两会还没有制订出我国自己的托盘国家标准,而是套用ISO/TC51制订的国际标准。我国目前社会上流通使用的托盘规格有几十种之多,其中包括1100 mm×1100 mm,1200 mm×1000 mm两种规格。

导读二:深圳港集装箱吞吐量连续十年"世界第四"

记者从日前召开的深圳物博会上获悉,集装箱吞吐量连续10年排名第四的深圳港,正在加快超越香港的步伐,有望很快替代香港居于全球第三位。统计数据显示,2012年深圳港累计完成货物吞吐量2.28亿吨,外贸吞吐量1.77亿吨,集装箱吞吐量2 294.13万标准箱,进出港旅客吞吐量432.57万人次,同比分别增加2.16%、1.16%、1.64%和12.73%,四项吞吐量指标均创历史新高。深圳港口协会负责人介绍说,目前深圳港的集装箱吞吐量仍保持较高的增长趋势,但是集装箱吞吐量只是衡量港口运行效益的标准之一,同时,还要看依附于港口的临港物流产业、高端的金融服务行业等一系列产业链条发展情况,而这些正是深圳港与香港港的差距所在。该负责人还表示,深圳港的作业效率虽然在全世界是拔尖的,但是跟香港、新加坡等世界大港相比,深圳港在海关、口岸单位的检验流程方面,没有自由港那么便利,进出口监管还比较严,这也将在今后很长一段时期内,成为制约深圳港口发展的重要因素。

相关知识

5.1 认识集装单元设备——托盘

5.1.1 集装单元化的概念

在货物的储运过程中,为便于装卸、存放、搬运以及机械操作,用集装器具或采用捆扎方法将货物组成标准规格的单元货件(Unit Load),称为集装单元化。也就是以集装单元为基础组织的装卸、搬运、存储和运输等物流活动的方式。用于集装货物的工具称为集装单元器具,目前主要有三大类,即托盘、集装箱和其他集装器具。集装器具必须具备两个条件:

(1) 能使货物装成一个完整、统一的重量或体积单元。

(2) 具有便于机械装卸搬运的结构集装器具。如托盘有叉孔,集装箱有角件吊孔等。

集装单元化的实质就是要形成集装单元化系统,集装单元化系统是由货物单元、集装器具、装卸搬运设备和输送设备等组成的,高效、快速地进行物流业服务的人工系统。

5.1.2 集装单元化的基本原则

为了充分发挥集装单元化的优越性,降低物流费用,提高社会的经济效益,在实现集装单元化时,要遵循标准化、通用化、系统化、配套化、集散化、直达化、装满化、效益化原则。以下介绍三个基本原则。

(一)标准化

标准化是指从集装化术语的使用,集装工具的尺寸、规格、强度、外形和重量,集装工具材质、性能、实验方法,装卸搬运加固规则一直到编号、标志、操作规范和管理办法等,都必须标准化,以便进行全社会和国际间的流通和交换。标准化是实现集装器具通用化所必需的。国际上有国际标准化组织标准(ISO),我国有国家标准(GB),一个企业也可以有企业标准。企业标准应与国家标准基本一致,国家标准正在逐步向国际标准靠拢,以利于国际流通。标准化是通用化的前提。也是集装单元化的关键。不同形式的集装化之间,其标准应互相适应、互相配合。

(二)通用化

通用化即集装化要与物流全过程的设备与工艺相适应,不同形式的集装化方法之间、同一种集装化方法的不同规格之间相协调,以便在物流全过程中畅通无阻。因此,集装单元化的原则应贯彻在物流的全过程,集装单元器具要流通到物流的各个部门,必须适用于各个环节的工艺和设备,才能在各个环节之间通用。如大型集装箱,从规格到结构部件,不仅适用于海运,也同样适用于汽车和铁路运输,否则就无法实现"多式联运"。

(三)系统化

集装单元化技术的内容甚广,不单纯指集装工具,而是包括集装工具在内的成套物流设施、设备、工艺和管理的总和,是一个联系生产与生活、生产与消费的动态系统。因此,集装单元化技术中的每一个问题都必须置于系统中考虑,否则就难以实现和获得成效。例如,为了实现"门到门"的集装箱运输,不仅需要配套的起重、运输工具,还需要考虑桥梁的通行能力,在一个企业内部实现货物的集装单元化时,也必须统筹考虑。

5.1.3 托盘

(一)托盘的概念

中国国家标准《物流术语》(GB/T 18354—2006)中对托盘的定义是:用于集装、堆放、搬运和运输的放置作为单元负荷的货物和制品的水平平台装置。托盘、周转箱和集装箱是单元化集装系统的三大支柱。

托盘是一种用来集结、堆存货物以便于装卸和搬运的水平板,物流作业中必不可少的装载工具。其结构比较简单,配合一定的机械设备,能够自动化或机械化装卸、搬运和堆存货物,大大提升作业效率。据测算,把 1 000 件每件重量为 25 kg 的一堆非集装货物移送 60 m 后再码成垛,这一作业若由 1 人使用搬运车,每车装 10 件,完成需 23.2 小时,而使用托盘集装,仅需 0.8 小时,效率提高 29 倍。

(二) 托盘的发展及特点

托盘是叉车出现的产物。20世纪30年代出现了叉车这一装卸工具,托盘随即作为其附属工具在工业部门应用,使货物装卸实现机械化。第二次世界大战以后,随着西方国家的经济复苏和发展,以及叉车产量的逐年增长,托盘得到普及。从20世纪40年代起,美国、瑞典开始托盘流通和经营,到20世纪60年代推行到各主要工业国家。随着托盘的流通和经营,托盘从工厂的装卸搬运附属工具,发展成随同车船运动的运输工具,进而走上商店、柜台,发展成生活消费品的售货工具。这样,托盘被广泛应用于生产、流通、消费各个领域,成为一种应用最广泛、数量最大的物流工具。

叉车与托盘的共同使用,形成了有效的装卸系统,从而使装卸机械化水平大幅度提高,使长期以来运输过程中的装卸瓶颈得以解决或改善。所以,托盘的出现也有效地促进了整个物流水平的提高,对现代物流的形成及对物流系统的建立有着重要的作用。

托盘的出现也促进了集装箱和其他集装方式的形成和发展。现在,托盘已成为和集装箱一样重要的集装方式,成为集装系统的两大支柱之一。托盘以其结构简单、使用方便的优点在集装领域中颇受青睐。

托盘的特点如表5-1所示。

表5-1 托盘的特点

优 点		缺 点	
自重小	用于装卸、运输托盘本身所消耗的劳动较小,减少了无效运输及装卸	保护性差	对货物的保护性比集装箱差,露天存放困难,需要有仓库等配套设施
返空容易	返空时占用的运力比集装箱少	适用货物有限	不适于装载体积和重量大、形状不一的货物
装盘容易	不需像集装箱一样深入到箱体内部,装盘后可采用捆扎、紧包等技术处理,使用简便		
可集中一定装载量	装载量虽较集装箱小,但也能集中一定数量,比一般包装的组合量大许多		

(三) 托盘的作用

(1) 可以实现物品包装的单元化、规范化和标准化,保护物品,方便物流和商流。
(2) 有效地保护商品,减少物品的磨损。
(3) 节省包装材料,降低包装成本,节约运输费用。
(4) 促进港口的现代化、机械化。
(5) 加快装卸、运输的速度,减轻工人的劳动强度。

(四) 托盘的类型

托盘装载货物的种类千差万别,与之相适应的托盘种类多种多样。

1. 平托盘

平托盘是最为常见、最为通用、使用量最大的托盘类型,其没有上层结构。如表5-2所示,根据不同的划分依据,平托盘又可分为多种类型。平托盘几乎是托盘的代名词,使用范围最广,存在多种形式。

表 5-2 平托盘类型

划分依据	名称	图例	说明
按台面不同划分	单面托盘	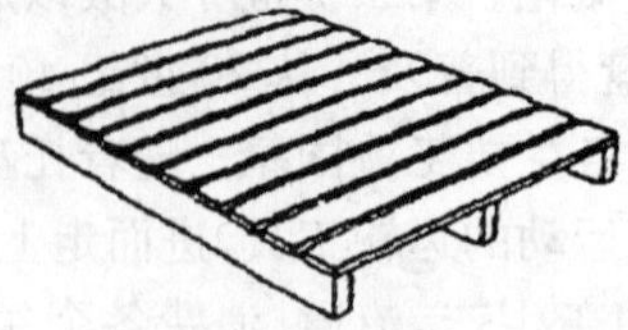	只有一面铺板的平托盘
	双面托盘	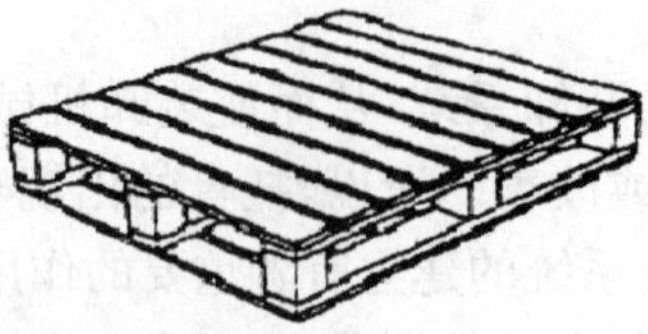	有上下两面托板的平托盘。分为两种：一种是双面使用托盘，其上下两面有相同的铺板，任何一面均可以用来堆码货物；另一种为单面使用托盘，仅有一面用于堆码货物
按货叉插入口不同划分	双向进叉托盘	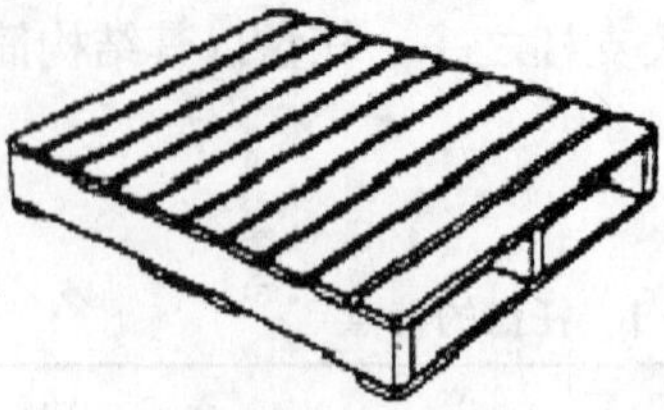	仅允许叉车或托盘搬运车的货叉从两个相反方向插入的托盘
	四向进叉托盘	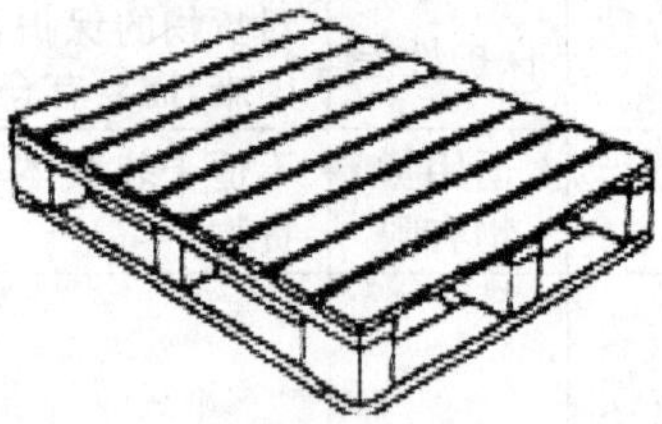	允许叉车或托盘搬运车的货叉从四个方向插入的托盘
	局部四向进叉托盘	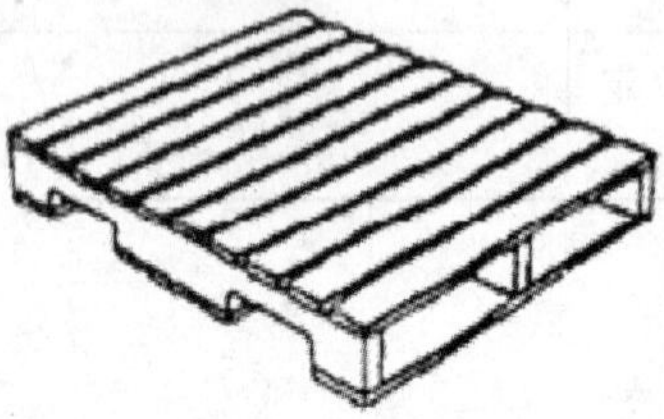	一般纵梁上有U型槽，允许叉车货叉四向插入而托盘搬运车货叉两向插入的托盘

2. 立柱式托盘

立柱式托盘是在平托盘的四角装有立柱构成的托盘，分为固定式和可卸式两种，其基本结构是框架型，如图 5-1 所示。柱式托盘多用于包装件、桶装货物、棒料和管材等的集装，还可以作为可移动的货架、货位。该托盘因立柱的顶部装有定位装置，可以防止托盘上放置的货物在运输、装卸过程中发生塌垛损坏现象，堆码的质量能够得到保证；利用立柱支承承重，可以多层叠放货物而不会压坏下层托盘的货物。

3. 箱式托盘

箱式托盘（如图 5-2 所示）是指在托盘上面带有箱式容器的托盘，即在托盘四个边上有板式、栅式、网式等各种平面，从而构成一个箱体。有些箱体上设有铰接的或可拆卸的装卸用门，可装有顶盖。箱式托盘一般下部可叉装，上部可吊装，并可进行码垛。该类托盘的特点是可以简化集装货物的包装,并可放置形状不规则的货物,此外,在搬运过程中不需要采取防止塌垛的措施。

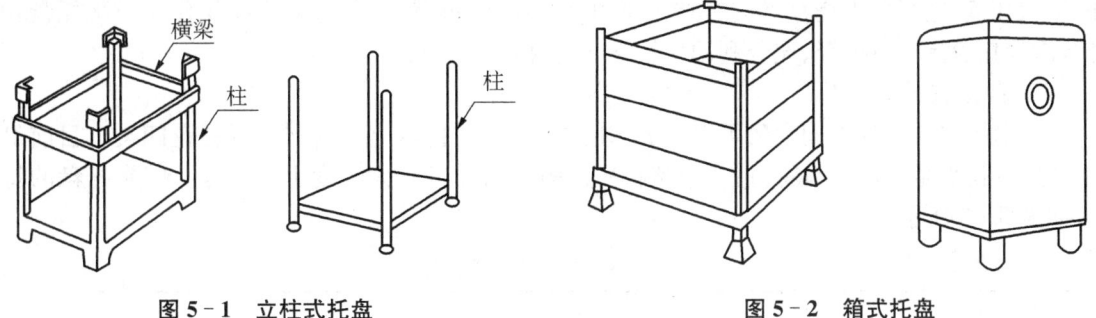

图 5-1　立柱式托盘　　　　　　　　　　图 5-2　箱式托盘

4. 轮式托盘

轮式托盘(如图 5-3 所示)与立柱式托盘和箱式托盘相比,安装了小型脚轮。轮式托盘具有能短距离移动、自行搬运或滚上滚下式的装卸等特点,用途广泛,适用性强。

图 5-3　轮式托盘

5. 笼式托盘

笼式托盘(如图 5-4 所示)是带有立杆或联杆加强的网式壁板的托盘。在一侧或多侧设有用于装卸货物的铰接的或可拆装的门。根据壁板是否可折或可拆装,可分为固定式笼托盘、可折式笼托盘、可拆装式笼托盘。笼式托盘的特点:可用于存放形状不规则的物料;可配合托盘搬运车、叉车、起重机等作业;空箱可折叠。

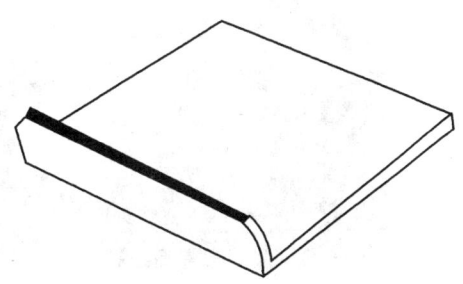

图 5-4　笼式托盘　　　　　　　　　　图 5-5　滑片托盘

6. 滑片托盘

滑片托盘（如图5-5所示）是一种新型托盘，它是由瓦楞纸、板纸或塑料简单地折曲而成的板状托盘，也叫薄板托盘，仅在操作方向上有突出的折翼，以便进行推拉操作。与平托盘相比，滑片托盘具有重量轻、充分利用保管空间、价格低等优点。

7. 托盘按材质分类

托盘按照材质的不同大致可以分为木制托盘、塑料托盘、金属托盘、纸托盘四类。目前最常使用的托盘是木制托盘，但近年来塑料托盘的应用数量有大幅度上升趋势。四类托盘的特点如表5-3所示。

表5-3 托盘按材质分类

类型	特征
木制托盘	木制托盘基本为手工制作，具有取材方便、易于制造、维修容易、成本低等优点。用人造板材料做的托盘还可以免熏蒸、免卫生检疫，适合于出口运输包装
塑料托盘	塑料托盘的优点是：形状稳定，耐用，使用寿命长；不吸水，耐酸耐碱，易于清洁；结构种类多样，应用范围广；可回收利用。缺点是：抗弯强度低，容易变形且难以恢复，与木托盘相比其承载能力小很多
金属托盘	金属托盘是采用钢铁、铝材或其他金属材料制成，环保，可回收再利用。轻型钢托盘具有很好的刚性和稳定性，并且价格低。
纸托盘	纸托盘是利用再生纸做原料，经冲孔、折叠、粘接制成，具有广阔的用途和很好的经济、环保效益。特点是：重量轻；可100%回收重做，符合环保要求；在货物平均分布状态下，承载量大；耐冲击性好，对货物能提供很好的保护

8. 特种专用托盘

由于托盘作业效率高、安全稳定，尤其在一些要求快速作业的场合，突出利用托盘的重要性，所以世界各国纷纷研制了多种多样的专用托盘。

(1) 平板玻璃集装托盘

平板玻璃集装托盘又称平板玻璃集装架，如图5-6所示。其类型有种：L型单面装放平板玻璃单面进叉式、A型双面装放平板玻璃双向进叉式，还有吊叉结合式和框架式等。运输过程中托盘起支撑和固定作用，平板玻璃一般都立放在托盘上，并且玻璃还要顺着车辆的前进方向，以保持托盘和玻璃的稳固。

图5-6 平板玻璃集装托盘

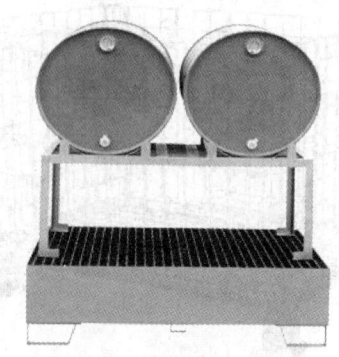

图5-7 油桶专用托盘

（2）油桶专用托盘

油桶专用托盘（图5-7所示）是专门存放、装运标准油桶的异型平托盘。双面均有波形沟槽或侧板，以稳定油桶，防止滚落。优点是可多层堆码，提高仓储和运输能力。

（3）长尺寸物托盘

长尺寸物托盘（图5-8所示）是一种专门用来码放长尺寸物品的托盘，有的呈多层结构。物品堆码后，就形成了长尺寸货架。

（4）轮胎专用托盘

轮胎专用托盘如图5-9所示。轮胎的特点是耐水、耐蚀，但怕挤、怕压，轮胎专用托盘较好地解决了这个矛盾。利用轮胎专用托盘，可多层码放，不挤不压，提高装卸和储存效率。

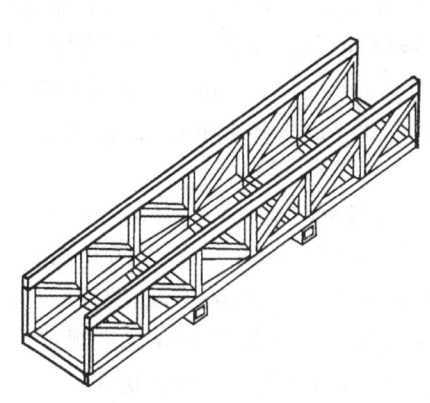

图5-8　长尺寸物托盘

图5-9　轮胎专用托盘

除上述托盘外，还有一部分托盘是以两种或两种以上的不同材料，经过一定的处理产生化学变化得到的材料为原材料加工制造而成的，这类托盘既继承了所含各类材料的优点，又可以避免材料本身的缺陷，是未来托盘发展的一个方向。

> 知识链接

木制托盘为何需要熏蒸处理

惠州检验检疫局工作人员在对辖区内某企业报检的含木质包装的出境货物进行查验时，发现木托盘上除了"IPPC"标志外，还加施了"EPAL"标志。经该局工作人员核查认定货证相符，检验检疫合格后予以放行，本次为惠州辖区检疫放行的首批EPAL标志木托盘。

据悉，IPPC是国际植物保护公约International Plant Protection Convention的简称，是1951年联合国粮食农业组织（FAO）通过的一个有关植物保护的多边国际协议，1952年生效。而EPAL是欧洲托盘协会的缩写，该协会属于非营利组织，主要由木托盘铲板生产商、经营商、修理商、用户、铁路运输商及其他运输商组成。EPAL目的在于规范各用户购买和使用通过质量认证的EPAL标志的产品，鼓励使用可回收材料，保护环境。所有托盘按照统一的质量标准制作，包括制作时用的控制夹和修补时用的钉子都要有EPAL标记。

汕头检疫人员严把国门进境木托盘熏蒸除害虫，汕头检验检疫局龙湖办事处查验人员连续对5批、进境40英尺(1英尺=0.3048米)集装箱及其货物进行查验时,发现盛装货物的木托盘有严重蓝变现象,车厢里不时有活虫出现。

检疫人员继续查验发现,木托盘疫情非常严重,一根垫木上就检出20多头活体幼虫及虫蛹,最严重的一批车厢内壁都爬满了活虫,触目惊心,木托盘竟成为害虫的"安乐窝"。这5批来自新加坡的木托盘铲板均有IPPC处理标志,但标识混乱。为防止有害生物扩散和蔓延,检疫人员对虫样进行采集送检鉴定措施,并对木托盘及货物进行熏蒸处理。

(五)托盘的标准规格

托盘标准化是实现托盘联运的前提,也是实现物流机械和设施标准化的基础及产品包装标准化的依据。国际托盘标准制订、修订的专门机构是国际化标准组织的托盘标准化技术委员会,其在2003年颁布的ISO 6780标准中推出6种国际托盘标准规格,其中,欧洲普遍使用1200 mm×800 mm,1200 mm×1000 mm两种规格的托盘,美国主要使用的规格为1219 mm×1016 mm,澳大利亚则以1140 mm×1140 mm,1067 mm×1067 mm两种规格为主,亚洲国家,尤其是日本、韩国,分别于1970年和1973年把1100 mm×1100 mm(简称T11)规格托盘作为国家标准托盘大力推广。

随着托盘应用的推广,我国也逐步开始重视托盘标准化工作。1996年,《联运通用平托盘主要尺寸及公差》颁布,将1200 mm×1000 mm,1200 mm×800 mm,1140 mm×1140 mm和1219 mm×1016 mm规定为我国联运通用托盘标准规格。2007年,新的《联运通用平托盘主要尺寸及公差》(GB/T 2934—2007)颁布,将我国联运通用托盘标准规格规定为1200 mm×1000 mm和1100 mm×1100 mm两种,且规格1200 mm×1000 mm为优先推荐的托盘规格。

从托盘的实际应用情况看,目前流通中的托盘规格比较杂乱,包括几十种规格。其中,塑料托盘生产中要使用注塑模具,而模具开发成本相对比较高,因而塑料托盘的规格相对比较集中,主要是1100 mm×1100 mm和1200 mm×1000 mm,约占流通总量的50%。木质托盘的规格则比较混乱,主要是由于制造工艺相对比较简单,一般由使用单位根据自己产品的规格定制。钢制托盘的规格不是很多,集中2~3个规格,多用于对托盘的承载重量要求比较高的港口码头等单位。另外,现在企业使用的多为四向进叉双面使用托盘,约占托盘使用总数的60%。其余的还有双向进叉双面使用托盘、单面平托盘、箱式托盘和立柱式托盘。特种托盘的使用数量比较少。箱式托盘现多用于企业生产过程中的物料搬运,基本上不进入流通。

(六)托盘的码垛和货物紧固方式

托盘的正确使用应该做到包装组合码放在托盘上的货物并加上适当的捆扎和裹包,便于机械装卸和运输,从而满足装卸、运输和储存的要求。

1. 托盘的码垛方式

根据货物的类型、托盘所载货物的质量和托盘的尺寸,合理确定货物在托盘上的堆码方式。当在托盘上放装同一形状的立体包装货物时,可采取各种交错咬合的方法堆码,以提高货垛的稳定性。从货物在托盘上堆码时的行列配置来看,有四种基本堆积模型,如表5-4所示。

表 5-4 托盘的码垛方式

名称	图 例	说 明
重叠式	（奇数层）　（偶数层）	每层码放方式相同,上下对应。优点是员工操作速度快,各层重叠之后,包装物四个角和边重叠垂直,能承受较大的荷重。缺点是各层之间缺少咬合作用,货垛稳定性差,容易发生塌垛。在货体底面积较大情况下,采用这种方式能够有足够稳定性。一般情况下,重叠式码放再配以各种紧固方式
层间纵横交错式	（奇数层）　（偶数层）	相邻层货物之间呈 90 角交叉堆码。这种堆码方式层间有一定的咬合效果,但咬合强度不高。如果配以托盘转向器,装完一层之后,利用转向器旋转 90°角,则装盘操作劳动强度和重叠式相同。在正方形托盘一边长度为货物的长、宽尺寸的公倍数的情况下,可以采用这种模式。重叠式和层间纵横交错式都适合用自动装盘机进行装盘操作
正反交错式	（奇数层）　（偶数层）	指同一层中,不同列的货物以 90°角垂直码放,而奇数层和偶数层之间呈 180°角进行堆码的方式。这种方式类似于房屋建筑砖的砌筑方式,不同层间咬合强度较高,相邻层之间不重缝,因而码放后货物稳定性很高,但操作较为麻烦,且包装体之间不是垂直面互相承受荷载,下部货物易被压坏
旋转交错式	（奇数层）　（偶数层）	堆码形式类似风车,在各层中改变货物的方向进行堆码,每层相邻的两个包装体都呈 90°角,上下两层间的码放又相差 180°角。优点是层间互相咬合强度大,托盘货体稳定性较高,不易塌垛。缺点是码放难度较大,中央部分的无效空间也过大,托盘利用率降低

2. 托盘货物的紧固方式

为防止托盘货物塌垛、散垛,避免货差货损,有必要采用适当的紧固方法。

(1) 捆扎

捆扎(如图5-10所示)是用绳索、打包带等柔软索具对托盘货体进行捆扎以保证货体稳定的方法。在防止箱形货物(瓦楞纸箱、木箱)散垛时用得较多。捆扎按扎带方式可分为水平、垂直和对角等方式。捆扎打结的方法有结扎、黏合、热融、加卡箍等。该方式的缺点是未扎带部分容易发生货物脱出,且由于多层货物的堆压以及输送中的振动冲击等因素容易使带子变松。

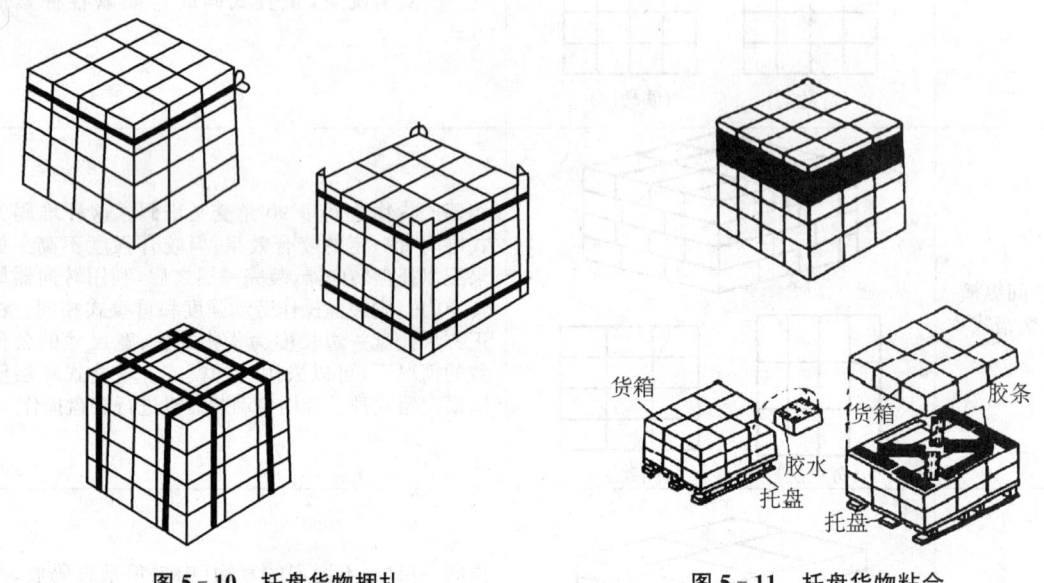

图5-10 托盘货物捆扎　　　　图5-11 托盘货物粘合

(2) 黏合

黏合(如图5-11所示)有两种方法:一种是在下一层货箱上涂胶水使上、下货箱黏合;另一种是每层之间贴上双面胶条,将两层通过胶条黏合在一起,防止物流中托盘货物从层间滑落。这种方式对水平方向滑动的抵抗能力强,但在分离托盘的货载时,从垂直方向容易分开。这种方式的主要缺点是胶的黏度会随温度的变化发生变化,在使用时应选择适合温度条件的黏合剂,此外,在使用时必须根据货物的特性(质量、包装形态等)来决定用量和涂布方法。

(3) 加框架紧固

将板式的框架加在托盘货物相对的两面或四面以至顶部,用以增加托盘货体刚性。框架的材料以木板、粘合板、瓦楞纸板、金属板等为主。

(4) 网罩紧固

网罩紧固(如图5-12所示)主要用于装有同类货物托盘的紧固,多见于航空运输,将航空专用托盘与网罩相结合,就可达到紧固的目的。将网罩套在托盘货物上,再将网罩下端的金属配件挂在托盘周围固定的金属片上(或将绳网下部缚牢在托盘的边缘上),以防形状不整齐的货物发生倒塌。为了防水,可在网罩下用防水层加以覆盖,网罩一般采用棉绳、布绳或其他纤维绳等材料制成。

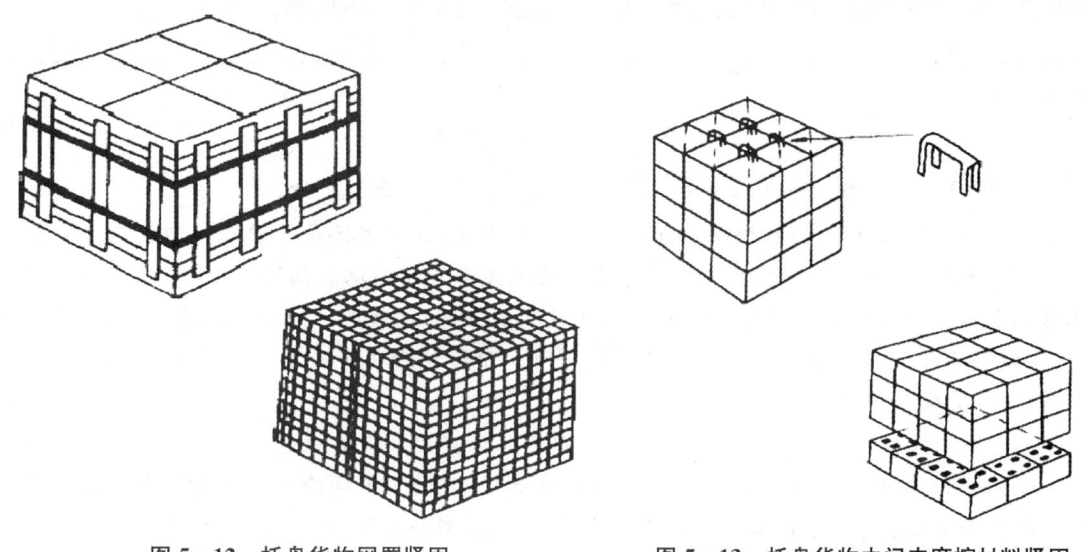

图 5-12 托盘货物网罩紧固　　　　图 5-13 托盘货物中间夹摩擦材料紧固

（5）专用金属卡具固定

对某些托盘货物，最上部如能深入金属夹卡，则可用专用夹卡将相邻的包装物卡住，以使每层货物通过金属卡具形成一个整体，防止个别分离滑落。

（6）中间夹摩擦材料紧固

中间夹摩擦材料紧固（如图 5-13 所示）将具有防滑性能的纸板夹在各层器具之间，以增加摩擦力，防止水平移动（滑动）或冲击时托盘货物各层间的移位。防滑片除纸板外，还有软质聚氨酯泡沫塑料等片状物。另外，在包装容器表面涂布二氧化硅溶液防滑剂，也有较好的防滑效果。

（7）拉伸薄膜紧固

拉伸薄膜紧固（如图 5-14 所示）是用拉伸薄膜将货物和托盘一起缠绕包裹紧固。此种方法操作简单，特别是在托盘上的货物属于不规则货物时方便作业，而且速度快、成本低，应用范围广泛。

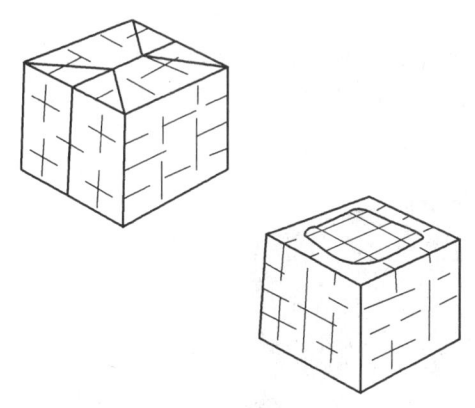

图 5-14 托盘货物拉伸薄膜紧固

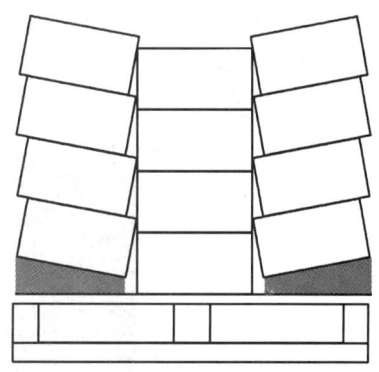

图 5-15 平托盘周边垫高紧固

（8）平托盘周边垫高紧固

平托盘周边垫高紧固（如图 5-15 所示）将平托盘四边稍垫高，货物向中心靠拢，此种方法利用托盘货物本身的质量,使货物能够很好地放置于上面而不致倾倒。

➢ 小提示

托盘选择应考虑的因素

(1) 托盘尺寸:根据托盘标准和存放物料的尺寸确定托盘的尺寸。

(2) 承载要求:根据存放物料的质量及物流作业方式,考虑托盘的静载和动载能力需求。

(3) 托盘材质:钢结构托盘一般只是为了解决较重货物的承载问题时使用,木托盘和塑料托盘在大部分物流作业场所均可使用。木托盘的刚性好,承载能力比塑料托盘强,不容易弯曲变形,但不适合潮湿和卫生要求较高的作业场所。塑料托盘是一个整体结构托盘,适合周转,不易损坏,方便清洁。

(4) 托盘结构:根据货叉特点、承载要求以及其他应用工况要求选择。

(5) 成本:木托盘成本低,维修方便,但其质量相差很大,市场价格变化大。塑料托盘的成本比木托盘要高很多,使用寿命比木托盘长,但损坏后不能维修。

5.2 集装箱

集装箱的诞生引发了全球运输组织的改变,使运输体系更完善,运输规模更大,运输服务的品质更高,推进了经济全球化的快速发展。

5.2.1 集装箱的概念及规格

(一) 集装箱的概念

集装箱(如图 5-16 所示)是能装载包装货或无包装货进行运输,并便于用机械设备进行装卸搬运的一种成组工具。集装箱在运输有包装的箱、罐、坛、袋等有一定强度和一定形态的货物时,是一种刚性或半刚性容器;在运输粉状或颗粒状的无包装散货时,是一种柔性容器。通常所说的集装箱一般是指具有一定容积,适合于在不同运输方式中转运,具有一定强度和刚度,能反复使用的金属箱。

关于集装箱的定义在各国的国家标准、各种国际公约和文件中,都有具体的规定,其内容不尽一致。不同的定义在处理业务问题时,就可能有不同的解释。关于集装箱应具备的基本条件,国际标准化组织在《集装箱术语》(ISO 830—1981)中做了规定:

图 5-16 集装箱

集装箱是这样一种运输设备：
(1) 具有足够的强度，能反复长期使用。
(2) 适合一种或多种方式运输，途中转运时，箱内货物不必换装。
(3) 可进行快速搬运和装卸，便于从一种运输方式转移到另一种运输方式。
(4) 便于货物装满或卸空。
(5) 具有 1 m³ 及 1 m³ 以上的容积。

集装箱这一术语不包括车辆和一般包装。

满足上述 5 个条件的大型装货容器才能称为集装箱。它是集装装备最主要的形式，在铁路、公路和水路运输中广泛应用。集装箱能一次装入若干包装件或散装货物，运输途中更换车、船时，无须将货物从箱内取出换装，可以有效减少装卸搬运的次数，节约装卸搬运时间和成本，减少货损，提高效益和安全性。

（二）集装箱的规格

1. 国际集装箱规格

为了便于集装箱在国际上的流通，1964 年国际标准化组织（ISO）在汉堡会议上公布了两种集装箱的标准规格系列。第一系列 1A—1F 六种和第二系列 2A—2C 三种，共九种。1970 年在莫斯科会议上增加了第三系列 3A—3C 三种集装箱。第一系列又增加了 1AA、1BB 和 1CC 三种型号集装箱。

国际标准集装箱长度关系如图 5-17 所示。

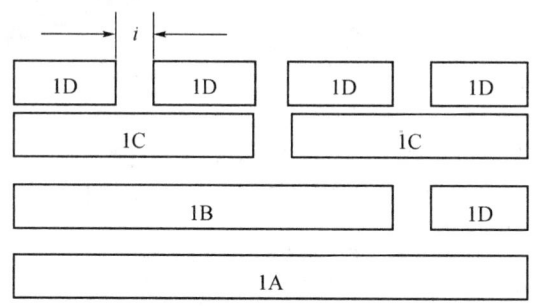

图 5-17 国际标准集装箱长度关系图

为便于统计，常以长 20 ft、宽和高各 8 ft 的集装箱作为国际标准集装箱的标准换算单位，记为 TEU（Twenty-foot-Equivalent），称为换算箱或标准箱。即 40 ft 集装箱＝2 TEU；30 ft 集装箱＝1.5 个 TEU；20 ft 集装箱＝1 TEU；10 ft 集装箱＝0.5 TEU。

（二）我国集装箱规格

1978 年国家标准局颁发的《货物集装箱外部尺寸和重量系列》（GB 1413—1978）规定：我国集装箱的重量系列采用 5 t、10 t、20 t、30 t 四种。相应型号为 5D、10D、1C、C1AA。5 t 和 10 t 集装箱主要用于国内运输；20 t（1CC）和 30 t（1AA）主要用于国际运输。

5.2.2 集装箱的种类

运输货物用的集装箱种类繁多，可按尺寸、材料、结构和用途进行不同的分类。其中使用较多的是按用途分类，如表 5-5 所示。

表 5-5　集装箱按用途分类

种类	说　明	图　示
杂货集装箱	杂货集装箱又称为干货集装箱，它适用于装载除流体货和需要调节温度的货物外，以一般杂货为主的集装运输，箱体有密封防水装置，一般在一端或侧面设有箱门。这类集装箱使用范围广，约占全部集装箱总数的 70%～80%	
散货集装箱	散货集装箱适用于装载豆类、谷物、工业的零部件等散堆颗粒状、粉末状物料的集装箱，可节约包装且提高装卸效率。散货集装箱是一种密闭式集装箱，有玻璃钢制和钢制两种。前者由于侧壁强度较大一般用于装载麦芽和化学品等相对密度较大的散货。后者原则上用于装载相对密度较小的谷物。有的运送粮食的集装箱上设有投放熏蒸药品用的开口以及排除熏蒸气体的排出口，以满足有些国家对进口粮食要求在港外锚地进行熏蒸杀虫的要求。散货集装箱顶部或侧部设装货口。顶部的装货口应设置水密封性好的盖，以防雨水进入箱内	
冷藏集装箱	冷藏集装箱是专用于运输需要保持一定温度的冷冻货物或低温货物如鱼、肉、新鲜水果、蔬菜等食品的特殊集装箱。目前国际上采用的冷藏集装箱基本上分两种：一种是集装箱内带有冷冻机的称为机械式冷藏集装箱，它能使经预冷装箱后的冷冻货或低温货可在 －25℃ 到 ＋25℃ 之间调整；另一种是箱内没有冷冻机而只有隔热结构，即在集装箱端壁上设有进气孔、箱子装在船舱内，由船舶的冷冻装置供应冷气的称为离合式冷藏集装箱	
开顶集装箱	开顶集装箱是一种顶部可开启的集装箱，箱顶又分为硬顶和软顶两种。软顶是指用可拆式扩伸弓支撑的帆布、塑料布式涂塑布制成的顶篷；硬顶是用一整块钢板制成的顶篷。适用于装载大型货物、重型货物，如钢材、木材，特别是玻璃等易碎的重货。这种集装箱的特点是吊机可从箱子上面进行货物装卸，不易损坏货物，又便于在箱内固定货物。	

(续表)

种类	说　明	图　示
框架集装箱	框架集装箱没有顶部和左右侧壁,箱端(包括门端和盲端)也可拆卸,货物可从箱子侧面进行装卸,适用于装载长、大、笨重件,如钢材、重型机械等。这种集装箱的主要特点是密封性差,自重大,因普通集装箱采用整体结构,箱子所受力可通过箱板扩散,而框架集装箱以箱底承受货物的重量,其强度要求很高,故集装箱底部较厚,可供使用的高度较小。	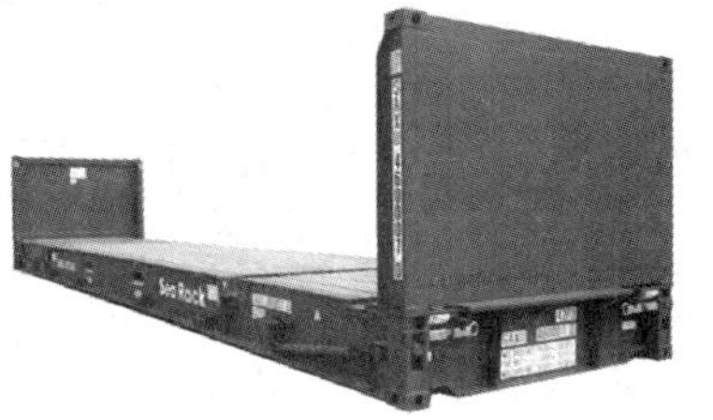
罐状集装箱	罐状集装箱适用于装运食品、酒品、药品、化工品或其他危险品等流体货物。主要由罐体和箱体框架两部分组成。框架一般用高强度钢制成,其强度和尺寸应符合国际标准,角柱上装有国际标准配件;罐体材料有钢和不锈钢两种,罐体外采用保温材料形成双层结构,使罐内液体与外界充分隔热。对装载随外界温度下降而增加黏度的货物,装卸时需加热,故在罐体的下部设有加热器,罐上设有反映罐内温度变化的温度计。罐体上设有密封性好的装货口。装货时,货物由液罐顶部的装货口进入,卸货时,货物由排出口靠重力作用自行流出,或者由顶部装货口吸出。	
牲畜集装箱	它是一种用来装运鸡鸭鹅等活家禽和牛羊马等活家畜而具有特殊结构的集装箱。为了遮蔽太阳,箱顶采用胶合露盖,侧面和端面都有用铝丝网制成的窗,以求有良好的通风。侧壁下方设有清扫口和排水口,并配有上下移动的拉门,可把垃圾清出去。还装有喂食口。牲畜集装箱在船上一般应装在甲板上,因为甲板上空气流通,便于清扫和照顾。	
汽车集装箱	一种运输小型轿车用的专用集装箱,其特点是在简易箱底上装一个钢制框架,这种集装箱分为单层的和双层两种。因为小轿车的高度为1.35~1.45 m,如装在8英尺(2.438 m)的标准集装箱内,其容积要浪费2/5以上,因而出现了双层集装箱。这种双层集装箱的高度有两种:一种为10.5英尺(3.2 m);另一种为8.5英尺高的2倍。因此汽车集装箱一般不是国际标准集装箱。	

5.2.3　集装箱的标记

为了便于对集装箱进行识别、监督和管理,国际标准化组织集装箱技术委员会(ISO/TC104)对国际集装箱的标记项目和位置做了规定,如图 5-18 所示。

图中"1"标签上表示箱主代号、顺序号、核对号;图中"2"标签上表示国家代号、尺寸代号、类型代码。图中"3"标签上表示最大重量和自重。具体标注如下:

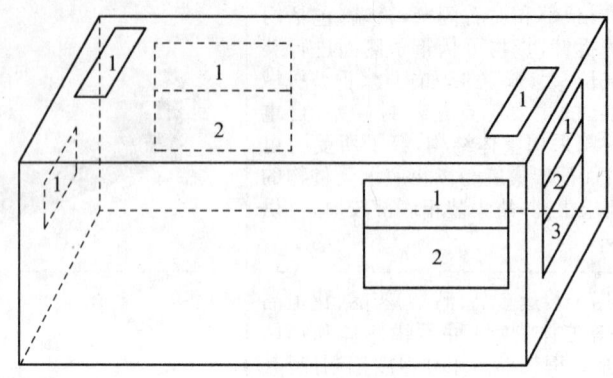

图 5-18 集装箱标记

1. 箱主代号、顺序号、核对号

(1) 箱主代号:箱主代号由 4 位英文字母表示,前三位由箱主自己规定,并应向国家集装箱局登记核准才能用,登记时不得与登记在先的箱主代码重复。第四个字母规定用 U(U 为国际标准中海运集装箱的代码)。如中国远洋运输(集团)公司的箱主代码为 COSU。

(2) 顺序号:顺序号为集装箱编号,按国家标准规定,用 6 位阿拉伯数字表示,不足 6 位时,则以数字 0 补之。

(3) 核对号:核对号用于计算机核对箱主代号与顺序号记录的正确性,一般位于顺序号之后,用一位阿拉伯数字表示,并加圆圈以醒目。

核对号是由箱主号的四位字母与顺序号的 6 位数字通过一定方式换算而得。具体换算步骤如下:

① 将表示箱主号的 4 位字母转换成相应的数字,从表 5-6 中可看出,去掉了 11 及其倍数的数字,这是因为后面的计算将以 11 作为模数。

表 5-6 箱主代号字母等效数值表

字母	A	B	C	D	E	F	G	H	I	J	K	L	M
数字	10	12	13	14	15	16	17	18	19	20	21	23	24
字母	N	O	P	Q	R	S	T	U	V	W	X	Y	Z
数字	25	26	27	28	29	30	31	32	34	35	36	37	38

② 将前 4 位字母对应的数字加上后面顺序号的数字,共计 10 组数字。例如,以中国远洋运输司的某箱为例,箱主号与顺序号为 COSU800121 对应的数字为 13-26-30-32-8-0-0-1-2-1。

③ 采用加权系数进行计算,其计算公式为

$$S = \sum_{i=1}^{9} C_{i+1} * 2^i$$

式中:C_i 为 10 组数字中的第 i 组。

④ 将 S 除以模数 11,再取余数即为核对号。仍以 COSU800121 为例,$S=1\ 721$ 除以 11 后余数为 5,故其核对号为⑤。

⑤ 最大重量和箱体自重:最大重量(MAXGROSS)又称额定重量,是集装箱的自重与最大允许装货重量之和,它是一个常数,任何类型的集装箱装载货物后,都不能超过这一重量。集装箱最大重量和自重的标记要求用公斤(kg)和磅(1 b)两种单位同时标出。

2. 国家代号、尺寸代号与类型代码

ISO 6326 规定的集装箱类型和尺寸代码作为国际集装箱的必备标识符,应与箱主代号和箱号等必备标识符组配标识,用于国际集装箱运输 EDI 信息标识、处理与交换。图 5-19 为国际集装箱运输信息。

(1) 国家代号:用 3 位英文字母表示,说明集装箱的登记国,也可用两位字母表示。如 PRC 或 CN 表示中华人民共和国。

(2) 尺寸代号:由两位阿拉伯数字组成,用于表示集装箱的尺寸大小。

(3) 类型代码:由两位英文字母组成,说明集装箱的类型,类型代码可从有关手册中查得。

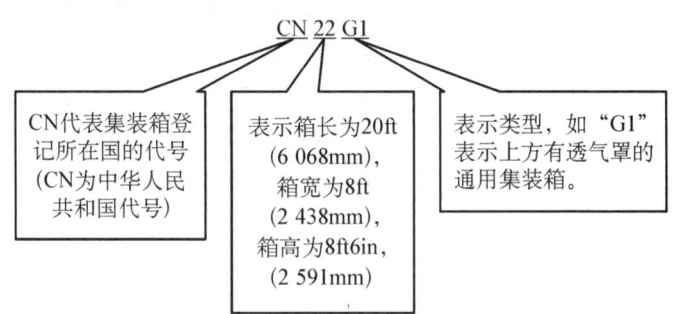

图 5-19　国际集装箱运输信息

5.2.4　集装箱的使用管理

(一)集装箱类型的选择

在选用集装箱时,必须了解以下几方面的问题:

1. 货物种类和特性

货物特性决定了运输要求,如危险品、易碎品、鲜活易腐品等货物特性不一,对箱型的选择也不相同。对一些危险货物来说,还要进一步了解它属于哪一类危险货物,是易爆炸品、易燃品还是腐蚀性货物。此外,还要知道货物有无包装、是什么包装;货物是清洁的还是脏的,有没有气味等。

2. 货物包装尺寸

我国货物包装规格繁多,要选择相应的集装箱型号,必须了解货物的包装尺寸,以便选择合适的配置方法,充分利用集装箱的箱容,提高装载率。

3. 货物重量

任何集装箱可装货物的质量都不得超过集装箱的载质量,有时货物质量虽小于载质量,但由于该货物是集中负荷而可能造成箱底强度不足,这时就必须采取措施,利用货垫使集中负荷分散。

4. 集装箱运输过程

集装箱运输过程指在整个物流过程中由哪几种运输工具运送,是否需要转运和换装作业,采用何种作业方式,运输过程中的外界条件如何,是否高温、高湿等。

集装箱选择还应遵守如下原则:① 货物外形尺寸与集装箱内部尺寸相适应,以成公约倍数为最佳;② 按货物比容选择最有利比容(或地面)的集装箱;③ 优先选择自重系数小的集装箱;④ 集装箱外部尺寸与运输工具尺寸相适应,亦以成公约倍数为最佳。

(二)集装箱的装箱

1. 集装箱装载方法和箱内货物固定方法的确定

集装箱货有整箱货和拼箱货之分。整箱货是指货物批量能装满一个集装箱以上的货物,装箱工作原则上由货主进行,货主装箱后将集装箱运到集装箱厂,这种装箱方式称为托运人装箱方式。拼箱货是指货物批量不能装满一个集装箱的零星小批量货,通常由货运站负责装箱。在装箱前应根据具体条件来考虑其装载方法和固定方法。对于运输时间长、外界运输环境差的货物,要考虑箱内会不会发生水滴而产生水湿事故,固定货物的牢靠程度是否满足运输形式中技术状态的要求。在装载方法上,有时在装箱地由于有较高的技术和良好的机械设备,货物能很顺利地装入箱内,但若在偏僻的地区拆箱卸货,既没有装卸经验,又无装卸设备,则货物难以取出。若强行取出货物,则会损坏集装箱,或者损坏货物。经常发生的情况是,固定货物时,装货地可能很容易固定了,但在卸货地却无法拆卸固定用具,在这种情况下,装货时应周密、细致地考虑卸货地的具体条件,即使明知道这样装载和固定货物需要花费很多时间,也要为在卸货时顺利取出货物创造必要的条件。

2. 装载量的确定

为使集装箱能达到最大的装载量,必须进行精确计算。装载技术的好坏会影响装载件数。如果一票货物装完了若干个集装箱,只剩下一小部分时,由于不能将不同卸货港的货物混装在一个集装箱内,因此剩下的货物件数不多,也只好另装一个集装箱,所以,装箱前必须正确地掌握装载量。

集装箱的装载量就是集装箱的最大载货重量(P),它是集装箱的总重(R)与集装箱的自重(T)之差,即 $P=R-T$。集装箱的总重是一个定值,按国际标准除动物集装箱外,20 ft 型钢质集装箱的总重为 24 000 kg,40 ft 为 30 480 kg。但集装箱的自重,根据不同集装箱的种类和不同设计,即使是同一种类、同一箱型集装箱,也有一定差别。如上海远洋运输公司的 20 t 钢箱,其自重为 2 060 kg 到 2 360 kg 不等,平均为 2 210 kg。40 t 钢箱平均自重为 3 850 kg,而 20 ft 开顶箱的自重一般为 2 520 kg,20 t 台式集装箱一般为 2 770 kg。集装箱货大多数属于轻货,容积装满后,通常达不到最大载货重量指标。

3. 货物密度

所谓货物密度是指货物单位容积的重量,简称单位容重。它是货物积载因素(单位重量容积)的倒数。对于集装箱来说,将集装箱的最大载货重量除以集装箱的容积,所得之商就是箱的"单位容重"。若要求集装箱的容积重量都能装满,就要求货物的密度等于集装箱的单位容重。实际上集装箱装货后,箱内容积或多或少会产生空隙,集装箱内实际利用的有效容积为集装箱容积乘以箱容利用系数。

利用货物密度与集装箱的单位容重可以衡量装箱货物是"重货"还是"轻货"。所谓"重货"是指货物密度大于集装箱的单位容重;反之,则称为"轻货"。

4. 集装箱数量的计算

在计算集装箱所需数量之前,先要判定货物是"重货"还是"轻货",再求出一个集装箱的最大装载量和有效容积,就可算出货物所需的集装箱数。

计算时如果货物是"重货",则用货物总重量除以集装箱的最大载重质量,即得所需装箱的数量。如果是"轻货",则用货物总体积除以集装箱的有效容积,即可求出所需装箱数量。如果货物密度等于箱的单位容重,则无论按重量计算还是按容积计算,均可得出集装箱的所需数量。

对于一时不能判定是"重货"还是"轻货"的货物,先求出每个集装箱的最大可能装载件数,用件数乘以每件货物的重量,再与该集装箱的最大载货重量相比较,如果小于集装箱的最大载货重量,则以货物总体积除以集装箱的有效容积求出集装箱数。如果箱内所装件数的总重量大于集装箱的最大载货重量,则以该批装箱货物的总重量除以集装箱的最大载货重量,求得所需要的集装箱数量。

集装箱装箱流程图如图 5-20 所示。

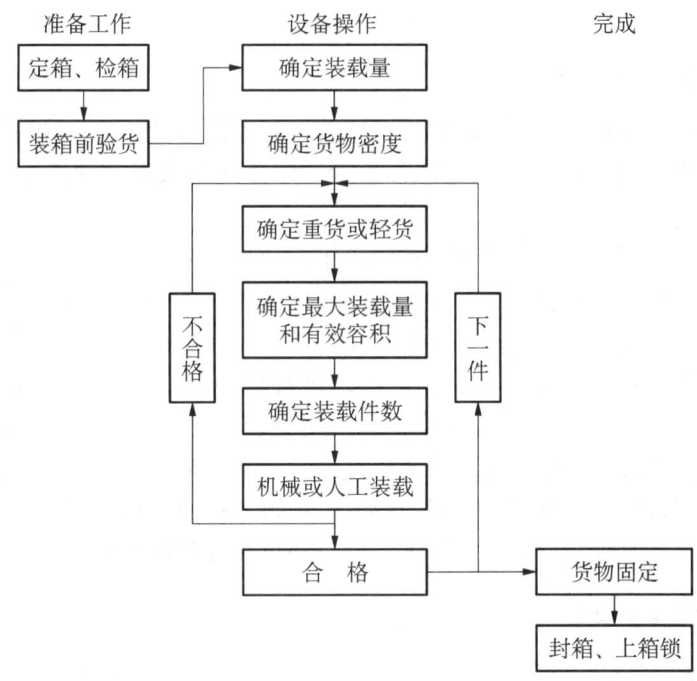

图 5-20 集装箱装箱流程图

(三) 集装箱的装箱注意事项

1. 重量的配置

装箱时尽可能重量均匀地分布于集装箱底板上。过分的集中负荷或偏心荷重,在装卸集装箱时,有倾斜或翻倒的危险。此外,当货物是"重物",难以避免负荷集中分布时,可采用衬垫等方式使负荷分散。

另外,在使用大型国际集装箱时,要将叉车驶入集装箱内装卸货物,要求底板有一定的强度,其强度能满足 2 t 叉车装载 2 t 货物驶入。重量超过上述情况的设备应避免使用。

2. 货物紧固

在可能因运输振动而使货物移动的情况下,要固定货物,称为紧固。紧固方式有以下三种,可分别进行组合使用。

(1) 固定材料紧固。固定材料紧固是指用角钢等材料将货物固定在集装箱内的方法。

(2) 充填紧固。充填紧固是指在货物和货物之间、货物和集装箱内壁之间用角钢等支柱在水平方向上固定的方式,包括插入阻隔物或垫子以防止货物移动的方式。

(3) 捆索。捆索是指在集装箱侧壁设捆索环,用缆绳或皮带固定货物的方法。

3. 货物的配装

不同货物在同一集装箱中时,要注意货物的性质、重量或包装对其他货物的有害影响,这是在装货地点应考虑的问题。货重在箱内应均匀分布,不允许偏载。要按货物标定的"不可倒置"、"平放"、"竖放"等标志装箱。箱内堆垛时,要采用全自动起升叉车在箱内作业。装拼箱货时,要注意包装强度弱的压包装强度大的,清洁货压污货,同形状和同包装货放在一起,有异味、潮湿等货物用塑料薄膜包妥后与其他货隔开。有尖角棱刺的货物应另加保护,以免损伤其他货物。

5.3 集装箱专用设备

集装箱通过码头前沿的装卸机械(如岸边集装箱起重机)将集装箱吊进吊出进行装船和卸船作业,水平运输机械完成码头前沿、堆场和装拆箱库之间的水平运输任务,堆场机械则用来完成集装箱的堆码和拆垛。

对于大型或较大型专用集装箱码头(集装箱年吞吐量为 100 万~400 万 TEU 及以上),码头前沿机械多采用岸边集装箱起重机,水平输送机械采用集卡(底盘车或拖挂车)或全自动的自动导引车,集装箱通过水平运输到堆场后,用轮胎式龙门起重机(RTG)或轨道式龙门起重机(RMG)进行装卸和堆码(拆垛),也有用跨运车进行水平运输和堆码的,集装箱叉车则用来对空箱进行堆码和拆垛。对于一些中小港口非专用集装箱码头,前沿装卸机械采用多用途门座起重机,以适应码头的多货种装卸。堆场机械则采用集装箱叉车和正面吊运机。

为了实现集装箱物流系统的机械化和自动化,集装箱机械配有专用自动化吊具,同时实现系统的计算机控制和管理,并朝着整个系统高度自动化和智能化方向发展。

5.3.1 集装箱装卸搬运设备

(一) 岸边集装箱起重机

岸边集装箱起重机(如图 5-21 所示),又称集装箱装卸桥或装卸桥,它是集装箱码头前沿进行集装箱船舶装卸作业的专用机械,世界上各种集装箱码头均采用装卸桥来承担船舶的集装箱装卸作业。

1. 装卸桥的结构与工作原理

(1) 装卸桥的结构

装卸桥主要由带行走机构的门架、承担臂架质量的拉杆和臂架等部分组成。臂架可分为海侧臂架、陆侧臂架和门中臂架。带升降机构的小车在臂架上运行,升降机构是用来承受集装箱吊具和集装箱质量的。海侧臂架较长并可俯仰,当集装箱装卸桥移动时,为了船舶或航道的安全,一般将海侧臂架仰起,便于船舶靠离码头。装卸桥作业时,由于集装箱专用船舶的船舱内设有箱格,舱内的集装箱作业对位非常方便,无须人工协助,因此,在作业中没有舱内作业工序。

(2) 装卸桥的工作原理

装卸桥是由前后两片门框和拉杆组成的门架,沿着与岸边平行的轨道行走,桥架支撑在门架上,行走小车沿着桥架上的轨道往返于水陆两侧吊运集装箱,进行装船和卸船作业。为了便于船舶靠离码头,桥架伸出码头前沿的伸臂部分可俯仰。岸边集装箱起重机具有起升机构、小车运行机构、前大梁俯仰机构和大车运行机构以及集装箱专用吊具和其他辅助设备。对于高速型岸边集装箱起重机,还有吊具减摇装置等。

图 5-21 岸边集装箱起重机

2. 装卸桥的主要技术参数

(1) 起重量

装卸桥的起重量是指额定起重量与集装箱吊具的重量之和,是表示装卸集装箱能力的指标。额定起重量是指所起吊的集装箱的最大总重量,通常以 Q 表示,单位为吨(t)。

(2) 尺寸参数

① 起升高度。起升高度由两部分组成,即轨顶面以上的高度和轨顶面以下的高度。它取决于集装箱船舶型深、吃水、潮差、甲板面上装载集装箱层数等因素,应保证船舶轻载高水位时能通过 3 层集装箱并能堆高到 4 层;在满载低水位时,能吊到舱底最下一层集装箱,允许装卸作业时船体向外横倾 3°。

② 外伸距。外伸距指装卸桥海侧轨道中心线向外至集装箱吊具铅垂中心线之间的最大水平距离。它主要取决于到港集装箱船的船宽,当船舶向外横倾 3°时,仍能起吊甲板上外舷侧最上层的集装箱。外伸距一般为 30~40 m。

③ 内伸距。内伸距指装卸桥内侧轨道中心线向内至吊具铅垂中心线之间的最大水平距离。为使装卸作业顺利进行,当码头前沿搬运设备不能及时搬运时,内伸距可把箱子暂放在码头上起缓冲作用,考虑到放置舱盖板和不同的供电方式需要占用的距离,内伸距应为 11 m。

④ 轨距。轨距指起重机两条行走轨道中心线之间的水平距离。轨距的大小影响装卸桥的整机稳定性。为了更有效地疏运岸边的集装箱,轨距内最好能安排 3 条接运线(指轨距内能放置 3 列集装箱,当跨运车装卸任意一列集装箱时不会干扰其他集装箱作业),则其轨距应约为 16 m。

⑤ 净空高度。净空高度指横梁下面到轨顶面之间的垂直距离。该高度应保证能堆装 3 层的跨运车通行,还要考虑在最高海潮能起吊甲板上最高层的集装箱。

⑥ 基距。基距指同一轨道上两个主支承中心线之间的距离。基距的尺寸应保证装卸桥框架内的有效宽度能通过 40 ft 的集装箱和大型舱盖板,并在框架两边各留 0.8~0.9 m 的安全间隙考虑,框架内的有效宽度应约为 16 m。

(3) 工作速度

① 起升速度。装卸桥的起升速度,目前已达到满载 70～80 m/min,空载 160～180 m/min,相应的生产率为 40～50 TEU/h。

② 小车行走速度。小车行走的速度一般为 50～60 m/min,小车行走的时间约占整个工作循环时间的 25%,因此,提高小车行走速度对提高装卸桥的生产率有重要意义。目前,装卸桥小车的行走速度已达到 200～220 m/min。

③ 大车行走速度。在装卸集装箱船时,当装卸完一个格舱后,大车(装卸桥)需转移到另一格舱。装卸作业结束后,同样需要移动装卸桥到指定地点。装卸桥行走机构并不是频繁工作的机构,工作速度一般仅为 25～45 m/min。

④ 臂架俯仰时间。臂架的俯仰属非工作性操作。船舶靠离码头时,臂架仰起;进行装卸作业时,臂架俯下。臂架仰起和俯下一个工作周期约 8 min。

3. 岸边集装箱起重机的工作流程

岸边集装箱起重机是沿着与码头岸线平行的轨道行走,从而完成集装箱船舶的装船与卸船作业的。卸船作业步骤具体如下:

(1) 船靠码头前,将集装箱装卸桥运行至码头岸线的大致作业位置;

(2) 船靠码头后,将集装箱装卸桥移至具体的作业位置;

(3) 按照装卸顺序,将小车移至船上待卸箱的正上方,放下吊具;

(4) 吊具上的扭锁装置将集装箱锁定后,吊起船上的集装箱;

(5) 小车沿悬臂向陆侧方向移动,将集装箱吊至码头前沿等待着的水平运输机械上;

(6) 松开扭锁装置,吊具与集装箱分离;

(7) 吊具起升,小车向海侧方向移动,进入下一个操作。

(二) 多用途门座起重机

多用途桥式起重机(如图 5-22 所示)又称多用途装卸桥,适用于在多用途码头进行集装箱和重件、成组物品及其他货物的装卸作业,对于年箱量在 5 万箱以下的中小港口多用途码头更为适用。

1. 多用途门座起重机的构造与工作特点

多用途门座起重机和通用型的港口门座起重机结构和工作机构配置基本相同,由金属结构件起升、变幅、回转、运行四大机构,电子驱动与控制系统及其他安全辅助装置组成。与通用的门座起重机不同的是该机的设计主要根据集装箱装卸要求设计,同时也兼顾到其他货物的装卸。

多用途门座起重机具有以下工作特点。

(1) 起升钢丝绳卷绕系统的布置适用配置 20 ft 和 40 ft 集装箱的伸缩式或子母式吊具,并能在司机室由司机控制集装箱吊具旋锁的开闭、吊具旋转及导板起落。

(2) 吊起集装箱变幅时,不仅由其水平位移补偿系统保持集装箱重心在变幅过程中沿近似水平移动,而且在臂架头部设计了四连杆机构,保持吊具平面或集装箱上下平面也能保持水平位移。这不仅有利于减少变幅机构功率,且有利于改善集装箱进出船舱和堆码作业。

(3) 起重机回转时,吊具的回转与起重机回转同步运行,回转方向相反,吊起的集装箱纵向轴线能保持与起重机轨道平行,以方便集装箱对位,提高装卸效率。

(4) 当集装箱内的货物装载出现重心偏移的情况时,多用途门座起重机可以通过增加连接吊具部位的起升钢丝绳的间距或在吊具上装设重心自动调节装置等方式,使集装箱不致因重心的偏移发生过大的偏移。

(5) 用于装卸集装箱的多用途门座起重机,起升机构的升降速度能够微调,启动制动平稳,能避免吊具与集装箱或集装箱与集装箱之间的冲击碰撞。

(6) 能够根据不同的装卸要求,方便地更换装卸工属具(集装箱吊具、吊钩和其他工属具)。

图 5-22 多用途门座起重机

2. 多用途门座起重机的主要技术参数

(1) 起重量。多用途门座起重机的起重量要满足装卸 20 ft 和 40 ft 集装箱的要求,因此,起重量应是集装箱的最大总质量与吊具重量之和。目前多用途门座起重机的起重量多为 40 t。

(2) 起升高度。起升高度包括轨面以上起升高度和轨面以下起升高度,轨面以上起升高度按照码头处于最高水位时,吊具吊着集装箱可以安全通过满载集装箱船最高箱位的顶部来确定。轨面以下的起升高度根据码头处于最低水位时,装卸属具从起重机轨道顶面至满载船舶货舱底部的距离来决定。

(3) 幅度。多用途门座起重机幅度是指起重机回转中心至吊具(或吊钩)中心铅垂线之间的最大距离。幅度大小是根据船舶宽度、起重机回转中心、外侧轨道中心至码头前沿岸壁线的距离等来确定。对于轨距大的多用途门座起重机,为减小其无效幅度,回转中心设计成向水侧轨道偏移一定的距离。

(4) 轨距。轨距指起重机的大车行走轨道中心线之间的水平距离。轨距的大小对起重机的轮压、稳定性均有影响,在确定轨距尺寸时要考虑码头前沿装卸工艺方案和码头域承载能力。

(5) 工作速度。工作速度应根据所要求的生产率来确定,但实际的生产率不仅取决于起重机的工作速度,而且还与生产条件和司机的操作水平有关。多用途门座起重机的工作速度有起升速度、回转速度、变幅速度和大车运行速度。对于起升高度大的门坐起重机,空载起升速度一般为满载起升速度的 2 倍。

5.3.2 集装箱码头堆场设备

码头堆场是港口货物集散的重要场所,承担着进出港口大量货物的搬运装卸任务,其机械设备种类、规格和地位显得尤为重要。下面主要介绍集装箱龙门起重机、集装箱跨运车、集装箱叉车和正面吊的使用。

(一) 集装箱龙门起重机

集装箱龙门起重机又称集装箱场地装卸桥,简称龙门吊,如图 5-23 所示,是一种在集装箱场地上进行集装箱搬运、堆码和车辆装卸的设备。龙门吊系统在阿姆斯特丹港最先采用。龙门起重机有轮胎式(又称无轨龙门吊或轮胎龙门吊)和轨道式(又称有轨龙门吊或轨道龙门吊)两种形式。

图 5-23 集装箱龙门起重机

1. 轮胎式集装箱龙门起重机

轮胎式龙门起重机是集装箱堆场进行装卸、堆码集装箱的专用机械,主要用于堆场装卸底盘车和进行堆取箱作业。它由前后两片门框和底梁组成的门架支承在橡胶充气轮胎上,小车在门架上移动,以便在货堆上行走。轮胎式龙门起重机采用机械液压装置或无线电感应装置,保持在堆场上直线行走,不仅能前进、后退,而且设有转向装置,能左右转向 90°,机动灵活,从一个堆场转向另一个堆场进行作业,堆高 3～4 层或更多层的集装箱,提高了堆场面积的利用率,易于实现自动化作业,适用于吞吐量较大的集装箱码头。如图 5-24 所示。

 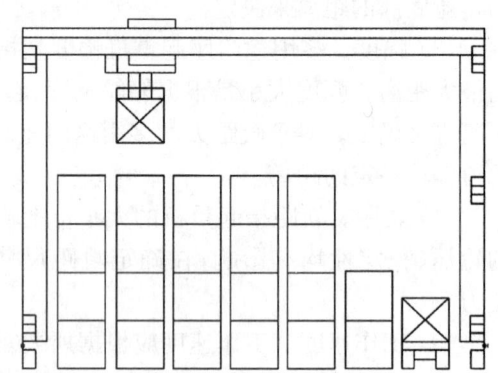

图 5-24 轮胎式龙门起重机

轮胎式龙门起重机的主要特点是设备简单可靠,对工人技术水平要求低。相对于轨道式龙门起重机,轮胎式龙门起重机较为灵活,服务面积大,通用性强。它与跨运车相比,其运转可靠、保养费用低、使用寿命长、利于环境保护,但运转不如跨运车灵活。机械本身自重大,轮压较大,要求特殊修建的转向点和转移道路,造价高,轮胎易磨损,维修较复杂,一般不能带箱行走,适用于吞吐量较大的集装箱专用码头。

2. 轨道式集装箱龙门起重机

轨道式集装箱龙门起重机也是集装箱码头堆场进行装卸、搬运和堆码集装箱的一种专用机械设备。它由两片双悬臂的门架组成,两侧门腿用下横梁连接,两侧悬臂用上横梁连接,门架通过大车运行机构在地面铺设的轨道上行走。它一般比轮胎式龙门起重机的跨度大,堆垛层数多;能够充分利用堆场面积,提高堆存能力,还可以进行汽车和火车的装卸作业。如图 5-25 所示。

 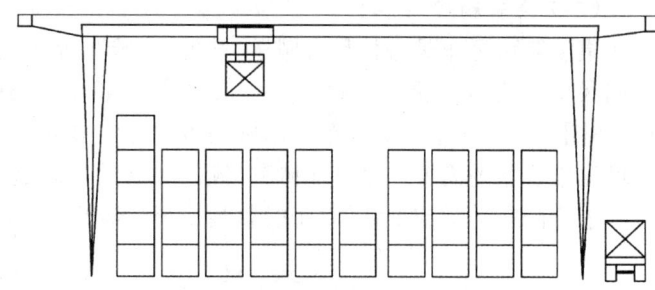

图 5-25 轨道式集装箱龙门起重机

轨道式龙门起重机的主要特点是沿着场地上铺设的轨道行走,机动性差,作业范围受限制;跨距大,提取集装箱困难,单机效率低,有时轨道变形会影响运行。轨道式龙门起重机与轮胎式龙门起重机比较,其跨度大,堆码层数多,一般可堆放5～6层集装箱,可跨系列集装箱及一个车道,因而堆存能力高,堆场面积利用率高,并且它除具有轮胎式龙门起重机的优点外,还有机械由电力驱动,节省能源,确定机械作业位置的能力较强、结构比较简单、操作容易、维修方便、较易实现单机的自动化控制等优点,是自动化集装箱码头比较理想的一种设备,适用于堆场面积有限和吞吐量较大的集装箱专用码头。

3. 集装箱龙门起重机的工作流程

一般来讲,集装箱龙门起重机的工作原理类似于其他门式起重机,主要由门架(靠轮胎或沿轨道)移动、小车沿门架移动、吊具吊挂集装箱来完成对堆场集装箱的装卸车或集装箱的堆码工作。其工作流程图(以堆场集装箱装车为例)如图5-26所示。

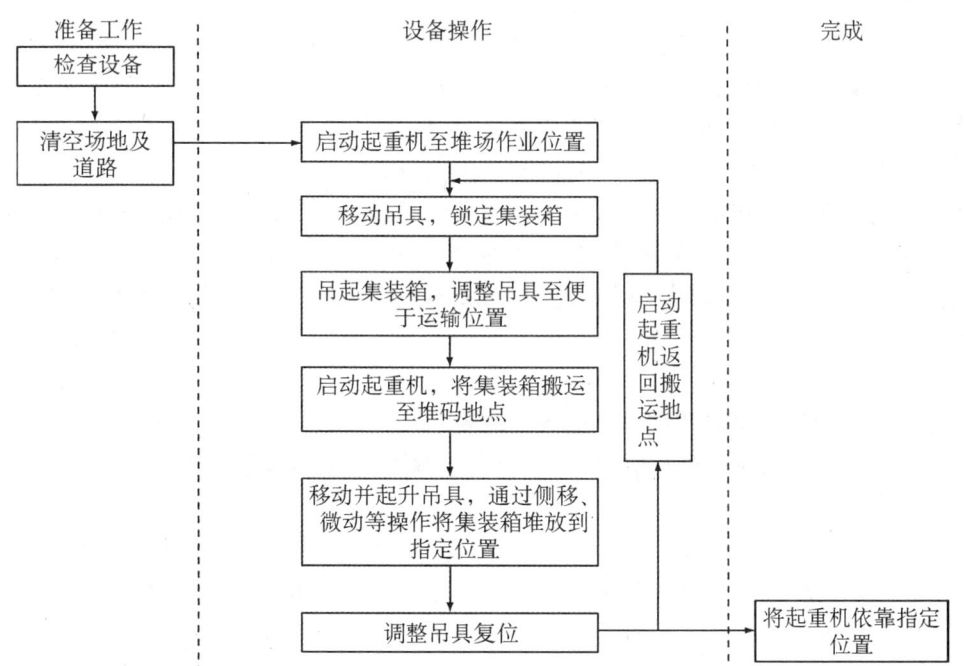

图 5-26 集装箱龙门起重机的工作流程图

(二) 集装箱跨运车

集装箱跨运车是一种具有搬运、堆拆垛、装车等功能的集装箱专用设备,具有行驶速度快、转向灵活的特点。集装箱跨运车一般由集装箱吊具、驱动轮、转向装置和保持水平装置等组成,如图 5-27 所示。跨运车采用旋锁机构与集装箱接合或脱开;吊具能够升降,以适应装卸和堆码集装箱的需要。吊具能侧移、倾斜和微动以满足对位的需要。有些跨运车有边吊装置,可以进行侧向伸举或堆装 20 ft 的集装箱至三层高。

图 5-27 集装箱跨运车

1. 集装箱跨运车的特点

集装箱跨运车的优点:落地方式接运集装箱,提高装卸桥的工作效率;集装箱在场地上可重叠堆放,节省了场地面积;无须其他机械协助,增减、调配机械的灵活性较大;不需要换装。

集装箱跨运车的缺点:价格昂贵,使用寿命短,故障率高,维修费用高,跨运车的轮压比底盘车大;驾驶室视线不良;不能进行"门到门"的内陆运输。

集装箱跨运车要求司机和维修人员的技术水平高,故在我国(除厦门港外)运用很少,但在欧洲应用比较广泛,如法国的勒阿弗尔港(法国最大的集装箱码头,承担法国 60% 的集装箱运量,拥有 18 个集装箱泊位,码头岸线长超过 5 km),还有德国的汉堡港、不来梅港和荷兰的鹿特丹港。

2. 集装箱跨运车的选择

选择集装箱跨运车时需考虑以下使用性能要求:

(1) 专用性和通用性。选专用型的设备配机台数要比通用型多一些,而通用型的设备造价比专用型高。

(2) 堆垛能力。选用时要与整个集装箱码头的堆存面积大小结合起来考虑。堆箱层数多,能提高单位面积堆存量,缩短搬运距离,但会增加倒箱率,增加找箱的困难。

(3) 视野要求。它与跨运车的安全性、迅速性和机动灵活性有密切关系。

3. 集装箱跨运车工作流程图

集装箱跨运车工作流程图(以集装箱堆垛为例)如图 5-28 所示。

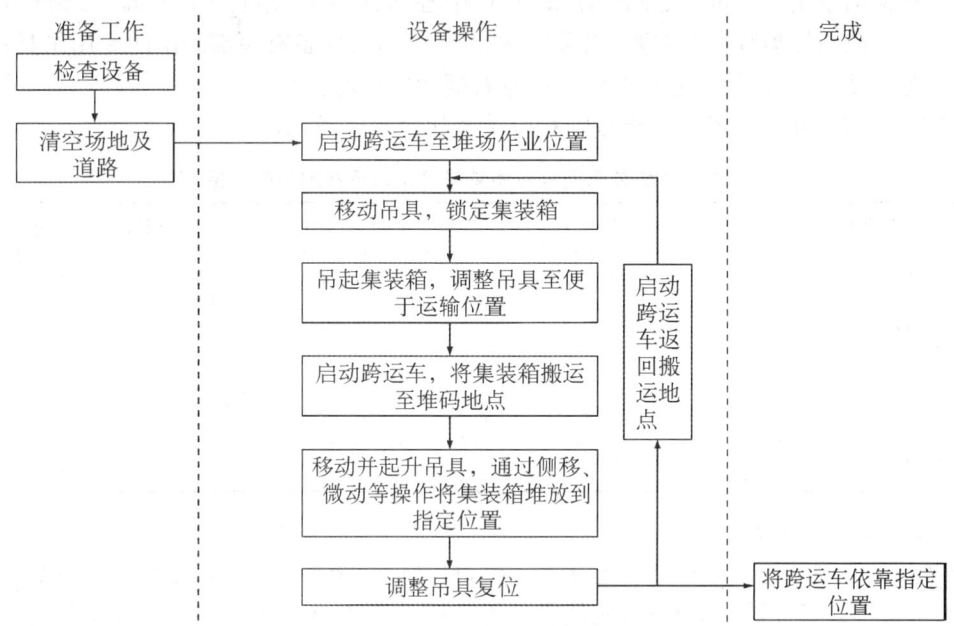

图 5-28　集装箱跨运车工作流程图

（三）集装箱叉车

集装箱叉车又称叉式装卸车，如图 5-29 所示，是集装箱码头的常用装卸机械设备，主要用于吞吐量不大的综合性码头的集装箱装卸、堆垛、短距离搬运、车辆的装卸作业，是一种多功能机械设备，它是从普通的叉车为适应集装箱作业的需要而发展起来的，根据货叉设置的位置不同，可分为正面集装箱叉车（如图 5-29 所示）和侧面集装箱叉车（如图 5-30 所示）两种，正面集装箱叉车是指货叉设置在车体正前方的叉车，而侧面集装箱叉车是指货叉和门架位置在车体侧面的叉车。

图 5-29　正面集装箱叉车

图 5-30　侧面集装箱叉车

1. 集装箱叉车的性能要求

（1）起重量应保证能装卸所需的各种箱型；

（2）起升高度应符合码头堆垛层数的需要；

(3) 货叉前壁至货物重心之间的距离(负荷中心)取集装箱宽度的 1/2,即 1 220 mm;

(4) 为适应装卸集装箱的需要,除采用标准货叉外,还应备有顶部起吊的专用吊具;

(5) 为了便于对位,货架还具有侧移和左右摆动的功能。

集装箱型号与集装箱叉车起重量的相应关系如表 5-7 所示。

表 5-7 集装箱型号与集装箱叉车起重量的相应关系

集装箱型号	规格(英尺)	最大总重量	相应叉车起重量(t)
1AA	40	30.48	37
1BB	30	25.40	28
1CC	20	20.32	25
1D	10	10.16	16
APL	40	38.00	42

2. 集装箱叉车的结构及工作原理

集装箱叉车与普通叉车在结构上基本一致,只是集装箱叉车的起重量比较大,以适应集装箱质量;货叉不是直接铲取集装箱,而是通过货叉插入集装箱吊具框架中的货叉孔内,利用吊具转锁与集装箱角配件孔连接起来进行搬运,其工作流程图如图 5-31 所示。因此,两个货叉分别以液压缸带动,沿滑架左右移动,以调整两货叉之间的距离,便于准确地插入吊具框架的货叉孔。整个滑架也由液压缸带动左右移动,使吊具易于对准集装箱。由叉车门架的前倾和

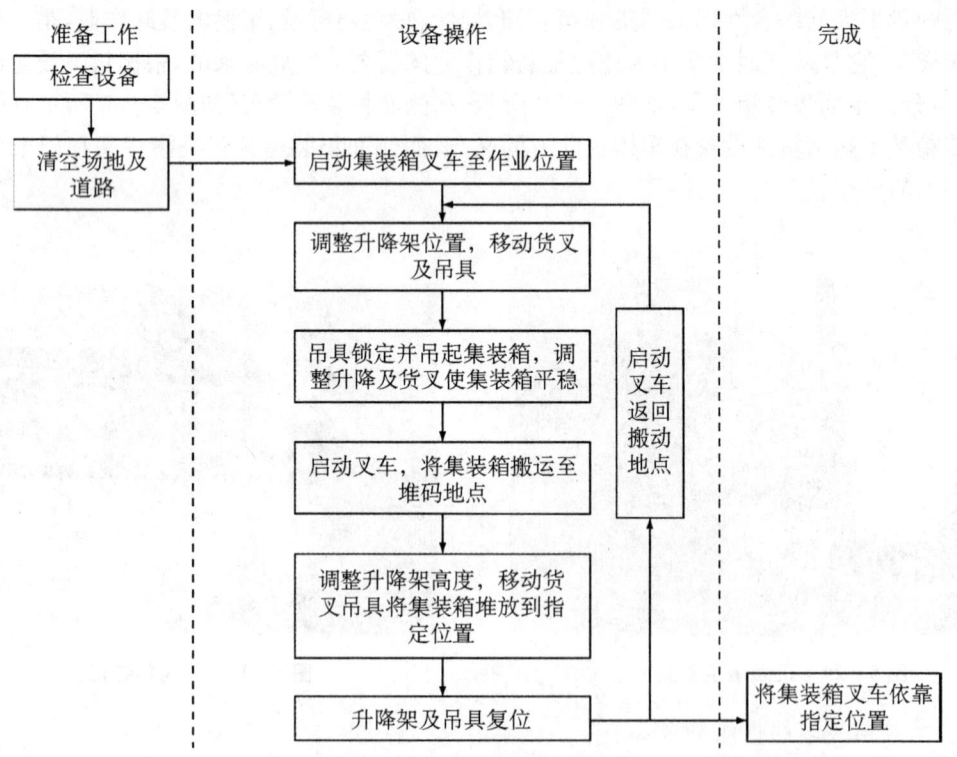

图 5-31 集装箱叉车工作流程图

后倾来实现吊具的横向倾动;纵向倾动是以吊具框架的货叉孔与货叉之间留有较大的间隙来调整。为了使吊具能水平回转,在起重门架两侧装有液压推杆,当左推杆推出(缩回),右推杆缩回(推出)时,整个起重门架便向右(左)转动一个角度,以便对准放歪了的集装箱。

3. 集装箱叉车的特点

集装箱叉车虽然有很多优点,如机动灵活、通用性好、应用广泛、性能可靠、造价低廉等,但也有缺点,如作业时回转半径大、堆场面积利用率低、满载时前轴负荷大、轮压大、液压部件较多、维修复杂、集装箱在装卸时的损坏率较高等。

集装箱叉车特别适用于空箱作业,一般多用于集装箱吞吐量不大的综合性码头。集装箱叉车适用于短距离搬运,合理搬运距离为 50 m 左右,当搬运距离超过 500 m 时使用集装箱叉车搬运是不经济的,通常在这种情况下可采用集装箱牵引车和半挂车配合使用。

(四)集装箱正面吊运机

集装箱正面吊运机是 20 世纪 70 年代中期开发的一种新机型,是一种用于完成集装箱装卸、堆码和水平运输作业的集装箱专用设备,如图 5-32 所示。

图 5-32 集装箱正面吊运机

1. 工作特点

与叉车相比,集装箱正面吊运机具有机动性强、稳定性好、轮压较低、堆码层数高、可隔箱作业、场地利用率高等优点。集装箱正面吊特别适用于场地狭小的集装箱码头和集装箱转运场站。还可在吊具上换装吊钩或加装吊抓,用于大件货物的起吊或连同集装箱半挂车一起起吊,实现公路、铁路联运,但不能用于码头前沿的装卸船作业。其工作流程图如图 5-33 所示。

目前,集装箱正面吊主要还是作为集装箱堆场的辅助作业设备,有很好的发展前景。

2. 结构特点

集装箱正面吊运机的结构特点有以下 6 个方面:

(1) 吊具更灵活。正面吊有可伸缩和左右回转 180°的吊具,悬挂在伸缩臂架上的吊具可绕轴线回转,且可左右移动各 800 mm,几乎可以在任何条件下在集装箱堆场进行作业。

(2) 变幅能力更强。有能带载变幅的伸缩臂架。集装箱的升降运动由臂架伸缩和变幅共同完成,无专门起升机构,伸缩和变幅可同时进行,升降速度大,生产效率高。

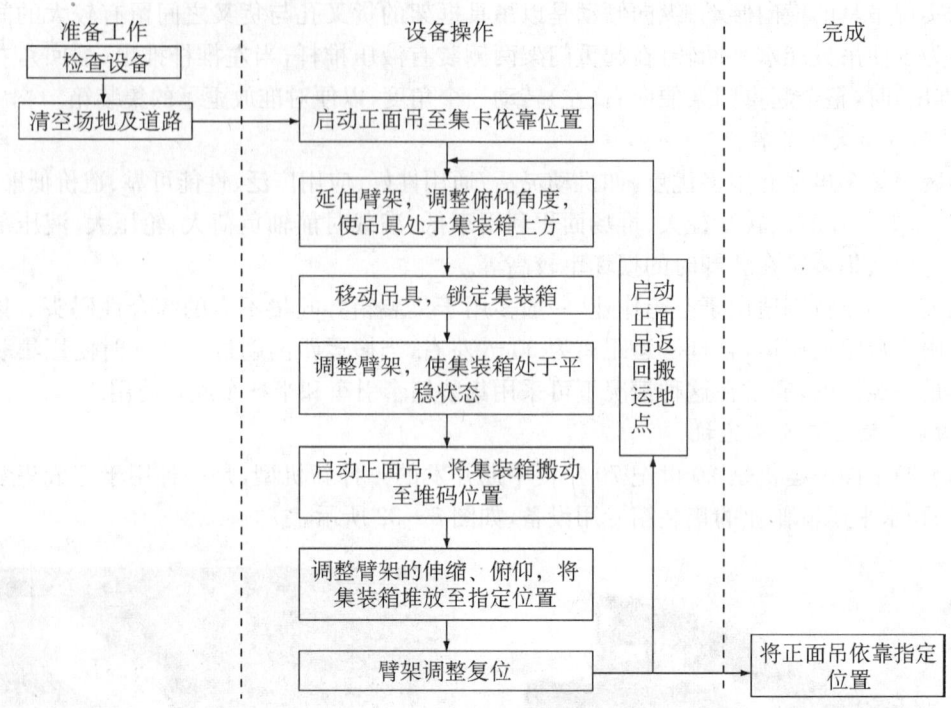

图 5-33 集装箱正面吊工作流程

(3) 作业幅度大,能堆码多层集装箱及跨箱作业。具有集装箱叉式装卸车和跨运车的共同特点,能吊装 4 个或 5 个箱高,且可跨箱作业。

(4) 保护装置完善,能保证作业安全。

(5) 加装吊钩后,可吊装其他重大件货物,能实现所谓集成吊运,即将集装箱连同公路运输的拖车一同吊装上火车。

(6) 轮压低。由于满载后整车的重心位置仍在前后轮之间接近中心处,并有 8 个轮胎接地,因此轮压比叉车低。

5.4 其他集装技术与设备

1. 货捆化

货捆化是集装化的方式之一,主要适用于木材、钢材、建材等货物流通。木材出口国的木材流通多采用货捆化方式。半刚性吊索由交通部门统一制造维修,归铁路所有,货主租用。美国采用"活捆"的方式进行船舶装卸,解决了"死捆"降低仓容利用率的缺点。我国采取自货预垫和绳索预垫等简易方法,实现"三材"的货捆化。自货预垫是指装车前用货物本身(主要是木材、毛竹等)存车船底板和货层之间预垫,将车侧帮旁预隔(将货物与车帮隔开),以便卸车时套索。绳索预垫是装车前将带套扣的绳索预垫在货物下,卸车时吊钩吊住套扣即可将货物直接吊下。钢材、建材、金属制品可用瓦楞纸包覆,然后用金属线捆成集装单元,也可直接捆成货捆。

2. 网袋化

各种袋装货物适用于天然、人造或合成纤维制成的网袋实现集装化;废钢铁等坚硬货物适于用钢丝制成的网袋实现集装化；散货适于用各种材质的集装袋来实现集装化。集装袋的自重和容积都很小，既不占运输工具的有效容积和载重量，又便于回送。所以，网袋化是一种应用普遍的集装化形式。

3. 框架

管件等各种易碎建材产品适于用各种集装框实现集装化；玻璃等适用于各种集装架实现集装化。集装框、集装架多采取网送的办法实现流通。滑板是与托盘尺寸相一致的带翼板（勾舌、卷边）的平板，用以承放货物组成装卸单元。与其相匹配的装卸搬运机械是带推拉器的叉车。叉货时堆拉器的钳口夹住滑板的翼板（勾舌、卷边）将货物拉上货叉，卸货时先对好位，然后叉车后退、推拉器往前推，货物即就位。纸箱装食品、纺织品等包装一致、比重较小的货物可以通过滑板实现集装化。滑板既具有托盘的优点，而且又解决了托盘材料消耗大、流通周转繁杂、占用运载工具净载重、作业场地多等问题，但是与滑板匹配的带推托器的叉车比较笨重，机动性差，作业麻烦，效率低，制约了其应用。

4. 半挂车

半挂车相当于一种带轮的大型集装箱，但按 ISO 定义，不属于集装箱的范畴。对铁路和水运来说，它是平板车和滚装船运输的一种集装化的货物，因而被列为一种集装化方式。但对道路运输来说，它是一种运输工具，即汽车列车或牵引货车。半挂车产生于美国在集装箱大发展以前的 20 世纪 50 年代，铁路为了与汽车竞争，发展了平板货车上装运半挂车的运输形式，在长途货运中发挥了铁路与公路各自的优势。目前，美国铁路拥有的半挂车数和其完成的运量仍然超过集装箱。在加拿大和欧洲、澳大利亚等国家，半挂车也得到了发展。现在铁路平板车和大型货船不仅装运半挂车，而且连牵引车一起装运，形成所谓"滚动公路""浮动公路"，使公路、铁路、水路多种运输方式结合得更加紧密，促进了物流合理化。

【情景小结】

集装单元化，是以集装单元为基础组织的装卸、搬运、储存和运输等物流活动的方式。集装单元化技术是物流管理硬技术（设备、器具等）与软技术（为完成装卸搬运、储存、运输等作业的一系列方法、程序和制度等）的有机结合。本章主要介绍了集装器具三大类，即托盘、集装箱和其他集装技术与设备。在推广应用集装单元化技术的过程中必须注意三个问题：一是要注意集装单元化系统中必须具有配套的装卸搬运设备和运送设备；二是必须注意集装箱和托盘等集装器具的合理流向及回程货物的合理组织；三是必须实行集装箱具的标准化和系列化、通用化。只有随着物流管理技术的不断发展，集装单元化技术才会不断发展和完善，才会实现物流现代化。

【双基练习题】

一、填空题

1. 集装单元化是通过_____，来实现物流功能作业的机械化和自动化的。
2. 双面托盘根据使用面可以分为_____和_____。
3. 我国 2007 年颁布的国家标准《联运通用平托盘主要尺寸及公差》中，将我国联运通用平托盘标准规格定为_____、_____。
4. 根据货物在托盘上堆码的行列配置，可将托盘码垛分为_____、_____、_____

和_____四种基本堆积模型。

5. 托盘按货叉插入口不同分为：_____、_____、_____。

6. 我国集装箱的重量系列中的 5 t 和 10 t 集装箱主要用于_____；20 t(1CC)和 30 t (1AA)主要用于_____。

7. 所谓货物密度，是指货物单位容积的重量，简称_____。

8. 岸边集装箱起重机具有起升机构、_____、_____和_____以及集装箱专用吊具和其他辅助设备。

9. 外伸距是指装卸桥_____向外至_____之间的最大水平距离。

10. 集装箱龙门起重机有_____和_____两种形式。

11. 在岸边集装箱起重机参数中，同一轨道上两个主支承中心线之间的距离是_____。

12. 集装箱码头堆场设备中，_____与普通叉车在基本结构上一致，只是起重比较大，货叉不是直接铲取集装箱的。

二、选择题

1. 托盘中使用量最大的是（   ）。
   A. 平托盘   B. 柱式托盘   C. 箱式托盘   D. 轮式托盘

2. 我国联运托盘的规格尺寸主要有（   ）。
   A. 800 mm×800 mm   B. 800 mm×1000 mm
   C. 800 mm×1200 mm   D. 1000 mm×1000 mm
   E. 1000 mm×1200 mm

3. 下列哪种托盘规格是亚洲国家大力推广和使用的（   ）。
   A. 1200 mm×800 mm   B. 1219 mm×1016 mm
   C. 1200 mm×1000 mm   D. 1100 mm×1100 mm

4. 下列哪种托盘紧固方法多用于航空运输（   ）。
   A. 加框架紧固   B. 网罩紧固   C. 粘合   D. 平托盘周边垫高稳固

5. 集装箱装箱时应注意（   ）事项。
   A. 重量的配置   B. 货物紧固   C. 货物的配装   D. 集装箱清洁

6. 国际海运集装箱按用途不同可以分为不同类型，其中"RF"代表（   ）。
   A. 通用箱   B. 超高箱   C. 敞顶箱   D. 冷藏箱

7. 龙门起重机又称集装箱场地（   ），简称（   ）。
   A. 装卸桥   B. 龙门吊   C. 场桥   D. 门机

8. 在集装箱堆场设备中，（   ）维修较复杂，一般不能带箱行走。
   A. 轮胎式起重机   B. 轨道式起重机   C. 正面吊   D. 集装箱叉车

9. 横梁下面到轨顶面之间的垂直距离是（   ）。
   A. 轨距   B. 内伸距   C. 净空高度   D. 基距

10. 下面设备中不属于集装箱码头堆场设备的是（   ）。
    A. 龙门起重机   B. 集装箱叉车   C. 正面吊   D. 自动分拣机

11. 世界上各种集装箱码头均采用（   ）来承担船舶的集装箱装卸作业。
    A. 船吊   B. 装卸桥   C. 集装箱叉车   D. 正面吊

12. 集装箱叉车作业时货叉前臂至货物重心之间的距离取集装箱宽度的（   ）。

A. 1/2 B. 1/3 C. 1/4 D. 1/5

三、判断题

1. 国际上集装箱运输最常用的是 20 英尺 QC 型和 40 英尺 UA 型的集装箱。为便于统计，将 20 英尺的标准集装箱作为国际标准集装箱的标准换算单位，记为 TEU，称为换算箱或标准箱。（   ）

2. 我国将 1200 mm×1000 mm 和 1100 mm×1100 mm 这两种规格的托盘作为联运通用标准托盘，且规格 1200 mm×1000 mm 为优先推荐的托盘规格。（   ）

四、思考题

1. 托盘的概念、分类与特点？
2. 托盘的码垛与货物紧固的方式？
3. 集装箱的概念以及选择集装箱应考虑的因素？
4. 岸边集装箱装卸桥装船的工作流程是怎样的？（以卸船作业过程为例）
5. 集装箱码头堆场设备主要有哪些？

【实践题】

山东某公司有一批纺织品通过青岛港出口到韩国，约有 10 个集装箱。一般情况下，货物集装箱首先通过外集卡送到青岛港堆场暂存，在接到装船指令后，再由内集卡运到码头前沿进行装船作业。如果你是青岛港口作业区的工作人员，为完成这次纺织品出口集装箱的装船任务，应该选用哪些港口物流设备，遵循怎样的工作流程？

若一组在港口堆场区域工作，一组在码头前沿工作，分组分别说明在港口这两个区域作业完成中设备的选用及使用情况。

【情景演练】

本情景模块是物流系统中的一个关键环节，知识点强，利用多媒体教学手段，将多媒体图片、视频、相关模型相结合，让学生掌握集装箱和托盘的分类和应用场合；通过布置课后作业，进一步加强学生对所学知识的掌握。在授课过程中充分利用校内校外既有物流设备设施，加强实训，使学生能够理论练习实际。

学习情景6 仓储设施与设备

学习内容
【重点】
☆ 主要的仓储设备:货架的分类;常用的堆垛机;AGV 小车特点及应用;自动化立体仓库的概念、分类与特点
【难点】
☆ 仓库选址

学习目标
☆ 了解仓库分类及不同仓库的特点
☆ 对仓库的选址有一定的理解
☆ 建立对仓库设施设备的初步认识
☆ 对货架、仓库堆垛机、AGV 小车、自动分拣设备等仓库常用设备建立一定的感性认识
☆ 了解自动化立体仓库的概念、分类与特点

章前导读

近年来,哈萨克斯坦经济发展迅速,该国政府因势利导,启动了多个政治经济项目。哈萨克斯坦中亚物流管理(CALM)公司便负责其中的 CALM 物流园项目(位于阿拉木图国际机场附近)。CALM 物流园仓储面积高达 48 500 平方米,其仓储配送设施可存储总计 70 000 托盘的货物。物流园约有 200 位员工,月周转量为 25 000 托盘。除了拥有便捷的陆路交通线通往公路公共运输网外,该园区还有集装箱物流园及专门的铁路,可满足货架仓储、地板堆积仓储、零部件仓储、冷冻仓储及客户定制仓储等各种仓储需求。目前 CALM 物流园已经成为哈国物流行业的领先者,这与一家名为永恒力的物流设备公司给予的专业支持密不可分。

永恒力是一家总部位于汉堡,运营机构遍布世界各地的物流设备及服务提供商。物流园刚开始建设时,CALM 公司中并没有人有过建设如此大规模物流园区的经验,由于欧洲与中亚物流作业流程类似,他们选择了与永恒力公司进行合作,从而获得了很多永恒力给予的物流技术支持,并将永恒力作为主要的物流设备提供商,采购了大量的电动平衡重叉车、步行式堆垛机、托盘车、前移式叉车等设备。

其中,永恒力手动托盘车 AM 2200 主要用于 CALM 物流园的卸货点卸车作业,利用其卸货后随即进行验收,合格后则通过永恒力前移式叉车 ETV 320 搬运至指定地点。发货时采用相反步骤和同样的路线。

CALM 公司之所以选择永恒力前移式叉车,不仅因其具有卓越的性能,"还因为该款叉车采用了为操作人员量身定做的人性化设计",永恒力经销商 Oleg Zaytsev 表示。永恒力叉车的踏板更低,便于操作人员上下车。驾驶舱配备了可调节三折叠座椅、可调节扶手、多功能操作手柄 MULTI-PILOT 以及可纵向、横向无级调节的方向盘。

CALM 与永恒力最初签署的是响应式维修支持协议。"当我们根据实际情况判断需要现场支持时会立即派维修工程师前往现场。这是一种典型的维修服务协议",Oleg Zaytsev 表示。据称,永恒力提供的维修服务非常及时,迄今为止两家公司间从未发生过任何维修服务纠纷。

CALM 的案例可以看出,在进行物流设备选型时,并非要追求技术先进或价格低廉等单一因素,而是要将设备选型视为一项系统工程,从作业需求、设备性能、价格、操作易用性、作业可靠性、售后服务及是否环保等多方面综合考虑。同时,要注意从细节方面考察产品(比如对永恒力叉车踏板低的考量)。此外,选择一家有实力有经验的设备提供商作为稳固的合作伙伴,能够在售后服务、技术支持等方面带来额外的好处,也许能够成为推动企业发展的关键因素。

 相关知识

6.1 仓库

6.1.1 仓库的概述

仓库(warehouse)是保管、储存物品的建筑物和场所的总称(如图 6-1 所示)。仓库是社会产品出现剩余之后产品流通的产物,当产品不能被及时消耗掉,需要专门的场所存放时,就产生了静态仓库。将物品存入仓库并进行保管、控制、提供使用时,便形成了动态仓库。

现代仓库更多地考虑经营上的收益而不仅为了储存,这是同旧式仓库的区别所在。因此,现代仓库从运输周转、储存方式和建筑设施上都重视通道的合理布置,货物的分布方式和堆积的最大高度,并配置经济有效的机械化、自动化存取设施,以提高储存能力和工作效率。仓库由储存物品的库房、运输传送设施(如吊车、电梯、滑梯等)、出入库房的输送管道和设备以及消防设施、管理用房等组成。

图 6-1 仓库

6.1.2 仓库的分类

仓库按照自身功能和特点的不同,有多种分类形式。物流企业或企业的物流部门可以根据自身的条件和仓库的功能来选择或者租用、自建不同类型的仓库。仓库具体的分类形式如表 6-1 所示。

表 6-1 仓库分类

分类方式	仓库类型	分类方式	仓库类型
按仓库使用范围	自用仓库	按仓库建筑结构	封闭式仓库
	营业仓库		半封闭式仓库
	公共仓库		露天式仓库
	出口监管和保税仓库	按库内形态	地面型仓库
按仓库所处领域	流通领域仓库		货架型仓库
	生产领域仓库		自动化立体仓库
按仓库保管条件	普通仓库	按仓库功能	集货、分货中心
	保温、冷藏、恒湿恒温仓库		转运中心
	特种仓库		加工中心
	气调仓库		储调中心
按保管物品种类	综合库		配送中心
	专业库		物流中心

6.1.3 仓库的功能

仓库作为物流服务的据点,在物流作业中发挥着重要作用。它不仅具有储存、保管等传统功能,而且还具有拣选、配货、分类、检验、信息传递等功能并具有多品种小批量、多批次小批量等配送功能以及附加标签、重新包装等流通加工功能。一般来讲,仓库具有以下功能:

(一)储存和保管的功能

这是仓库最基本的传统功能。在仓库作业时,防止搬运和堆放时碰坏、压坏物品,从而要求搬运机械和操作方法的不断改进和完善,提高存储和保管能力。仓库具有一定的空间,用于储存物品,并根据物品的特性,仓库内还配有相应的设备,以保持储存物品的完好性,如储存精密仪器的仓库需要防潮、防尘、恒温等,应设置空调、恒温等控制设备。

(二)配送和加工的功能

现代仓库不仅具有储存和保管货物的设备,而且还增加了分袋、配套、捆装、流通加工、移动等设施。这样,既扩大了仓库的经营范围,提高了物资的综合利用率,又方便了消费者,提高了服务质量。

(三)调节货物运输能力的功能

各种运输工具的运输能力差别较大,船舶的运输能力很大,一般都在万吨以上,火车的运输能力较小,每车厢能装 10—60 吨,一列火车的运量多达几千吨,汽车的运输能力相对较小,一般在 10 吨以下。它们之间运输能力的差异,也是通过仓库调节和衔接的。

（四）信息传递的功能

在处理有关仓库管理的各项事物时,需要及时而准确的仓库信息,如仓库利用水平、进出货频率、仓库的地理位置、仓库的运输情况、顾客需求状况以及仓库人员的配置等,这对一个仓库管理能否取得成功至关重要。

6.1.4 仓库设置的原则

仓库建设规划就是从空间和时间上对仓库的新建、改建和扩建进行全面系统的规划。仓库的合理规划和建设对一个企业、一个地区,甚至是一个国家和区域的物流活动都会产生深远的影响。仓库的设置具有很多特定的功能,功能能否实现在于企业在进行位置的选择和仓库的布局规划时,遵循以下原则：

（一）一致性和长远性

为使企业的仓库建成之后能够满足地区的需求,适应当地生产力发展水平,仓库的规划与建设必须与服务对象、经济地理条件、生产力发展水平和发展规划相一致。

另外,仓库的规划和建设要具备一定的战略眼光。仓库的建设需要花费相当大的固定成本,并且建成后很难发生改变,而仓库规划和建设不仅要满足当前企业的需要,还要考虑企业和地区的今后发展规模和发展趋势。因此,仓库规划要遵守长远性、战略性的原则。

（二）服务性

物流基础设施设备的建设水平是制约物流服务水平的主要因素。仓库的建设是为满足生产和流通的需要而设定的,因而仓库的建设必须符合市场需求以及客户的服务要求,服务不足和服务超前都会影响企业的物流服务能力,不能满足企业的仓储系统建设的要求和目的。

（三）经济性

仓库规划与建设会占用大量固定成本,对所属企业和地区都会产生长期的影响,因而仓库规划在可行性和适用性的基础上要充分考虑经济效益,使得成本投入和效益产出尽量满足企业的营运目标。

（四）科学性和可行性

仓库建设规划必须是在考虑当地生产力发展水平的基础上,考虑实际需求,应用科学合理的方法和原理,进行项目的分析、计算,提出可行性方案,再通过项目评估和比较,选择出最优方案。同时在应用科学方式和原理进行规划的同时,还要考虑企业或地区的实际状况,与整体的物流系统水平相协调,在资金、仓储设施设备、仓储技术与管理等各方面具有较强的可行性。

6.1.5 仓库选址

仓库选址由于受到环境、方法和相关政策问题的影响而变得相当复杂。仓库的地理位置对企业的服务能力和水平有重要影响,并且对于企业的未来发展也有重要意义,因此,必须利用科学、有效的方式选择仓库的地理位置。

仓库选址一方面要考虑仓库本身建设和运行的总成本,另一方面还要考虑仓库建成后的运送速度和服务能力,以便企业保证仓库设置的经济性与可行性。

（一）仓库选址的基本依据

1. 选择国家

随着生产全球化的趋势不断增强,在全球范围内选择建设仓库的地点已经成为许多跨国连锁经营企业面对的问题。如星巴克，在全球范围内选择建库地址时，需要考虑以下问题：① 各国政府的政策以及政策的稳定性；② 各国的文化和经济问题；③ 各国在全球市场中的重要程度；④ 劳动供给情况，包括劳动力的工作能力、工作态度和成本；⑤ 生产供应能力和通信技术水平；⑥ 税收、汇率等情况。

2. 选择地区

在一个国家里，不同地区、不同城市的生产力发展水平可能存在较大差异，所以要根据以下因素进行选择：① 企业目标；② 地区吸引力，包括文化、税收、气候等因素；③ 劳动力供应及其成本；④ 公用设施的供应及其成本；⑤ 土地及建筑成本；⑥ 环境管理措施，因为环境管理等非量化因素有可能对仓库选址产生更为明显的影响。

3. 选择具体位置

一个城市的东西南北均存在各个方面的差异，因此在选择仓库地址时要注意的因素主要包括：① 场所的大小和成本；②（高速）公路、铁路、水路和空运系统；③ 与外部协作方的距离；④ 环境影响因素，包括地形、地质、气象、污染源及污染程度等；⑤ 劳动力的态度。

(二) 仓库选址的步骤

1. 调查准备

(1) 组织准备。由投资策划方组织相关的工程技术人员、系统设计人员和财务核算人员成立一个专门的工作小组。

(2) 技术准备。根据拟新建仓库的任务量大小和拟采用的储存技术、作业设备对仓库需占用的土地面积进行估算。调查了解仓库所处地区的自然环境、协作条件、交通运输网络、地震、地质、水文、气象等资料。

(3) 现场调查。现场调查的主要任务是具体考察拟建仓库地点的实际情况，为提出选址报告掌握第一手资料，并进行综合分析确定多个备选地址。

2. 提出选址报告

仓库选址报告应该包括以下内容：

(1) 选址概述。这一部分要简单扼要地阐述选址工作组的组成，选址工作进行的过程，选址的依据和原则，简单介绍可供选择的几个地点，并推荐一个最优方案。

(2) 选址要求及主要指标。说明为了适应仓库作业的特点，完成仓储生产任务，备选地点应满足的基本要求，简述各备选地址满足要求的程度。列出选址的主要指标，如仓库总占地面积、仓库存储能力、仓库职工总数、水电需用量等。

(3) 仓库库区位置说明及平面图。这部分说明仓库库区的具体方位，四周距主要建筑物及大型设施的距离，附近的地形、地貌、地物等，并画出区域位置图。

(4) 建设时占地及拆迁情况。这部分要说明仓库建设占地范围内的耕地情况、拆迁户数及人口数，估算征地和拆迁费用。

(5) 当地地质、地震、气象和水文情况。这部分包括备选地的地质情况、地震烈度、气温、降水量、汇水面积、历史洪水水位等。

(6) 交通及通信条件。这部分要说明备选地的铁路、公路、水运及通信的设施条件和可利用程度。

(7) 地区协作条件。这部分要说明备选地供电、供水、供暖、排水等协作关系以及职工福利设施共享的可能程度。

(8) 方案对比分析。对提出的几个备选地址,依照已经确定的原则和具体指标进行对比分析,分析每个仓库方案的利弊。

(三) 评估选址方案的方法

1. 确定单一仓库地址

在现有用户中确立一个仓库:可用总距离最短、总运输周转量最小、总运输费用最小来计算。确立一个新的仓库地址:可用因素比重法、重心法、盈亏平衡分析法、微分法和运输模型法来进行评估选址。

(1) 因素比重法。选址中要考虑的因素很多,但是总是有一些因素比另一些因素相对重要。决策者要判断各种因素孰轻孰重,从而使评估更接近现实。这种方法有6个步骤:

① 列出所有相关因素;
② 赋予每个因素以权重以反映它在决策中的相对重要性;
③ 给每个因素的打分取值设定一个范围;
④ 用③设定的取值范围根据各个因素给每个地址打分;
⑤ 将每个因素与权重相乘,计算每个备选地址的得分;
⑥ 确定最优结果。

(2) 重心法。重心法是单设施选址中常用的模型。在这种方法中选址因素只包含运输费率和该点的货物运输量,在数学上被归纳为静态连续选址模型。

该方法的原理是:假设有一系列点分别代表供应商和需求商的位置,各自有一定量物品需要以一定的运输费率运往待定仓库或从仓库运出,那么应用下面的公式来确定仓库的位置:

$$\min TC = \sum_i V_i R_i d_i \qquad (6-1)$$

式中:TC——总运输成本;
　　　V_i——i 点的运输量;
　　　R_i——到 i 点的运输费率;
　　　d_i——从拟建的仓库到 i 点的距离。

$$d_i = \sqrt{(x-x_i)^2 + (y-y_i)^2} \qquad (6-2)$$

式中:x,y——新建仓库的坐标;
　　　x_i,y_i——供应商和需求点位置坐标。

2. 确立多个备选仓库地址

对于大多数企业而言,在仓库网点规划时要决定两个或多个仓库的选址问题。这个问题虽然很复杂,而且解决方法都并非完善,但精确法、多重心法、混合—整数线性规划法、模拟法、启发法还是具有参考价值的。

6.1.6　仓库内部设计

(一) 仓库库区总体布局

仓库库区总体布局是指在城市规划管理部门批准使用地的范围内,按照一定的原则,把仓库的各种建筑物、道路等各种用地进行合理协调的系统布置,使仓库的各项功能得到发挥。

1. 仓库库区构成

仓库库区由储运生产区、辅助生产区和行政商务区构成。储运生产区主要进行装卸货、入库、拣选、流通加工、出库等作业,这些作业一般具有流程性的前后关系。辅助生产区和行政商务区内主要进行计划、协调、监督、信息传递、维修等活动,与各储运生产区有作业上的关联性。

2. 影响仓库总体布局的主要因素

(1) 周围环境。仓库周围的环境包括四邻及附近产生有害气体、固体微粒、震动等情况,以及交通运输条件和协作方的分布等。

(2) 存货特点。存货特点指仓库建成后存放的物品性质、数量以及所要求的保管条件。

(3) 仓库类型。仓库类型指仓库本身的性质特点,例如综合仓库与专业仓库就会有明显的不同。

(4) 作业流程。作业流程指仓库作业的构成及相互关系。

(5) 作业手段。自动化、机械化和人工作业在布局方面会有质的差别。

(二) 总体布局的基本原则

(1) 便于储存保管。仓库的基本功能是对库存进行储存保管。总体布局要为保管创造良好的环境,提供适宜的条件。

(2) 利于作业优化。仓库作业优化指提高作业的连续性,实现一次性作业,减少装卸次数,缩短搬运距离,使仓库完成一定的任务所发生的装卸搬运量最少。同时还要注意各作业场所和科室之间的业务联系和信息传递。

(3) 保证仓库安全。仓库安全是一个重要的问题,其中包括防火、防洪、防盗、防爆等。总体布局必须符合安全部门规定的要求。

(4) 节省建设投资。仓库中的延伸性设施——供电、供水、排水、供暖、通信等设施对基建投资和运行费用的影响都很大,所以应该尽可能集中布置。常见仓库平面布局如图6-2所示。

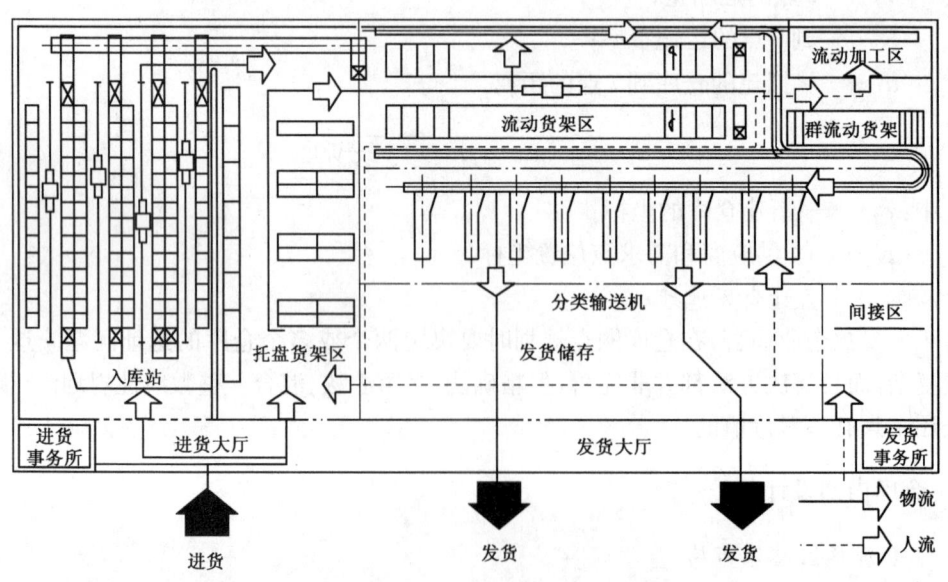

图6-2 仓库平面布局

(三) 仓库面积的组成及计算

1. 实用面积

实用面积指仓库中货垛或货架占用的面积。实用面积的计算主要有三种方法。

(1) 计重物品就地堆码

实用面积按仓容定额计算,公式为

$$S_{实} = Q/Q_{定} \tag{6-3}$$

式中:$S_{实}$——实用面积(m^2);

Q——该种物品的最高储备量(t);

Q——该种物品的仓容定额(t/m^2)。

仓容定额是某仓库中某种物品单位面积上的最高储存量,单位是 t/m^2。不同物品的仓容定额是不同的,同种物品在不同的储存条件下其仓容定额的大小受物品本身的外形、包装状态、仓库地坪的承载能力和装卸作业手段等因素的影响。

(2) 计件物品就地堆码

实用面积按可堆层数计算,公式为

$$S_{实} = 单件底面积 \times \frac{总件数}{可堆积层数} \tag{6-4}$$

(3) 上架存放物品

上架存放物品要计算货架占用面积,公式为

$$S_{实} = \frac{Q}{(l \cdot b \cdot h) \cdot k \cdot r} \cdot (l \cdot b) \tag{6-5}$$

式中:$S_{实}$——货架占用面积(m^2);

Q——上架存放物品的最高储备量;

$l \cdot b \cdot h$——货架的长、宽、高(m);

k——货架的容积充满系数;

r——上架存放物品的容积(t/m^2)。

2. 有效面积

有效面积是指仓储作业占用面积,包括实用面积、通道、检验作业场地面积之和。计算方法主要有以下几种:

(1) 比较类推法。比较类推法以现已建成的同级、同类、同种仓库面积为基准,根据储量增减比例关系,加以适当调整来推算新建库的有效面积。公式为

$$S = S_0 \cdot \frac{Q}{Q_0} \cdot k \tag{6-6}$$

式中:S——拟新建仓库的有效面积(m^2);

S_0——参照仓库的有效面积(m^2);

Q——拟新建仓库的最高储备量(t);

Q_0——参照仓库的最高储备量(t);

k——调整系数(当参照仓库的有效面积不足时,$k>1$;当参照仓库的有效面积有余时,$k<1$)。

(2) 系数法。系数法是根据实用面积及仓库有效面积利用系数计算拟新建仓库的有效面积。公式为

$$S = \frac{S_实}{\alpha} \tag{6-7}$$

式中:S——拟新建仓库的有效面积(m^2);

$S_实$——实用面积(m^2);

α——仓库有效面积利用系数,即仓库实用面积占有效面积的比重。

(3) 直接计算法。先计算出货垛、货架、通道、收发作业区、垛距、墙距所占用的面积,然后将它们相加求和。

6.1.7 自动化立体仓库

立体仓库是指采用高层货架以货箱或托盘储存货物,用巷道堆垛起重机及其他机械进行作业的仓库。自动化立体仓库又称高层货架仓库、自动仓储 AS/RS(如图 6-3 所示)。它是一种用高层立体货架储存物资,用计算机系统管理和控制堆垛运输车,不需要人工搬运作业,而实现货物存取作业的仓库。它的功能已从单纯的物资储存保管,扩展到物品的接收、分类、计量、包装、分拣、配送等多种功能。

图 6-3 自动化立体仓库

(一) 自动化立体仓库的分类

自动化立体仓库的分类如表 6-2 所示。

表 6-2 自动化立体仓库的分类

分类标准	类 型	说 明
按照建筑形式分	整体式	整体式立体仓库高度在 12 m 以上,其仓库货架与仓库建筑物构成一个不可分割的整体,外墙既是货架,又是库房屋顶的支撑
	分离式	分离式立体仓库高度在 12 m 以下,但也有 15 m 的。分离式仓库的货架是独立的,主要用于高度不大或已经有建筑物的情况
按照库房高度分	低层	5 m 以下为低层
	中层	5~12 m 为中层
	高层	12 m 以上为高层

(续表)

分类标准	类型	说明
按照库存容量分	大型	5 000托盘以上的为大型
	中型	2 000～5 000托盘的为中型
	小型	库存容量在2 000托盘(货箱)以下的为小型
按照控制方法分	手动控制	
	自动控制	
按照仓库在生产和流通中作用分	单纯储存用的仓库	货物在单元形式的货架上储存一定的时间,需要时便出库,主要应用于生产和储备
	储存兼选配的仓库	一般用于流通领域中的商品配送
按照货架的形式分	单元式货架仓库	货架沿仓库的宽度方向分为若干排,每两排货架为一组,其间有一条巷道,供堆垛起重机或其他起重机械作业。每排货架沿仓库长度方向分为若干列,沿垂直又分为若下层,从而形成大量货格,用以储存货物
	活动式货架仓库	货架是可动的,其货架可在轨道上移动,使仓库面积利用率提高
	重力式货架仓库	存货通道带有一定的坡度,由入库起重机装入通道的货物单元能够在自重作用下,自动地从入库端向出库端移动,直至通道的出库端或者碰到已有的货物单元停住为止
	拣选式货架仓库	

(二) 自动化立体仓库的构成

(1) 货物储存系统,由立体货架的货格(托盘或货箱)组成。货架按照排、列、层组合构成立体仓库储存系统。

(2) 货物存取和传送系统,承担货物存取、出入仓库的功能,由有轨或无轨堆垛机、出入库输送机、装卸机械等组成。

(3) 控制和管理系统,有的仓库只采取对存取堆垛机、出入库输送机的单台PLC控制;有的仓库对各单台机械进行联网控制;更高级的自动化立体仓库采用集中控制、分离式控制和分布式控制,即由管理计算机、中央控制计算机对堆垛机、出入库输送机等直接控制组成控制系统。

(4) 消防系统,自动化仓库大都采用自动消防系统。

(5) 照明系统,通风及采暖系统,动力系统及其他设施,包括给排水设施、避雷接地设施和环境保护设施等。

(三) 自动化立体仓库的优缺点

自动化立体仓库的优缺点如表6-3所示。

表 6-3 自动化立体仓库的优缺点

	描 述
优点	1. 能充分利用仓库的地面和空间,可节省库存占地面积,提高空间利用率
	2. 仓库作业的机械化和自动化减轻了工人的劳动强度,节约劳力,缩短作业时间
	3. 物品出入库迅速、准确,减少了车辆待装待卸时间,能够准确地对各种信息进行存储和管理,可减少货物处理和信息处理中的差错,并且加快了处理各种业务活动的速度,缩短了交货时间,提高了仓库的管理水平
	4. 借助于计算机管理还能有效地利用仓库的储存能力,便于清点和盘库,合理减少库存,降低储存费用,加快货物和资金周转
	5. 以适应特殊环境下的作业,如高温、低温作业,剧毒、放射性和腐蚀性等物资的储存
	6. 采用计算机管理
缺点	1. 结构复杂,配套设备多,需要的基建和设备投资高
	2. 货架安装精度要求高,施工比较困难
	3. 储存货物的品种受到一定限制,对长、大、笨、重货物以及要求特殊保管条件的货物,必须单独设立储存系统
	4. 对仓库管理和技术人员要求较高,必须经过专门培训才能胜任
	5. 自动化仓库要充分发挥其经济效益,就必须与采购管理系统、配送管理系统、销售管理系统等管理咨询系统相结合,但管理咨询系统的建设需要大量投资

因此,在选择建设自动化立体仓库时,首先必须综合考虑自动化立体仓库在整个企业中的营运策略地位和设置自动化立体仓库的目的,不能为了自动化而自动化。而后再详细斟酌建设自动化立体仓库所带来的正面影响和负面影响。最后,还要考虑相应采取的补救措施。所以,在实际建设中必须进行详细的方案规划,进行综合测评,最终确定建设方案。

6.2 货架

6.2.1 货架概述

货架泛指存放货物的架子。在仓库设备中,货架是指专门用于存放成件物品的保管设备。随着现代工业的迅猛发展,物流量的大幅度增加,为实现仓库的现代化管理,改善仓库功能,不仅要求货架数量多,而且要求具有多功能,并能实现机械化、自动化要求,因此货架在仓储系统以至整个物流系统或生产工艺流程中有着重要的地位。

货架的基本功能有:① 物品能整理分类储存,可一目了然,防止遗忘;② 能预订储存物品位置,方便管理;③ 物品能立体储存,有效利用空间;④ 可防止物品因多层叠放而压伤变形;⑤ 可快速取出所需物品,而不必移乱其他物品;⑥ 能配合搬运设备来存取物品,节省人力和时间。

6.2.2 货架的分类

货架的种类很多,以满足各种不同的物品、储存单位、承载容器及存取方式的需求。

(1) 按货架的发展分:

① 传统式货架包括:层架、层格式货架、抽屉式货架、橱柜式货架、U 形架、悬臂架、栅架、鞍架、气罐钢筒架、轮胎专用货架等。

② 新型货架包括:旋转式货架、移动式货架、装配式货架、调节式货架、托盘货架、进车式货架、高层货架、阁楼式货架、重力式货架、屏挂式货架等。

(2) 按货架高度分:

低层货架:高度在 5 米以下;

中层货架:高度在 5～15 米;

高层货架:高度在 15 米以上。

(3) 按货架重量分:

重型货架:每层货架载重量在 500 公斤以上;

中型货架:每层货架(或搁板)载重量 150～500 公斤;

轻型货架:每层货架载重量在 150 公斤以下。

(4) 按货架的可动性分:固定式货架、移动式货架、旋转式货架、组合货架、可调式货架、流动储存货架等。

(5) 按货架与构筑物关系分库架合一的整体式货架和库架分离的分离式货架两类。

(6) 按货架每一货格内的货位数分立体货架可分为单货位式和多货位式两种。

(7) 按货架材料分类,可分为钢货架、钢筋混凝土货架和合式货架。

(8) 钢架货架按其制作与装配不同分焊接式货架与组合式货架两类。

6.2.3 几种典型货架

(一) 立体货架

仓库的储存方式自平面储存向高层化立体储存发展以来,立体货架即成为立体仓库的主体。满足不同功能要求的各种不同形式的货架所组成的多种多样的自动化、机械化仓库,已成为仓储系统以至整个物流系统或生产工艺流程中的重要环节。如图 6-4 所示。

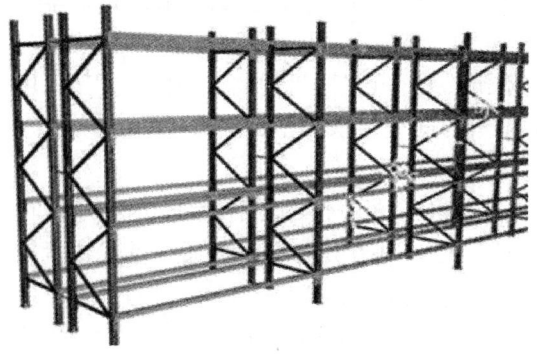

图 6-4 立体货架

图 6-5 托盘货架

(二) 托盘货架

托盘货架是最常用的选取式货架,可以自由选取存放在货架任意位置的托盘货物,如图 6-5 所示。目前都采用自行组合方式,易于拆卸和移动,可按物品堆码的高度,任意调整横梁位置,又可称为可调式托盘货架。

托盘货架的主要特点是:可任意调整组合;架设施工简易、费用经济;出入库存取不受物品先后顺序的限制,能满足先进先出(FIFO)的要求;适用于叉车存取;货架高度受限,一般在6 m以下;货架撑脚需加装叉车防撞装置。托盘货架广泛应用于制造业、第三方物流和配送中心等领域,既适用于多品种小批量物品,又适用于少品种大批量物品的存放。托盘货架在高位仓库和超高位仓库中应用最多。

(三) 重力式货架

重力式货架的每一个货格就是一个具有一定坡度的存货滑道。入库起重机装入滑道的货物单元能够在自重作用下,自动地从入库端向出库端移动,直至滑道的出库端或者碰上已有的货物单元停住为止,如图 6-6 所示。位于滑道出库端的第一个货物单元被出库起重机取走之后,在它后面的各个货物单元便在重力作用下依次向出库端移动一个货位。为减少货物与货架之间的摩擦力,在存货滑道上设有辊子或滑轮(如图 6-7 所示)。

图 6-6 重力式货架

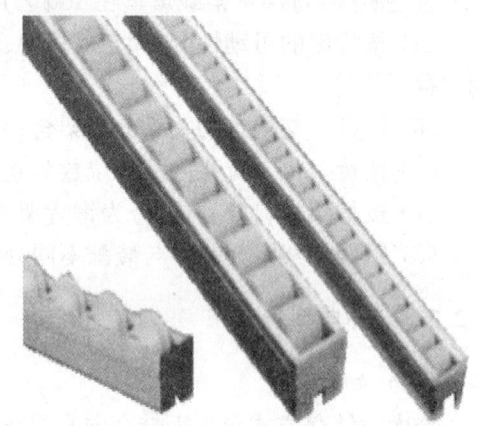

图 6-7 重力式货架滑道

在重力式货架中,每个存货滑道只能存放同一种货物。重力式货架优点是进入货格后的货物都处于流动状态,存取迅速,保证先进先出,有利于保管短期出货的货物。缺点是货架总深度(即导轨长度)不宜过大,否则不可利用的上下"死角"会较大,影响空间利用率,且坡道过长,下滑的可控性会较差,下滑的冲力较大,易引起下滑不畅,阻住托盘货物的倾翻。货架深度及层数按需要而定。重力式货架适用于少品种、大批量的同类货物的存储。

(四) 贯通式货架

贯通式货架具有在相同的空间内比通常的托盘货架几乎多一倍的储存能力,因为取消位于各排货架之间的巷道,将货架合并在一起,使同一层、同一列的货物互相贯通。贯通式货架系统的稳定性是所有种类货架中较为薄弱的,因此货架不宜过高,一般在 10 m 以内,另外系统中还需加设拉固装置。如图 6-8 所示。贯通式货架排布密集,承载能力强,空间利用率极高,适用于存储大批量、少品种同类型货物。

图 6-8　贯通式货架

贯通式货架的特点如表 6-4 所示。

表 6-4　贯通式货架的特点

贯通式货架的特点	1. 在支承导轨上，托盘按深度方向存放，一个紧接着一个，使得高密度存储成为可能
	2. 货物存取从货架同一侧进出，先存后取、后取先存，平衡重及前移式叉车可方便地驶入货架中间存取货物，无须占用多条通道
	3. 贯通式货架全插接组装式结构，柱片为装配式结构，靠墙区域的货架总深度一般最好控制在 10 个托盘深度以内，以提高叉车存取的效率和可靠性

（五）阁楼式货架

这是一种充分利用空间的简易货架（如图 6-9 所示）。阁楼式货架是用货架做楼面支承，可设计成多层楼层（通常 2—3 层）。在已有的货架或工作场地上建造一个中间阁楼以增加储存面积。阁楼楼板上一般可放轻泡及中小件货物或储存期长的货物，可用叉车、传输带、提升机、电动葫芦或升降台提升货物。阁楼上一般采用轻型小车或托盘牵引小车作业。

图 6-9　阁楼式货架

阁楼式货架的特点：提高仓储高度，增加仓库空间使用率；上层仅限轻量物品储存，不适合重型搬运设备行走；上层物品的搬运必须加装垂直输送设备；储物形态为托盘、纸箱、包、散品等。

（六）移动式货架

移动式货架易控制，安全可靠。每排货架有一个电机驱动，由装置在货架下的滚轮沿铺设在地面上的轨道移动（如图 6-10 所示）。其突出的优点是提高了空间利用率，一组货架只需一条通道；而固定式托盘货架的一条通道，只服务于通道内两侧的两排货架。所以在相同的空间内，移动式货架的储存能力比一般固定式货架高很多。移动式货架在存取货物时需移动货架，所以存取货物时间要比一般货架长，还需要有移动和驱动装置。

图 6-10 移动式货架

移动式货架的特点：节省场地面积；可直接存取每一项货物，不受先进先出的限制；使用高度可达 12 m，单位面积的储存量比托盘货架大 2 倍左右；机电装置多、维护困难；建造成本高、施工速度慢；储物形态为托盘。

（七）悬臂式货架

悬臂式货架是由在立柱上装设悬臂构成的，悬臂可以是固定的，也可以是移动的。由于其形状像树枝，故又形象地称为树枝形货架，如图 6-11 所示。该货架适合于存放钢管、型钢等长形的物品；若要放置网形物品时，在其臂端设挡块以防止滑落。悬臂可以是单面的，也可以是双面的，悬臂式货架具有结构稳定，载重能力好，空间利用率高等特点。货物存取由叉车、行车或人工进行。货架高度通常在 2.5 m 以内（如由叉车存取货则可高达 6 m），悬臂长度在 1.5 m 以内，每臂载重通常在 1 000 kg 以内。此类货架多用于机械制造行业和建材超市等。悬臂式货架的优点是加了隔板后，特别适合空间小、高度低的库房，管理方便，视野宽阔，与普通隔板式货架相比，利用率更高。悬臂式货架的不足是只是用于长条状或长卷状货品存放；需配有叉距较宽的搬运设备；高度受限。

图 6-11 悬臂式货架

（八）旋转式货架

旋转式货架设有电力驱动装置（驱动部分可设于货架上部，也可设于货架底座内）。货架沿着由两个直线段和两个曲线段组成的环形轨道运行，由开关或用计算机操纵（如图 6-12 所示）。存取货物时，把货物所在货格的编号由控制盘或按钮输入，该货格则以最近的距离自动旋转至拣货点停止。由于通过货架旋转改变货物的位置来代替拣选人员在仓库内的移动，拣货路线短、效率高,并能够大幅度降低拣选作业的劳动强度,拣货不容易出现差错。

 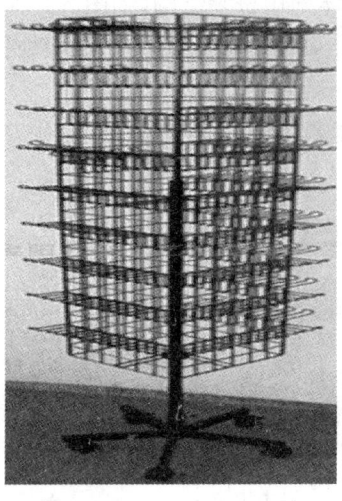

图 6-12 旋转式货架

旋转式货架适用于小物品的存取,尤其对于多品种的货物更为方便;储存密度大;货架间不设通道,易管理、投资少;由于操作人员位置固定,故可采用局部通风和照明来改善工作条件,并且节约了大量能源。

旋转式货架分为整体旋转式(整个货架是一个旋转整体)和分层旋转式(各层分别设驱动装置,形成各自独立的旋转体系),其中整体旋转式又分为水平旋转式(货架的旋转轨迹平行于地面,即其旋转轴垂直于地面)和垂直旋转式(货架的旋转轨迹垂直于地面,即其旋转轴与地面平行),可根据具体要求而选定。

(九)组合式货架

有些仓库储存的货物品种、规格、形式、大小经常发生变化,或者把某些建筑物作为临时性仓库,这都需要组合式货架,使货格可根据货物的大小而随时调整尺寸。临时性仓库可根据需要装配和拆掉货架。这些情况下就可以采用组合式货架。

组合式货架的基本构造是带孔型的钢立柱,再加以横梁、隔板和其他各种附件,可组成能用性很强的各种货架。它的主要特点是安装和拆除快速和简便。如图 6-13 所示。

图 6-13 组合式货架

（十）抽屉式货架

抽屉式货架整体采用拼装结构（如图6-14所示）。货架的抽屉底部设有滑轨，层板通过滑轨可滑出货架，货架自身装备吊车，可轻便地使货物上下移动。

图6-14 抽屉式货架

图6-15 横梁式货架

（十一）横梁式货架

横梁式货架是以存取托盘货物为目的的专业仓库货架（每个托盘为一个货位，因此又被称为货位式货架）（如图6-15所示）。横梁式货架由柱片（立柱）、横梁组成。横梁式货架结构简洁，安全可靠。

货架在仓储设备的总体投资中所占比例最大，投资约占整个仓库设备投资的1/3~2/3，消耗钢材最多。所以根据存储方式和货物形状、体积、重量及库房面积等，选择和设计经济合理的货架是很重要的。要在保证强度、刚度及整体稳定条件，能满足仓库设备运行工艺要求的较高的制造和安装精度的条件下，尽量减轻货架的重量、降低钢材消耗。

6.3 堆垛机

堆垛机是指用货叉（串杆）攫取、搬运、堆垛或从高层货架上存取单元货物的专用设备。根据堆垛机运行是否需要固定轨道，可将其划分为有轨和无轨两种形式。早期的有轨堆垛机是在桥式起重机的起重小车上悬挂一个门架，利用货叉在立柱上的上下运动及立柱的旋转运动来搬运货物，通常称为桥式堆垛机。随着立体仓库技术的发展，自动化、高速化的巷道堆垛机逐步替代了桥式起重机，成为有轨堆垛机的主要形式，而常见的无轨堆垛机主要是高架叉车。

6.3.1 桥式堆垛机

桥式堆垛机如图6-16所示。它是在桥式起重机小车上增加带有可回转360°的立柱机构，立柱上有货叉及驾驶室。立柱分可伸缩型和不可伸缩型。伸缩型立柱的货叉固定在立柱下端。不可伸缩的立柱，货叉可沿立柱上下移动。

桥式堆垛机的起升高度一般不超过12 m，中小跨度，适用于笨重和长大件物料的堆垛和搬运。桥式堆垛机的桥架在仓库的高架轨道上运行，小车在桥架上运行，因此它可以服务于其跨度间的所有巷道。

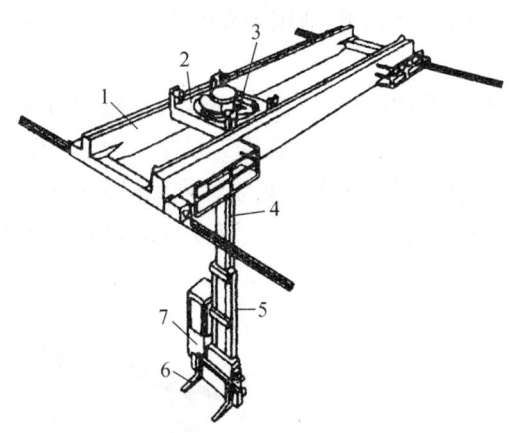

1. 桥架；
2. 小车；
3. 回转平台；
4. 立柱固定段；
5. 立柱伸缩段；
6. 货叉；
7. 驾驶室

图 6 - 16　桥式堆垛机

6.3.2　巷道堆垛机

巷道堆垛机又称为巷道堆垛起重机，是自动化立体仓库中最重要的搬运设备。它是随着立体仓库的出现而发展起来的专用起重机，专用于高架仓库，其主要用途是在自动化立体仓库的货架巷道间来回穿梭运行，将放置在巷道口的货物存入指定的货格，或者从货格中取出需出库的货物运送到巷道口。

（一）巷道堆垛机的分类

巷道堆垛机有多种类型和分类方法。

1. 按作业方式分

（1）单元型巷道堆垛机

堆垛机实现对整个货物单元的出入库作业，其载货台必须装有叉取货物的装置。这种堆垛机是使用最广泛的机械，特别适合货物单元的出入库作业，或者"货到人"的拣选作业。当采用自动控制时，机上无驾驶员。

（2）拣选型巷道堆垛机

堆垛机上有驾驶室，由驾驶员从货物单元中拣选一部分货物出库。载货台上可不装叉取装置，直接由驾驶员手工取货。这种堆垛机适合"人到货"的拣选作业。大多采用手动或半自动控制。

（3）单元-拣选型巷道堆垛机

堆垛机上既有叉取货物的装置，又有随载货平台一起升降的驾驶室。既能实现对整个货物单元的出入库作业，又能从货物单元中拣选一部分货物出库。

2. 按结构形式分

（1）单立柱型巷道堆垛机

单立柱巷道堆垛机（如图 6 - 17 所示）的机架由一根立柱、下横梁和上横梁组成。立柱多采用型钢或焊接制作，立柱上附加导轨。整机质量较轻，消耗材料少，因此制造成本相对较低，但刚性稍差。由于载货台和货物对立柱偏心作用，以及行走、制动时产生的水平惯性力作用，使其在使用上有较大的局限性，不适于要求起重量大和水平运行速度快的堆垛机。单立柱堆垛机的起升结构普遍采用钢丝绳传动，由电机减速机驱动卷筒转动，通过钢丝绳牵引载货台沿立柱或起升导轨做升降运动。这种堆垛机的起重量在2 t以下,适用于高度不大于16 m的仓库。

(2) 双立柱型巷道堆垛机

双立柱巷道堆垛机(如图6-18所示)由两根立柱、上横梁、下横梁和带货叉的载货台组成,立柱、上横梁和下横梁组成一个长方形的框架,一般称为机架。立柱的形式有方管和圆管两种,方管可兼作起升导轨,圆管需要附加起升导轨。双立柱堆垛机的优点是强度和刚性都比较好,能快速升起、制动,且运行平稳;缺点是自重较大。双立柱堆垛机一般用于起升高度较高、起重量较大和水平运行速度较快的立体仓库。

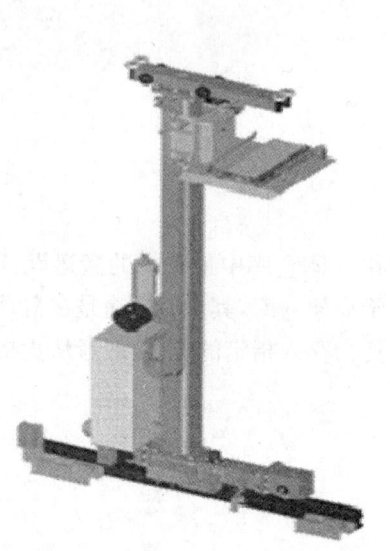
图6-17 单立柱型巷道堆垛机

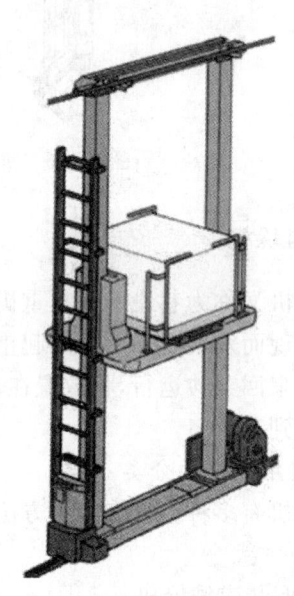
图6-18 双立柱型巷道堆垛机

3. 按控制方式分

(1) 手动式巷道堆垛机

操作人员在驾驶室里用手柄或按钮操纵堆垛机的运行、起升、货叉伸缩等动作,完成认址、变速和堆垛等工作。这种控制方式的设备简单,但驾驶员的劳动强度大、作业效率低,适合出入库不频繁的中、小规模仓库。

(2) 半自动式巷道堆垛机

堆垛机具有自动停准功能。当到达指定货格时,驾驶员发出停止命令,控制系统先使机构自动对准,然后再停止。这样就缩短了驾驶员微调作业的时间,提高了堆垛机的工作效率。堆垛机的其余工作仍由驾驶员操纵完成。

(3) 自动式巷道堆垛机

自动式分为机上控制和远距离控制两种。操作人员把货格地址和操作指令输入堆垛机的随机控制台,通过逻辑控制装置堆垛机自动完成作业。操作人员也可在控制室内,通过可编程序控制器和信号传输系统对堆垛机进行远距离控制。

4. 按运行路线分

(1) 直线运行型巷道堆垛机

堆垛机只能在巷道内的直线轨道上运行,转换巷道要依靠其他机械设备协助。这种堆垛机能高速运行,满足出入库频率较高的立体仓库的作业要求,也是使用最广泛的一种堆垛机,如图 6-19 所示。

(2) 曲线运行型巷道堆垛机

堆垛机能在环形或其他曲线轨道上运行,不用通过其他机械的协助就能从一个巷道转移到另一个巷道。这种堆垛机需要一定的场地实施转弯,而且转弯的速度很慢。这种堆垛机适用于出入库频率较低的立体仓库。如图 6-20 所示。

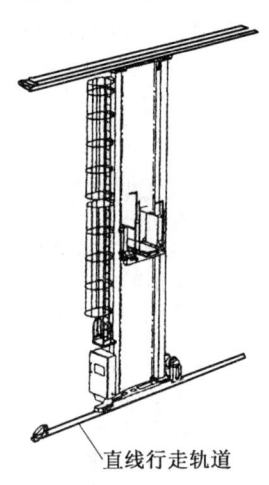

图 6-19 直线运动型巷道堆垛机

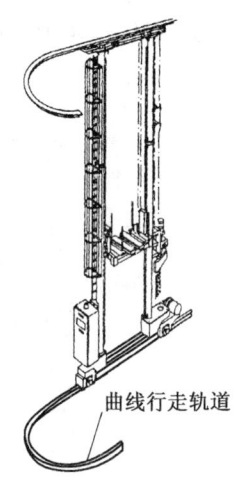

图 6-20 曲线运动型巷道堆垛机

5. 按支承方式不同划分

(1) 悬挂型巷道堆垛机

悬挂型巷道堆垛机悬挂在巷道上方的轨道上运行,其运行机构安装在堆垛机门架的上部(如图 6-21 所示)。在地面铺设导轨,使门架下部的导向轮以一定的间隙夹在导轨的两侧,从而防止堆垛机运行时产生摆动和倾斜。悬挂式堆垛机的优点是在设计门架时可以不考虑横向的弯曲强度,钢结构的自重可以减轻,加减速时的惯性摆动小,稳定所需的时间短;其缺点是维修和检查不方便。

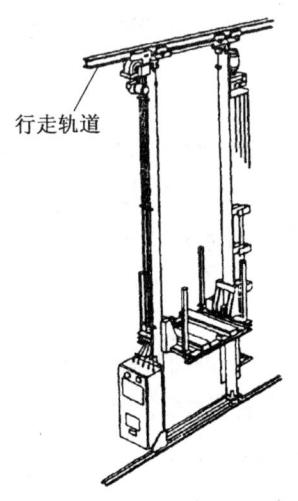

图 6-21 悬挂型巷道堆垛机

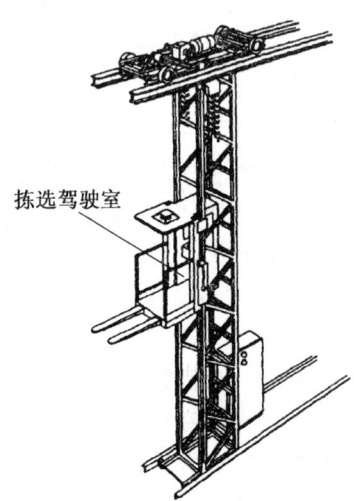

图 6-22 地面支承型巷道堆垛机

(2) 地面支承型巷道堆垛机

地面支承型巷道堆垛机的运行轨道铺设在地面上,堆垛机用下部行走轮支撑和驱动,上部导向轮用来防止堆垛机倾倒或摆动(如图6-22所示)。和悬挂型有轨巷道堆垛机相比,这种堆垛机的立柱需要考虑轨道平面内的弯曲强度,因而需加大立柱在行走方向截面的惯性矩。由于驱动装置均装在下横梁上,因此容易保养和维修。

(二) 巷道堆垛机的结构

巷道堆垛机由起升机构、运行机构、货叉伸缩机构、机架、载货台、电气设备及安全保护装置等组成,如图6-23所示。

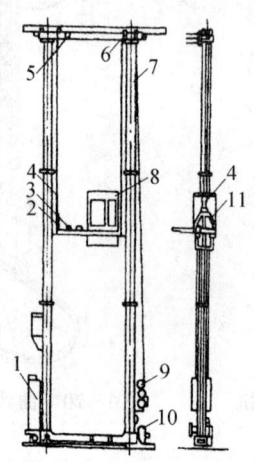

1. 电气装置;
2. 载货台;
3. 载货台及存取货装置;
4. 动滑轮;
5. 过载和松绳保护器;
6. 定滑轮;
7. 金属结构;
8. 驾驶室;
9. 起升机构;
10. 运行机构;
11. 断绳安全装置

图 6-23 巷道堆垛机的结构

1. 起升机构

起升机构由电动机、制动器、减速器、卷筒或链轮或柔性件等组成。电动机一般自带制动器,以使堆垛机结构紧凑。常用的柔性件有钢丝绳和起重链等。用钢丝绳作柔性件具有质量轻、噪声小、工作安全等特点;用起重链作柔性件则结构比较紧凑。堆垛机上常用的减速机有蜗轮蜗杆减速机和行星齿轮减速机。起升机构的工作速度一般为 5~15 m/min,最高可达 45 m/min,一般还应备有低挡低速,主要用于平稳停准以及取、放货物时货叉和载货台做极短距离的升降。

2. 运行机构

常用的运行机构有地面行走式的地面支撑型、上部行走式的悬挂型和货架支撑型。地面行走式用 2~4 个车轮在地面单轨或双轨上运行,立柱顶部设有导向轮。上部行走式采用 4 个或 8 个车轮悬挂于屋架下弦的工字钢下翼缘行走,在下部有水平导向轮。货架支撑型上部有 4 个车轮,沿着巷道两侧货架顶部的两根导轨行走,在下部也有水平导向轮。

3. 载货台及存取货装置

载货台是货物单元承接装置,通过钢丝绳或链条与起升机构连接。载货台可沿立柱导轨上下升降。存取货装置安装在载货台上,一般是货叉伸缩机构,货叉可以横向伸缩,以便向(从)两侧货格送入(取出)货物。货叉结构常用三节伸缩式,由上叉、中叉、下叉及起导向作用的滚针轴承等组成。货叉伸缩速度一般在 5 m/min 以下,最高可达 30 m/min,在超过 10 m/min 时需配备慢速挡以供启动时使用。

4. 机架

机架由立柱和上、下横梁连接而成,是堆垛机的承载构件。它分为单立柱和双立柱两大类。

5. 载货台

单元型堆垛机的载货台上装有取物装置。而拣选型堆垛机的载货台不装取物装置,只有放置盛货容器的平台。有驾驶室的堆垛机,驾驶室一般也装在载货台上随载货台升降。载货台通过起升钢丝绳或链条的牵引,可以沿着机架立柱的导轨上下移动。

6. 电气装置

电气装置由电动驱动装置和自动控制装置组成。巷道堆垛机一般由交流电动机驱动,如果调速要求较高,就采用直流电动机驱动。

7. 安全保护装置

巷道堆垛机在狭窄的巷道内高速运行,起升高度较大。为了保证人身及设备的安全,堆垛机必须安装完善的安全保护装置,并在电气控制上采用连锁和保护措施。除了一般起重设备常用的安全保护装置外,还应增设以下安全保护装置:

(1) 声光警告

堆垛机在起动前,先响铃或同时闪光几秒钟,发出告警信号,然后才起动。

(2) 堆垛机货叉与运行、起升机构连锁

在堆垛机行走或高速升降时,切断货叉伸缩机构电动机的控制电路,防止因误操作而使货叉伸出,碰撞货架。在货叉开始伸缩时,堆垛机的运行机构不能起动,而起升机构只能以慢速升降。

(3) 堆垛机停准后才能伸货叉

堆垛机采用自动控制方式或半自动控制方式,当运行机构认址停准,起升机构使货叉对准货格的时候,货叉才能向两侧伸出。

(4) 货位虚实探测

堆垛机到达入库货位,货叉将货物单元送入货格前,先用光电开关探测一下该货格有无货物。若无货物,则伸出货叉将货物送入货格。若已有货物,则拒绝伸叉送货,并发出"双重入库"警报。

(5) 限制货叉在货格的升降行程

货叉在货格内微升降取(卸)货物时,用检测开关限制微升降行程,或限制微升降时间,防止货叉微升降过度,撞坏货物、货架或损坏机构。

(6) 堆垛机负荷限制

用电子或机电方法测量载货台的承载钢丝绳或链条的张力。在载货台超载时,承载钢丝绳或链条张力增大,则发出报警信号并切断起升机构的动力。当载货台被托住,钢丝绳或链条松弛时,也发出停止运动的报警信号并切断动力。

(7) 载货台断绳保护

当钢丝绳断开时,弹簧通过连杆机构使凸轮卡在堆垛机的升降导轨里阻止载货台坠落。在正常工作时,提杆平衡载货台及其上货物的重量,弹簧处于压缩状态,凸轮与升降导轨分离。

(8) 货物外形和位置异常检测

为了防止超高、超宽、超长以及位置异常的货物进入货位,在货物进入储存系统时,必须接受外形检查。在自动控制系统中,一般在入库输送机上自动检测。在无输送机的系统中,可以在堆垛机载货台上装检测装置进行检测。

6.3.3 堆垛叉车

侧向堆垛叉车和高架叉车是以蓄电池为动力的电动叉车,主要用于高层货架仓库的狭窄巷道内向两侧的货格存取货物单元。与巷道堆垛机相比,侧向和高架叉车的机动性能好,可以方便地转移到其他巷道工作,因此一台设备可以服务于若干个巷道。它们甚至可以被开到仓库外作业,部分地替代出入库输送机和搬运机械完成货物单元的搬运工作。

(一)高架叉车

高架叉车又称无轨巷道堆垛机或三向堆垛叉车,由普通叉车演变而来,当其向运行方向侧面进行堆垛作业时,车体无须做直角转向,而是使前部的门架或货叉做直角转向及侧移。高架叉车适用于巷道高度不大、出入库作业频率不太高的仓库。

1. 高架叉车的特点

由于车体无须直角转向,高架叉车较普通叉车的作业通道大为减少,提高了仓库面积的利用率;高架叉车采用多节门架,起升高度比普通叉车高,一般为 6 m 左右,最高可达 13 m,但较巷道堆垛机低得多;高架叉车可多巷道共用一台,也可开出巷道外作为一般叉车使用;高架叉车的操控方式可为手动、半自动、全自动控制。

高架叉车与有轨巷道堆垛机、普通叉车特征的对比如表 6-5 所示。

表 6-5 高架叉车与有轨巷道堆垛机、普通叉车的特征对比

类型 \ 特征	巷道宽度	操作高度	操作灵活性	自动化程度	价格
高架叉车	中	5~13 m	可服务于两个以上的巷道操作,并可完成出入库作业	可手动、半自动、自动和远距离集中控制	中
有轨巷道堆垛机	最小	大于 12 m	受轨道的限制,只能在高层货架内操作,须配备出、入库设备	可手动、半自动、自动和远距离集中控制	高
普通叉车	最大	小于 5 m	取决于巷道宽度	一般手动操作,自动化程度低	低

2. 高架叉车的分类

高架叉车的分类如表 6-6 所示。

表 6-6 高架叉车的分类

类别		特征
托盘单元型	司机室地面固定型	由货叉进行托盘货物的存取作业。起升高度较低,因而驾驶员的视线较差,货叉机构必须装有平层认址装置。平层认址装置用于预选货格的层次,使货叉停在要存取的货格层上,保证货叉准确地存取托盘货物或货箱。
	司机室随货叉升降型	由货叉进行托盘货物的存取作业。驾驶室可以随货叉机构升降,驾驶员的视线好,可以看清货叉在高处作业的情况。

(续表)

类别	特征
拣选型	无货叉作业机构,司机室和作业平台一起升降,由司机对两侧高层货架内的物料进行拣选作业
单元-拣选式	既有货叉的伸缩机构,又有随载货台一起升降的司机室。既能实现单元托盘货物的入出库作业,又能实现零星货物的拣选作业

(二)侧向堆垛叉车

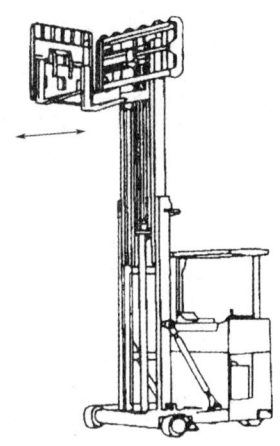

图6-24 侧向堆垛叉车

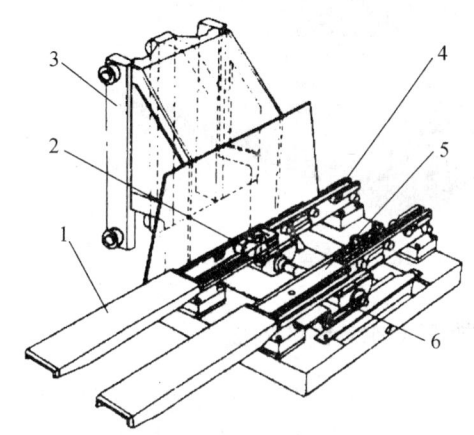

图6-25 双向货叉侧移机构
1. 上层货叉;2. 电动机;3. 滑架;
4. 下层货叉;5. 中层货叉;6. 传动链条

侧向堆垛叉车没有货叉回转机构,货叉架只能侧向移动,不能回转。图6-24所示是向一侧作业的侧向堆垛叉车。这种叉车在巷道中行驶时,货叉朝向一侧货架,到达指定货架前在货叉侧移机构的作用下,货叉沿固定在滑架上的齿条移动,货叉方便地伸入货格叉取货物。

向巷道两侧货架均能作业的侧向堆垛叉车采用双向货叉侧移机构,如图6-25所示。这是能向两侧横向移动的叠套式叉车。下叉固定在货叉架下,中叉和上叉支撑在轴承上。通过齿轮、齿条和链轮、链条传动,可使中叉向一侧运动,再带动上叉也向同一侧运动。当货叉完全伸出后,其长度为原来的两倍以上,足以将货叉伸入货格叉取货物。

与高架叉车一样,侧向堆垛叉车要求的起升高度也大,因此采用了3节门架,使它的最大起升作业高度可达12 m。

6.4 自动导向搬运车

自动导向搬运车简称AGV,是英文Automated Guided Vehicle的缩写。自动导向搬运车是物流系统的重要搬运设备,也是一种先进的物料搬运技术装备。随着工厂自动化、计算机集成系统技术的发展以及物流业的发展,自动导向搬运车得到了广泛的应用。

6.4.1 自动导向搬运车的基本概念

根据美国物流协会定义,AGV是指装备有电磁或光学导引装置,能够按照规定的导引路线行驶,具有小车运行和停车装置、安全保护装置以及具有各种移载功能的运输小车。我国国家标准《物流术语》中,对 AGV 的定义为:具有自动导引装置,能够沿设定的路径行驶,在车体上具有编程和停车选择装置、安全保护装置以及各种物品移载功能的搬运车辆。自动导引搬运车如图 6-26 所示。

图 6-26 自动导向搬运车

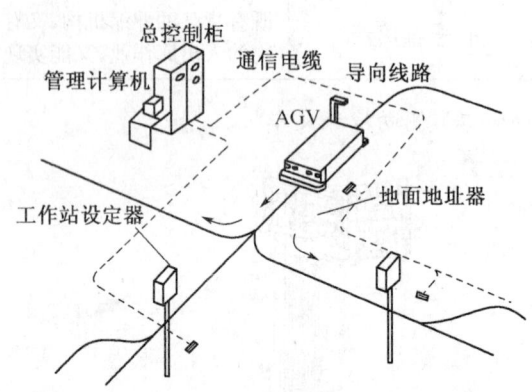

图 6-27 自动导向车系统(AGVS)的构成

6.4.2 自动导向车系统的构成

自动导向车系统(AGVS)是使车辆按照设定的路线自动行驶到指定的场所,完成物料搬运作业的系统。由于自动导向车系统(AGVS)能满足物料搬运作业的自动化、柔性(可调整性)和准时的要求,因此常和工厂自动化、柔性加工系统、柔性装配系统、计算机集成制造系统及仓库自动化一起应用。自动导向车系统是以自动导向的无人驾驶搬运小车为主体,由导向系统、寄送系统、数据传输系统等组成。如图 6-27 所示。

(一)自动导向车(AGV)

自动导向车是无人驾驶的、能自动导向运行的搬运车辆,大多采用由蓄电池供电的直流电动机驱动。自动导向车的承载量一般为 50~5 000 kg,最大承载量已达到 100 t。根据用途的不同,自动导向车有多种形式,如自动导向搬运车、自动导向牵引车、自动导向叉车等。其中自动导向搬运车是使用最多的一类,约占 85% 左右。

(二)导向系统

导向系统分为外导式导向系统和自导式导向系统两类。

1. 外导式导向系统

外导式导向系统是在车辆的运行路线上设置导向信息媒体,如导线、磁带、色带等。由车上的导向传感器接受线路媒体的导向信息,信息经实时处理后控制车辆沿正确路线行驶。其中应用最多的是电磁导向和光学导向系统。

(1)电磁导向系统

在沿运行线路的地面上设置一条宽 5 mm、深 15 mm 的地沟,在地沟中敷设导线,施以 5~30 kHz 的变频电流,形成沿导线扩展的交变电磁场。车辆检拾传感器接收信号,并根据信号场的强度来判断车体是否偏离了路线,使车辆跟踪埋线沿正确的路线运行,如图 6-28 所示。

(2)光学导向系统

光学导向系统有识别式和反射式两种。图 6-29 所示是光学带反射方式的工作原理图。

在线路上敷设一种有稳定反光率的色带,导向车上装有发光源和接受反射光的光电传感器。通过对传感器检测到的光信号进行计算,调整小车运动位置,使小车正确地导向运行。

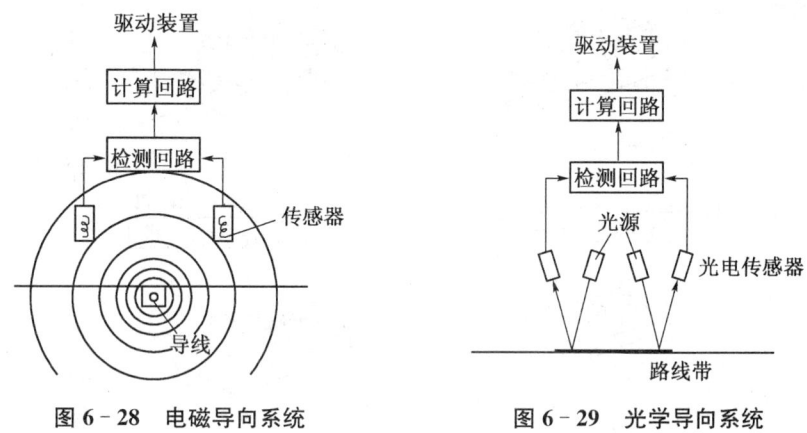

图 6-28　电磁导向系统　　　　　图 6-29　光学导向系统

2. 自导式导向系统

在车辆上预先设定运行线路的坐标信息,在车辆运行时,实时地测出实际的车辆位置坐标,再将二者进行比较后控制车辆的导向运行。

(三) 寄送系统

寄送系统包括认址、定位两部分,如图 6-30 所示。

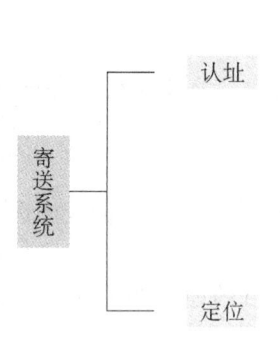

图 6-30　寄送系统

(四) 数据传输系统

自动导向车系统中,在地面设施之间一般采用有线传输方式,而在流动车辆和地面固定设施之间,有时必须采用无线传输方式,如图 6-31 所示。数据感应传输的原理是,沿车辆运行的路线(或在通信段点处)安装数据传输导线(或线圈),以 55~95 kHz 频率载波方式传输需要的数据,再由车辆上的调制解调器将数据感应器接收到的信号转换成可以识别的位置信号,完成车辆与地面设施之间的控制对话。

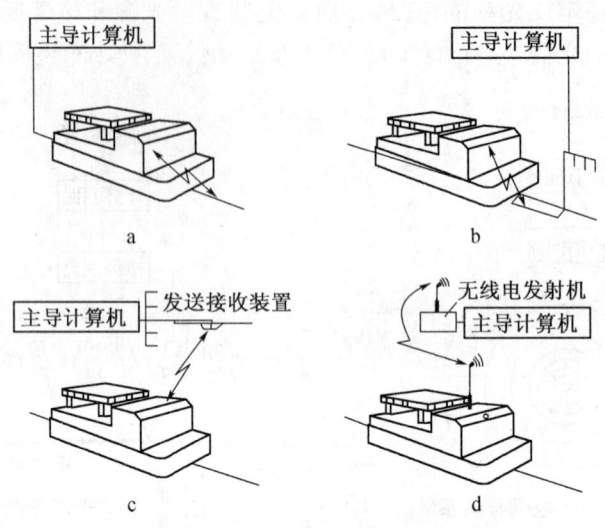

图 6-31 数据传输系统

6.4.3 自动导向搬运车的主要参数

1. 承载量、牵引质量

额定承载量是指自动导向搬运车、自动导向叉车在正常使用时可搬运货物的最大质量。

牵引质量是指自动导向牵引车在平坦道路上行驶时能牵引的最大质量。牵引质量中不包括被牵引的拖挂车的质量。

2. 车体尺寸

车体尺寸是指自动导向车的长、宽、高的外形尺寸。该外形尺寸应该适应搬运物品的尺寸、通道宽度以及移载动作的要求。

3. 运行速度

运行速度是指车辆正常行驶时的速度。它是确定车辆作业周期或搬运效率的重要参数。

4. 认址精度

认址精度是指一次定位的认址精度,即车辆到达目的地址处并准备自动移载时的驻车精度。它是确定移载方式的重要参数。

5. 最小弯道半径

最小弯道半径是指满足车辆在运行过程中转弯时弯道的最小曲率半径。它是确定车辆弯道运行所需空间的重要参数。

6. 蓄电池容量

蓄电池容量是指在作业期间内进行正常作业时车辆能够从蓄电池获得的能源供应量。

6.4.4 自动导向搬运车(AGV)的基本用途

1. 物料搬运

在工业现场,AGV 常用于工位间或自动仓库与工位间的物料搬运作业。例如在组装线上,AGV 从自动仓库取出机器零件并送到相应的组装工位。又如在柔性加工系统中,AGV 依照加工工序将被加工工件送到相应自动机床进行加工,加工好的零件由 AGV 送到质检站检测,最后将合格品送到半成品库。

2. 移动工作台

在组装或柔性加工系统中,AGV常作为移动工作台使用。以欧美一些汽车厂为例,在轿车组装过程中从汽车底盘焊接组立、安装悬挂系统、车轮和制动系统、发动机、变速器、离合器、转向系统、汽车外壳、挡风玻璃和座椅到整车配电等一系列组装过程都是在一台AGV上进行的。又如在欧美一些柴油机厂中,柴油机一系列的组装过程也都是在一台AGV上完成的。

3. 与机器人或机械手配合在特殊工作环境下代替人工作业

在AGV上可以安装机器人或机械手,在特殊工作环境下代替人工作业。例如在核电站中代替人在具有放射线的工作环境下进行遥控作业。

6.4.5 自动导向搬运车的作业安全

自动导向车是无人驾驶自动导向运行的搬运车辆。为确保车辆、各种地面设备、现场人员以及自动导向车系统的安全,要采取综合的安全保障措施。控制系统各部分关系如图6-32所示。

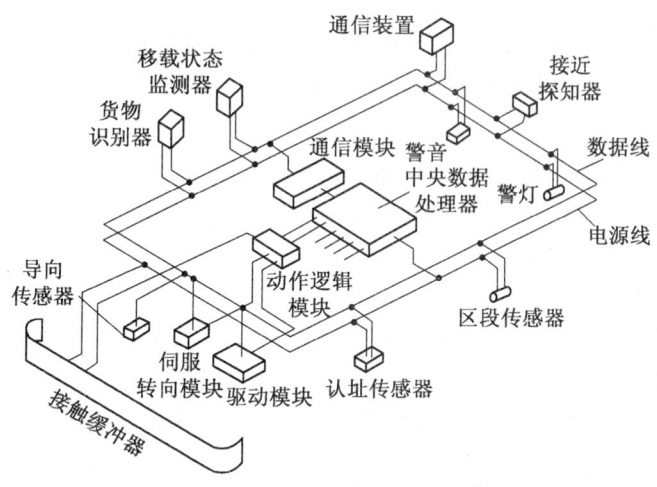

图6-32 控制系统各部分关系示意图

(一)自动导向车安全保障措施

1. 车辆构造与功能

(1)急停按钮和警示灯

车辆的四角装着急停按钮,任何时候只要按下按钮车辆就能立即停止动作。车辆的前后装有警示灯,当小车准备启动或运行时,警示灯不断闪烁。

(2)障碍探测和接触缓冲

在车辆的前端装有接近探知器和接触缓冲器。接近探知器在预定的距离内检测到障碍物,就能控制自动导向车减速直到车辆自动停止。若接近探知器未能检测到障碍物而当接触缓冲器触及障碍物时,立即发出触碰障碍物的信号,同时车辆紧急停止。

(3) 弯道自动减速

在一般作业场合,车辆的最大运行速度常在 60 m/min 以下。为确保安全,车辆在弯道处行驶时采用缓行速度。

2. 货物搬运和移载

(1) 车辆运行时,车上的移载装置及其上的货物必须锁紧和固牢;车辆进行移载时,车体不能移动。

(2) 自动移载时,保证车上的移载装置与地面上承载装置联动。

(3) 移载发生异常时,应能立即停止运动直至故障消除。

3. 事故监测与紧急驻车

当地面导向信息消失或中断,系统区段引导信息消失或中断;车辆导向精度超过设定范围,车辆接近或碰触到障碍物;蓄电池所储能量低于规定的限度;载物的货位异常和移载异常;锁紧部位异常和其他控制异常等情况时,能够保证车辆紧急停止运动。

(二) 自动导向车的防碰撞技术

在自动导向车系统中,采取三级防碰撞安全保护,即地面系统的防追撞区段保护;车辆上的接近障碍物探知保护和触碰障碍物的缓冲保护等。

1. 接近探知器

接近探知器安装在车体的前端。车辆运行前,探知器向运行前方发出遥测信号并接收回波进行安全确认。确认信号输入中央数据处理器,经过分析后作出判断,以决定是否执行运行指令。

运行中,探知器的发射部分定时发出探测信号,再将接收部分的"停车回波选通"接收门和"减速回波选通"接收门依次打开,用来判断车辆的运行前方有无障碍物,以及障碍物与车辆的距离是多少等,决定车辆应采取减速还是驻车的措施。

2. 接触缓冲器

缓冲器装在车体前端的下面。接触缓冲器有多种结构形式,如弹性胶垫式、杠杆机构式、弹性薄板式和摆动撑杆式等。当接触缓冲器触及障碍物时,可发出触碰障碍物的信号,使车辆紧急停止。缓冲器中的弹性元件可减少车辆制动过程中的冲击。

6.5 自动分拣设备的使用

自动分拣系统及自动分拣输送系统是自动化物流配送中心重要的组成部分,承担的作业量较大。自动分拣输送系统通过货物的输送、升降、积放、检测、分发等功能可实现货物从入库区域到不同存储区域,以及从不同存储区域拣选货物到自动分拣系统的自动输送,自动分拣系统则按照发货路径或分类方法实现分发、自动分拣等功能。

6.5.1 自动分拣设备概述

自动分拣设备(如图 6-33 所示)是按照发货指令,通过识别自动传输线上的货物种类,利用分拣机构将货物进行分类,具有拣选效率高、正确率高、适应性强和劳动强度低的特点。

自动分拣机首先在邮政部门开始应用,大量的信件和邮包要在极短的时间内正确分拣处理,都是凭借高度自动化的分拣设施来完成的。此后,运输企业、配送中心、通信、出版部门以及各类工业生产区也相继应用。分拣设备已成为仓储设备中的重要设备。

图 6‐33　自动分拣设备

自动拣选机的特点：

1. 自动拣选机的优点

(1) 相同货物品种下,拣选面积比传统减少 30%～50%；

(2) 拣选速度可达 1 200 张订单/小时；

(3) 拣选成本比传统方式节省 1/3～2/3；

(4) 拣选准确率高约 90% 以上；

2. 自动拣选机的缺点

(1) 价格较高；

(2) 需要专人(或设备)经常补货；

(3) 可使用范围较小,只适合较小的物件。

6.5.2　常用的自动分拣机

分拣机品种繁多,在此仅介绍常用的几种。如表 6‐7 所示。

表 6‐7　常用的自动分拣机

种类	图示	说　明
推式分拣机	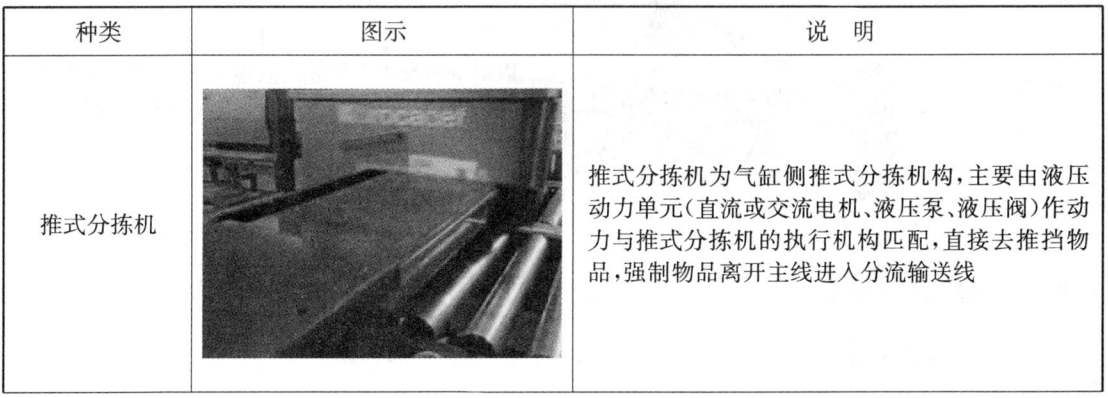	推式分拣机为气缸侧推式分拣机构,主要由液压动力单元(直流或交流电机、液压泵、液压阀)作动力与推式分拣机的执行机构匹配,直接去推挡物品,强制物品离开主线进入分流输送线

(续表)

种类	图示	说　明
倾斜式分拣机		可分为盘式和板式两种。盘式分拣机盘的倾翻动作可以互相不干涉地同时进行，所要求相邻分拣口的间隔最小，是各种分拣机中分拣口最多的品种。而板式分拣机打破了盘与盘之间的界限，可根据分拣物的储存大小，占用一个或数个翻板，所以分拣物尺寸可大可小
辊子浮出式分拣机		可与辊子输送机、平带输送机融为一体，放在输送系统的岔口处，这可看成是一种分流装置，在没有分拣任务时，可作为输送机输送货物。该装置在对应岔口的入口处设置了一排短辊子，这些短辊子与主滚道上表面水平，可通过气动元件向两侧摆动和浮出主辊道的上平面。这些短辊子通过表面上胶或采用聚氨酯材料增大摩擦力，从而带动货物转向。如果岔道上的辊子是主动辊子并且上了胶，加上采用上述的变向措施，就很容易达到较高的效率
滑块式分拣机		滑块式分拣机由链板式输送机和具有独特形状的在链板间左右滑动进行商品分拣的滑块等组成。滑块式分拣机可适应不同大小、重量、形状的各种不同商品；滑块式分拣机分拣时轻柔、准确，不会对货物造成损伤，而且可向左、右两侧分拣，占地空间小；适合多品种、大批量的货物拣选时使用
信函分拣机		以最少的操作人员并高效地在信封上打印条形码并分拣信件。自动检验、自动识别、自动分拣

6.5.3　分拣作业的形式

（一）按单拣选作业

1. 按单拣选的原理

在按单拣选作业中拣选人员或拣选工具车巡回于各个储存货格，按订单所要求的货物数量、规格，完成货物的配货。

2. 按单拣选的特点

(1) 按单拣选,易于实施配货的准确度,不易出错。

(2) 对各用户的拣选相互没有约束,可以根据用户需求的紧急程度,调整配货先后次序。

(3) 拣选完一个货单的货物便配齐,因此货物可不再落地暂存,而直接装上配送车辆。

(4) 用户数量不受限制,可在很大范围内波动;拣选人员数量也可以随时调节,在作业高峰时可以临时增加作业人员,有利于开展即时配送,提高服务水平。

(5) 对机械化、自动化没有严格要求,不受设备水平限制。

(二) 批量分拣作业

1. 批量分拣的原理

批量分拣作业是由分拣人员或分拣工具车从储存货格集中取出各个用户共同需要的某种货物的总和,然后迂回各用户的货位之间,按每个用户的需要量分发后,再集中取出共同需要的第二种货物。如此反复进行,直至用户需要的所有货物都分放完毕,即完成各个用户的配货工作。

2. 批量分拣的特点

(1) 由于是同时取出用户需要的货物,再按客户货物货位分发,这就需要在收到一定数量的订单后进行统计分析。安排好各用户的分货货位后才能反复进行分货作业。因此,这种工艺难度较高,计划性较强,与按单拣选相比错误率较高。

(2) 由于是同时满足用户的配送要求,因此有利于车辆的合理调配和规划配送路线,与按单拣选相比,可以更好地利用规模效应,用足车辆的运量。

(3) 对客户订单无法做到及时的反应,必须等订单达到一定数量时才做一次处理,会影响客户的满意度。

6.5.4 分拣作业的步骤

(1) 贴有箱号条码的空箱经过条码扫描仪,读出空箱的条码号 ID,并将此数据传送到高速拣选机系统;

(2) 高速拣选机通过物流信息系统,接收到需要拣选的订单,并进行拣选作业;

(3) 空箱到达后,将拣选出来的货物排放至空箱;

(4) 高速拣选机拣出的货物排入空箱后,在拣选货箱中,同时装入拣选的客户订单。

(5) 该拣选货箱经过输送机,输送到包装作业区。包装作业区的人员从拣选货箱中取出拣选后的货物,通过扫描货物的条码核对订单。

(6) 货物和订单核对无误后,将货物装入包装箱,并贴上印有送货地址的条码;空的拣选货箱通过输送机送回空货箱存储区。

(7) 贴有送货地址条码的包装箱送入自动分拣系统检验与计量,自动分拣机按地区将货物送至装车出口。

6.5.5 自动分拣系统

(一) 自动分拣系统的概念

自动分拣系统将一批相同或不同的货物,按照不同的要求(如品种、发运目的地、客户订单等)自动识别、自动计数、自动检测、自动计量、自动包装、自动分拣,快速、准确地满足配送或发运要求,提高客户的满意度。

(二) 自动分拣系统的组成

各种类型的自动分拣系统的组成大同小异。图6-34所示为自动分拣系统。

图6-34 自动分拣系统

它由收货输送机、喂料输送机、分拣指令设定装置、合流输送装置、分拣输送机、分拣卸货道口、计算机控制系统等七部分组成。

1. 收货输送机

货车送来的货物,放在收货输送机上,经检查验货后,送入分拣系统。为了满足物流中心吞吐量大的要求,提高自动分拣机的分拣量,往往采用多条输送带组成的收货输送机,以供几辆、几十辆乃至几百辆货车同时卸货。

这些输送机多是辊子式或胶带式输送机匹配,可选用伸缩式输送机,该输送机能伸入货车车厢内,从而大大减轻工人搬运作业的劳动强度,如图6-35所示。

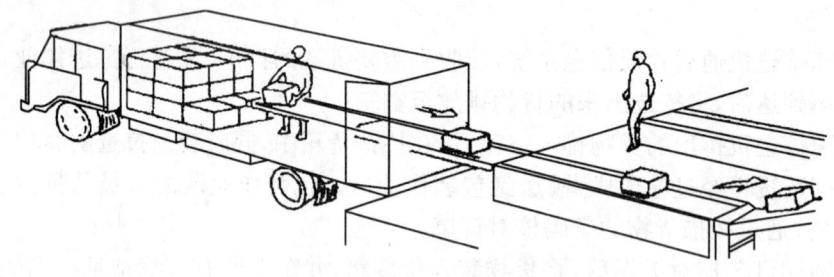

图6-35 收货输送机

2. 喂料输送机

图6-36所示为自动分拣机的人工辅助喂料系统。货物被压到特定的货架上,供自动分拣机分拣。

货物在进入分拣机之前,先经过送喂料机。它的作用有两个:一是依靠光电管的作用,使前、后两货物之间保持一定的间距(最小为250 mm),均衡地进入分拣传送带;二是使货物逐渐加速到主分拣输送带的速度。

图 6‑36 自动分拣机的喂料系统

3. 分拣指令设定装置

由信号设定装置把分拣信息如配送目的地、客户户名、规格型号、数量等输入计算机中央控制器。在自动分拣系统中,分拣信息指令分拣机自动工作。

常用的信息输入方式有:

(1) 人工键盘输入:由操作者依照货物订单一一在键盘上将此信息输入。键盘输入方式的操作简单、费用低,但操作员劳动强度大、易出差错(看错、键错)。据国外研究资料可知,差错率为 1/300,而且键入速度与操作员的熟练程度有关。如图 6‑37 所示。

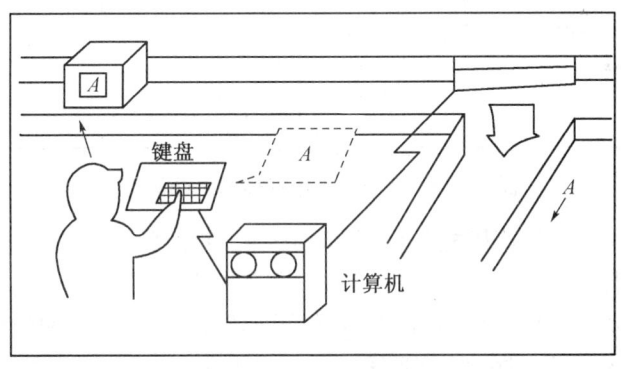

图 6‑37 人工键盘输入

(2) 声控输入:首先需将操作人员的声音预先输入控制电脑中,当经过设定装置时,操作员将包装箱上的标签号码依次读出,计算机将声音接受并转换为分拣信息,发出指令,传送到分拣系统的各执行机构。声音输入法与键盘输入法相比,速度要快,可达 3 000~4 000 件/h,操作人员较省力,双手空出来可自取订单等。但由于需事先储存操作人员的声音,当操作人员偶尔因咳嗽声哑时就会发生差错。据国外物流企业实际使用情况来看,声音输入法效果不理想。如图 6‑38 所示。

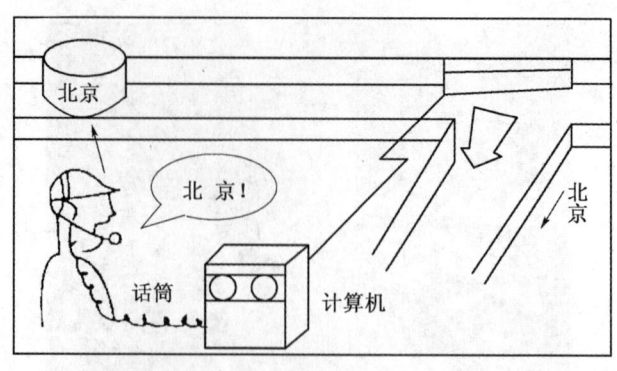

图 6-38 声控输入

(3) 自动识别器扫描物流条码输入:被分拣商品包装上预先贴上或喷上代表物流信息的条形码,激光扫描器自动识别输送带上货物的条形码,传送给控制器。由于激光扫描器的扫描速度极快,达 100~120 次/s,故能将输送机上高速流动货物上的条形码正确读出。激光扫描条形码费用较高,商品需要物流条码配合,但输入速度快,可与输送带的速度同步,差错率极小,规模较大的配送中心都采用这种方式。如图 6-39 所示。

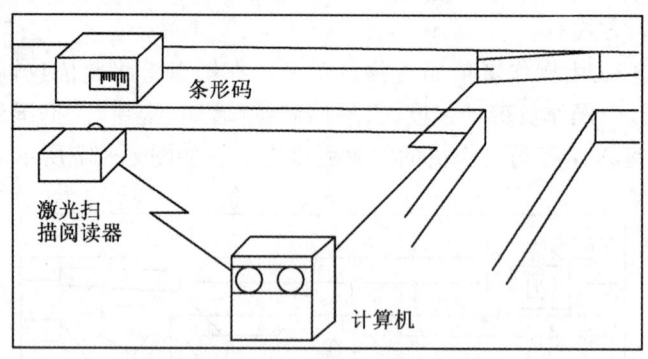

图 6-39 自动识别器扫描物流条码输入

(4) 计算机程序控制:计算机控制系统是整个分拣系统的指挥中心。由它发出信号,分拣机接收信号,各个执行机构传递指令分拣货物。计算机程序控制是最先进的方式,它借助因特网、局域网与生产企业、经营管理企业以及客户联网,随时指导生产和经营管理。根据客户订单的品种和数量,预先编好程序,把全部分拣信息一次性输入计算机,控制器即按程序执行,它需要与条形码技术、电子标签技术结合使用。一些大型的现代化配送中心把各个客户订单一次输入计算机,在计算机的集中控制下,发出信号,各类分拣机接收信号,按指令工作。货物从货架被自动拣选取下,自动流入输送带上,由条形码喷印机喷印条形码,然后进入分拣系统,全部配货过程实现自动化,全程监控,效率极高,差错率很低。

4. 合流输送机

通常有 A、B、C 三条喂料输送机同时输送货物,经过合流汇交处,由计算机程序控制,按照谁先到达谁先走的原则(若同时到达,按 A—B—C 的程序原则控制),进入由辊子式输送机和带式输送机匹配的主输送机上。

5. 自动分拣机及传送装置

它是自动分拣机系统的主体,包括两个部分:一是货物传送装置,二是分拣机;前者的作用是把被分拣货物送到设定的分拣道口位置;后者的作用是把被分拣货物推入分拣岔道口。各种类型的分拣机,其主要区别就在于采用不同的传送工具(例如钢带输送机、胶带输送机、托盘输送机、翻盘输送机、辊子输送机等)和不同的分拣机构(例如推出器、浮出式导轮转向器、倾盘机构、自动分拣机等)。

(三) 自动分拣系统的特点

1. 能够连续、大批量地分拣货物

由于采用大生产中使用的流水线自动作业方式,自动分拣系统不受气候、时间、人力等条件的限制,可以连续运行,同时由于自动分拣系统单位时间内分拣件数比较多,因此自动分拣系统的分拣能力大大超过人工分拣系统,可以连续运行 100 h 以上,每小时可分拣 7 000 件包装商品,如用人工则每小时只能分拣 150 件左右,同时分拣人员不能在这种劳动强度下连续工作 8 h。

2. 分拣误差率极低

自动分拣系统的分拣误差率主要取决于所输入分拣信息的输入机制,如果采用人工键盘或语言识别方式进行输入,则误差率在 3% 以上;如果采用条形码扫描输入,且条形码的印刷本身没有差错,则不会出错。因此,目前自动分拣系统主要采用条形码技术来识别货物,其误差率非常低。

3. 分拣作业基本实现无人化作业

国外建立自动分拣系统的目的之一就是为了减少人员的使用,减轻员工的劳动强度,提高人员的使用效率,因此自动分拣系统能够最大限度地减少人员的使用,基本能够做到无人化作业。

(四) 自动分拣装置的选用要求

1. 满足作业要求

分拣作业的生产效率取决于分拣量大小及设备自身的分拣能力,也与分拣方式密切相关。所以,在选择时,首先要根据分拣方式选用不同类型的分拣设备。其次,要考虑分拣货物的批量大小以及拣选频率,当批量较大时,应配备分拣能力高的大型分拣设备,或者采用多台设备联合分拣。

2. 符合拣选商品要求

自动分拣机械对分拣商品的要求比较高,一般商品都必须满足底部平坦且具有刚性的条件,对于袋装商品、包装底部柔软且凹凸不平、包装容易变形、易破损、超长、超薄、超重、超高、不能倾覆的商品不能在普通的自动分拣机上进行分拣。

3. 系统配套设施齐全

分拣系统设施复杂,投资及营运成本高,还需要一个与之相适应的外部条件,如计算机信息系统、作业环境、配套设施等。由于分拣是一个复杂过程,因此需要系统的各个组成部门能够协调配合工作,以发挥分拣的最大效率。

【情景小结】

现代仓库从运输周转、贮存方式和建筑设施上都重视通道的合理布置,货物的分布方式和堆积的最大高度,并配置经济有效的机械化、自动化存取设施,以提高贮存能力和工作效率。堆垛叉车和巷道堆垛机是物流领域应用最广泛的堆垛装卸设备,货叉和其他取物装置的配备,使其能对多种规格品种的散货进行装卸作业。堆垛机是立体仓库中重要的起重设备,是立体仓库特征的标志。AGV可以应用在许多要求工作环境清洁的场所,通过配备装卸机构,可以与其他物流设备自动接口,实现货物和物料装卸搬运过程自动化。

【双基练习题】

一、填空题

1. 仓库按建筑形式可分为单层仓库_____、_____。
2. 低层货架高度在_____米以下;中层货架高度在_____米;高层货架高度在_____米以上。
3. _____是保管、存储物品的建筑物和场所的总称。
4. 高架叉车可以采用_____、_____和_____控制。
5. 自动导向搬运车是无人驾驶的、能_____的搬运车辆。
6. 自动导向车系统是以自动导向的无人驾驶搬运小车为主体,由_____、_____、_____等组成。
7. 导向系统分为_____和_____两类。
8. 自动导向搬运车的外导式导向系统有_____、_____。

二、选择题

1. 仓库的功能包括(　　)。
   A. 调节货物运输能力的功能　　B. 配送和加工的功能
   C. 储存和保管的功能　　D. 提高物流效率及服务水平
2. 传统式货架不包括(　　)。
   A. 层架、层格式货架、抽屉式货架
   B. 橱柜式货架、U型架、悬臂架
   C. 栅架、鞍架、气罐钢筒架、轮胎专用货架
   D. 立体货架、托盘货架、重力式货架
3. 下列货架中不属于可动性货架的是(　　)。
   A. 移动式货架　　B. 旋转式货架　　C. 悬臂式货架　　D. 可调式货架
4. 装有电力驱动装置的货架是(　　)。
   A. 悬臂式货架　　B. 抽屉式货架　　C. 旋转式货架　　D. 阁楼式货架
5. (　　)货架的每一个货格就是一个具有一定坡度的存货滑道。
   A. 悬臂式　　B. 重力式　　C. 旋转式　　D. 阁楼式
6. 高层货架的高度在(　　)。
   A. 15 m 以上　　B. 5~15 m　　C. 5 m 以下　　D. 9~15 m
7. AGV 是指(　　)。
   A. 自动化仓库　　B. 高层货架　　C. 自动导向搬运车　　D. 物流监控系统
8. 自动导向搬运车系统的控制分为(　　)。
   A. 自动导向车控制　　B. 运行路线控制

C. 移载及周边设备控制　　　　　　D. 系统控制

9. 自动分拣系统的选用需符合的要求是(　　)。

A. 满足作业要求　　　　　　　　　B. 符合拣选设备要求
C. 系统配套设施齐全　　　　　　　D. 客户满意度

10. 自动分拣机的类型有(　　)。

A. 堆块式分拣机　　　　　　　　　B. 轨道台式分拣机
C. 交叉带式分拣机　　　　　　　　D. 斜导轮式分拣机
E. 摇臂式分拣机

三、思考题

1. 仓库的分类及功能。
2. 仓库设置原则是什么?
3. 自动化立体仓库的概念与特点。
4. 货架的基本概念,它是如何分类的?
5. 贯通式货架的特点有哪些?
6. 巷道堆垛机的类型有哪些?
7. 高架叉车与有轨巷道堆垛机、普通叉车特征的对比。
8. 自动分拣系统的特点。
9. 自动分拣装置的选用要求。

【实践题】

华东某市由于受经济发展历史条件的限制,原有公路主枢纽规划未充分考虑现代物流对公路主枢纽的需求,而只是传统意义上的货运组织方式,有相当部分的货运站站内作业仅仅停留在停车、配货的水平,难以实现公路主枢纽规划所赋予的货运组织功能,信息化手段更为落后,不能提供多功能、一体化、高效率的物流延伸服务,无法满足目前乃至今后物流业快速发展的要求。为适应现代化物流的发展,准备重新规划设计公路主枢纽设施。根据所学知识,你觉得:

1. 如果周边的货物以小包装和小件为主,大件货物量比较少的话,仓库应多选用哪种类型的货架?
2. 仓库的空间如何安排才能在有效利用空间的基础上提高出入库的效率?

【情景演练】

本情景模块是物流系统中的一个重要环节,内容多,操作性强,在授课过程中充分利用校内校外既有物流设备设施,加强实训,使学生能够理论练习实际。建议教师在课内介绍堆垛机械的同时,结合物流企业应用堆垛机械的实际情况进行介绍,教师在课内介绍自动化立体仓库设备和AGV小车的同时,结合国内外物流企业和制造业企业应用自动化立体仓库和AGV小车的实际使用、情况进行介绍,能够达到比较好的效果。

学习情景 7　物流信息技术与物联网设施与设备

> **学习内容**
>
> 【重点】
> ☆ 条形码技术知识，RFID 技术知识，POS 系统知识，GIS、GPS 等物流信息技术知识
> ☆ 条码识读设备在物流系统中的应用
>
> 【难点】
> ☆ 能运用 GPS、GIS、RFID 等物流信息技术

> **学习目标**
>
> ☆ 了解相关的信息技术设备的概念
> ☆ 掌握条形码技术知识，RFID 技术知识，EDI 技术知识，POS 系统知识，GIS、GPS 等物流信息技术知识
> ☆ 熟悉和了解各种设备的选用，射频设备的组成和分类

 **章前导读**

无线射频识别技术在昆明烟草物流配送中的应用

21 世纪全球的商业竞争是各供应链优劣高下的综合竞争。各跨国商业零售巨头们不惜投入巨资，运用当今最先进的科学技术，建立快速、高效的运营体系。在这一背景下，昆明市烟草公司建立了自己的卷烟销售网络，学习借鉴了国外先进企业仓储管理经验，应用无线射频识别技术（RFID）对卷烟配送中心进行完全数字化仓库建设，使卷烟销售量逐年稳步上升，企业经济效益大幅度提高。其做法主要有：

一、数字托盘管理

将货物以托盘为基本数字化管理单位，即在托盘上嵌入一个 HF-915 MHz 电子标签，这样既不影响货物的外观质量，又提高货物整体数字化平均单位数量，便于实现大批量货物的精确数字化管理。电子标签在物流配送中心的应用,是基于数字仓库管理应用软件、计算机无线网络技术、现代物流立体高架仓库思想等实现的。通过对物品托盘的货位化管理,全面实现在平面仓库中的先进管理,最大限度地提高仓库的存储能力。

二、数字仓库 RFID 应用

(1) 进货。当货物通过进货口传送带进入仓库时,每托盘货物的信息通过进货口读写器写入托盘,然后通过计算机仓储管理信息系统运算出货位,并通过网络系统将存货指令发到叉车车载系统,按照要求存放到相应货位。

(2) 出货。叉车接到出货指令,到指定货位叉取托盘货物。叉取前叉车读写器再次确认托盘货物的准确性,然后将托盘货物送至出货口传送带,出货口传送带读写器读取托盘标签信息是否准确,校验无误后出货。

通过以上手段,在数字化仓库管理信息系统中实现了卷烟的收货管理、卷烟实托盘入库管理、仓库业务管理、卷烟实托盘出库管理、接口服务等功能。

应用 RFID 为昆明烟草公司仓库管理带来了哪些便利?

相关知识

7.1 物流信息技术基础

近年来,现代物流发展很快,成为全球经济的一个热点。究其原因,除了在全球一体化的背景下,国际贸易和跨国公司得到了前所未有的发展之外,信息技术特别是网络通信技术的飞速发展也是一个决定性因素。经济全球化使得大范围、多流程、高时效、低成本的物流服务需求凸显出来。现代信息技术和网络技术的应用使物流服务满足这样的需求成为可能,并提供了实时控制和优化决策的能力,从而奠定了信息技术在物流服务中处于核心竞争力的地位。

7.1.1 物流信息的内容与功能

物流信息包含的内容和对应的功能可从狭义、广义两方面来考察。狭义的物流信息是指与物流活动(如运输、保管、包装、装卸、流通加工等)有关的信息。在物流活动的管理与决策中,如运输工具的选择、运输路线的确定、每次运送批量的确定、在途货物的追踪、仓库的有效利用、最佳库存数量的确定、库存时间的确定、订单管理、如何提高客户服务水平等,都需要详细和准确的物流信息,因为物流信息对运输管理、库存管理、订单管理、仓库作业管理等物流活动具有支持保障的功能。

广义的物流信息不仅指与物流活动有关的信息,而且包含与其他流通活动有关的信息,如商品交易信息和市场信息等。

物流信息与商品交易信息、市场信息相互融合、密切联系。例如,零售商根据对消费者需求的预测以及库存状况,制订订货计划向批发商或直接向生产厂家发出订货信息。批发商在接到零售商的订货信息后,在确认现有库存水平能满足订单要求的基础上,向物流部门发出发货配送信息。如果发现现有的库存水平不能满足订单的要求则马上向生产厂家发出订单。生产厂家在接到订单之后,如果发现现有库存不能满足订单要求则马上组织生产,再按订单上的数量和时间要求向物流部门发出发货配送信息。

广义的物流信息不仅能起到连接从生产厂家经过批发商和零售商最后到消费者的整个供应链的作用,而且在应用现代信息技术(如 EDI、EOS、POS、互联网、电子商务等)的基础上能实现整个供应链活动的效率化,具体说就是利用物流信息对供应链各个企业的计划、沟通、协调、客户服务和控制活动进行更有效的管理。

总之,物流信息不仅对物流活动具有支持保障的功能,而且具有连接整个供应链以及提高整个供应链活动的效率的作用。这些功能,使得物流信息在现代企业经营战略中占有越来越重要的地位。建立物流信息系统,提供迅速、准确、及时、全面的物流信息是现代企业获得竞争优势的必要条件。

7.1.2 物流信息的特征

(一)传递信息量大

多品种、少批量生产和多批次、小批量配送使库存、运输等物流活动的信息大量增加。零售商广泛应用 POS 系统读取销售时的商品品种、价格、数量等即时销售信息,并对这些销售信息加工整理,通过 EDI 向相关企业传送。同时为了使库存补充作业合理化,许多企业采用 EOS 系统。随着企业间的合作和信息技术的发展,物流信息的信息量在今后将会越来越大。

(二)更新速度快

物流信息的更新速度快。多品种、少批量生产和多批次、小批量配送,利用 POS 系统的即时销售使得各种作业活动频繁发生,从而要求物流信息不断更新,而且更新的速度越来越快。

(三)信息多样化

物流信息不仅包括企业内部的物流信息(如生产信息、库存信息等),而且包括企业间的物流信息和与物流活动有关的基础设施的信息。企业竞争优势的获得需要供应链各参与企业之间相互协调合作,协调合作的手段之一是信息即时交换和共享。许多企业把物流信息标准化和格式化,利用 EDI 在相关企业间进行传送,实现信息共享。另外,物流活动往往利用道路、港湾、机场等基础设施,因此为了高效率地完成物流活动,必须掌握与基础设施有关的信息,如在国际物流过程中必须掌握报关所需信息、港口作业信息等。

7.1.3 PLC

(一)PLC 概述

PLC(Programmable logic Controller,可编程控制器)如图 7-1 所示,是一种数字运算操作的电子系统,专为在工业环境下应用而设计。它采用可编程序的存储器,用来在其内部存储执行逻辑运算、顺序控制、定时、计数和算术运算等操作指令,并通过数字式和模拟式的输入和输出,控制各种类型的机械或生产过程,是工业控制的核心部分。

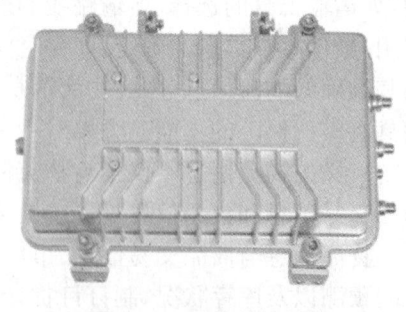

图 7-1 可编程控制器

(二)PLC 的组成与工作原理

1. 组成

PLC 是基于电子计算机,且适用于工业现场工作的电控制器,主要靠运行存储于 PLC 内存中的程序,进行入出信息变换实现控制。PLC 实质是一种专用于工业控制的计算机,其硬件结构基本上与微型计算机相同,其结构如图7-2所示。

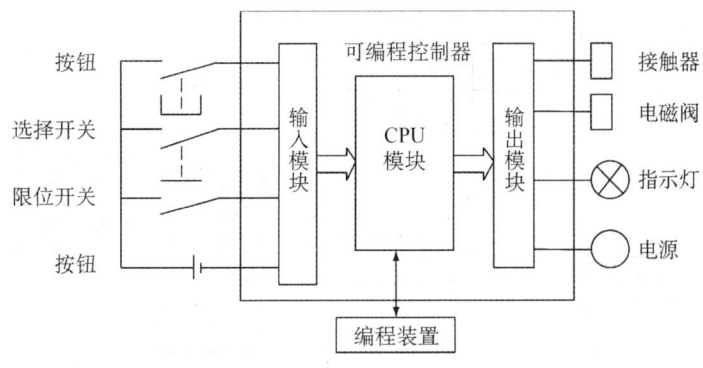

图7-2　PLC的组成结构

2. 工作原理

PLC采用循环扫描的工作方式,包括内部处理、通讯操作、输入处理、程序执行、输出处理几个阶段。全过程扫描一次所需的时间称为扫描周期。

PLC有两种工作状态,STOP和RUN。STOP:创建和编辑用户程序,设置PLC的硬件功能,并可下载到PLC。RUN:执行用户程序实现控制功能。

PLC的两种工作状态如图7-3所示。

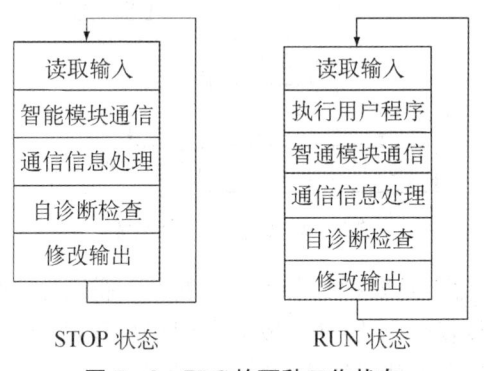

图7-3　PLC的两种工作状态

3. PLC应用和发展

目前,PLC广泛应用于各种控制系统中。在物流的仓储环节,PLC主要应用在输送机、堆垛机和分拣系统的控制中。

目前,面向物流设备的PLC市场的总量要比纺织机械、包装与印刷机械等市场小很多,2006年中国市场的总量约为1980万美元,占PLC在机器制造商应用市场总量的4.1%,但由于近年来类似起重机、电子提升机、传输机械等物流设备市场的发展非常迅速,并且这种势头还将继续,这推动了PLC在物流设备市场的高速发展。

7.1.4　计算机设备

计算机硬件设备是计算机系统不可缺少的组成部分,用户在使用计算机系统时,接触最多的是硬件设备。硬件设备是计算机和外部世界联系的桥梁。随着计算机技术的飞速发展和应用的扩大,计算机系统硬件设备的种类越来越多。计算机硬件组成如图7-4所示。

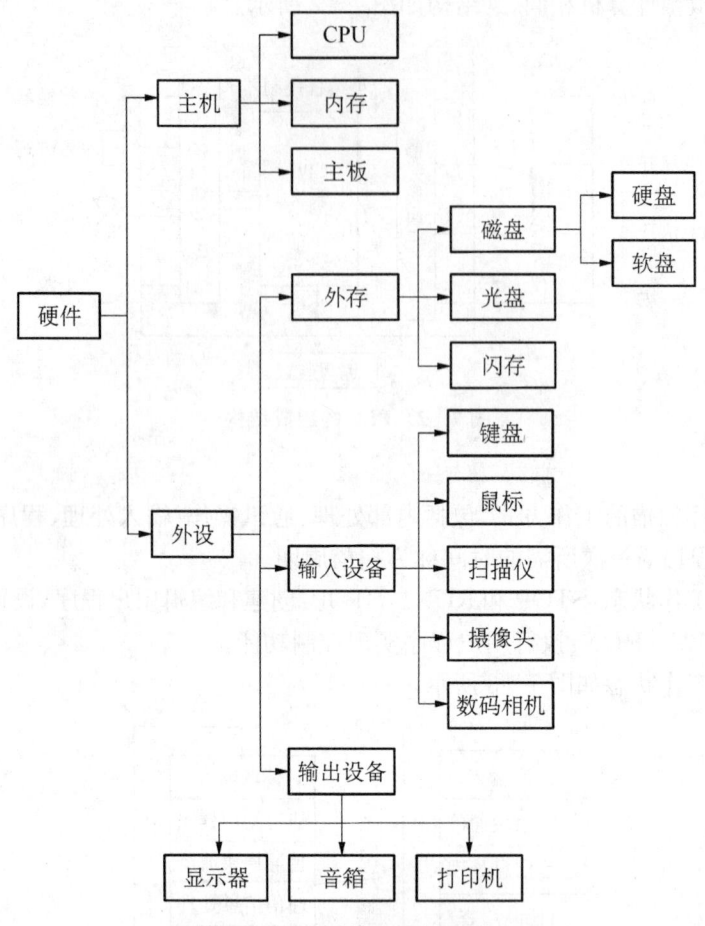

图 7-4 计算机硬件组成

近年来,我国物流信息化伴随着物流市场的发展和互联网、条码以及卫星定位系统在物流领域的普遍应用而取得了显著的成效,并已成为我国信息化最受关注的领域之一。高科技在国际物流中的应用极大地提高了现代物流的信息化和服务水平,高科技的服务手段和信息技术成为现代物流企业提升自身竞争力的必备法宝,因此,国内现代物流企业纷纷投巨资进行信息化建设。进行物流信息化建设可以提高物流经营、管理、决策的效率和水平,从而提高现代物流企业的经济效益和竞争力。现代物流企业的物流信息化建设是一项复杂的系统工程。

7.2 条码技术与设备

7.2.1 条码技术概述

(一)条码技术的含义

条码技术是集光、机、电和计算机于一体的自动识别技术,条码技术主要研究如何将信息用条码来表示,以及如何将条码所表示的数据转换为计算机可识别的数据。条码技术最早产生在 20 世纪 20 年代,是实现 POS 系统、EDI、电子商务、供应链管理的技术基础,是物流管理现代化的重要技术手段。

常见的条码如图7-5所示。

图7-5 条码示意图

（二）条码的分类

从20世纪60年代到21世纪，国内外研制出了较多种类的条码。按照编码方式的不同，条码可以分为一维条码和二维条码。一维条码与二维条码的区别如表7-1所示。

表7-1 一维条码与二维条码的区别

条形码类型 项目	一维条形码	二维条形码
资料密度与容量	密度低,容量小	密度高,容量大
错误侦测及自我纠正能力	可以检查码进行错误侦测,但没有错误纠正能力	有错误检验及错误纠正能力,并可根据实际应用设置不同的安全等级
垂直方向的资料	不储存资料,垂直方向的高度是为了识读方便,并弥补印刷缺陷或局部损坏	携带资料,对印刷缺陷或局部损坏等可以错误纠正机制恢复资料
主要用途	主要用于对物品的标识	主要用于对物品的描述
数据库与网络依赖性	多数场合须依赖数据库及通信网络的存在	可不依赖数据库及通信网络的存在而单独应用
识读设备	可用线扫描器识读,如光笔、线型CCD、激光枪	对于堆叠式可用线型扫描器多次扫描,或可用图像扫描仪识读。矩阵式则仅能用图像扫描仪识读

一维条码按照应用可以分为商品条码和物流条码,商品条码包括EAN/UPC码,物流条码包括128码、39码、库德巴码等。二维条码根据构成原理、结构形状的差异,可分为行排式二维条码(如PDF417码)、矩阵式二维条码(QR Code)和邮政码。

（三）条码的识读系统

1．识读原理

条码符号是由宽窄不同、反射率不同的条、空按照一定的编码规则组合起来的一种信息符号。条码识读是利用"色度识别"和"宽度识别"兼有的二进制赋值方式。

色度识别是由于条码符号中条、空对光线具有不同的反射率,从而使条码扫描器接收到强弱不同的反射光信号,相应地产生电位高低不同的电脉冲。宽度识别是由条码符号中条、空的宽度来决定电位高、低不同的电脉冲信号的长短。

2. 识读系统结构

从系统结构和功能上讲,条码识读系统由扫描系统、信号整形、译码三部分组成。如图7-6所示。

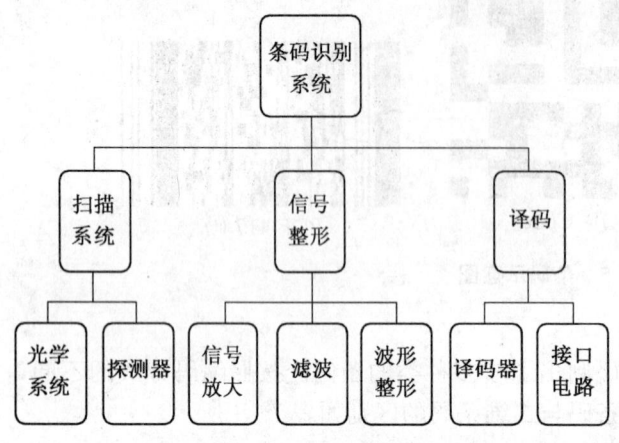

图7-6 条码识读系统的组成

扫描系统由光学系统和光电转换器组成,其功能是完成对条码符号的光学扫描,通过光电转换器,将获得的条码符号的光信号转换成为模拟电信号。

信号整形部分由信号放大、滤波和整形部分组成,其功能是将扫描系统获得的模拟电信号处理成为标准电位的矩形波信号,即标准的数字脉冲信号,其高低电位的宽度与条码符号的条、空尺寸相对应。

译码部分一般由嵌入式微处理器组成,它的功能是对获得的条码脉冲数字信号进行译码,译码的结果通过接口电路输出到条码应用系统中的数据终端。

3. 识读流程

条码识读的基本流程(如图7-7所示)为:① 由光源发出的光线经过光学系统照射到条码符号上;② 被反射回来的光经过光学系统成像在光电转换器上,并产生电信号;③ 电信号经过电路放大后产生相应的模拟信号,它与照射到条码符号上被反射回来的光成正比;④ 再经过滤波、整形,并转换成与模拟信号对应的数字方波信号;⑤ 经译码器解释为计算机可以直接接收的数字信号。

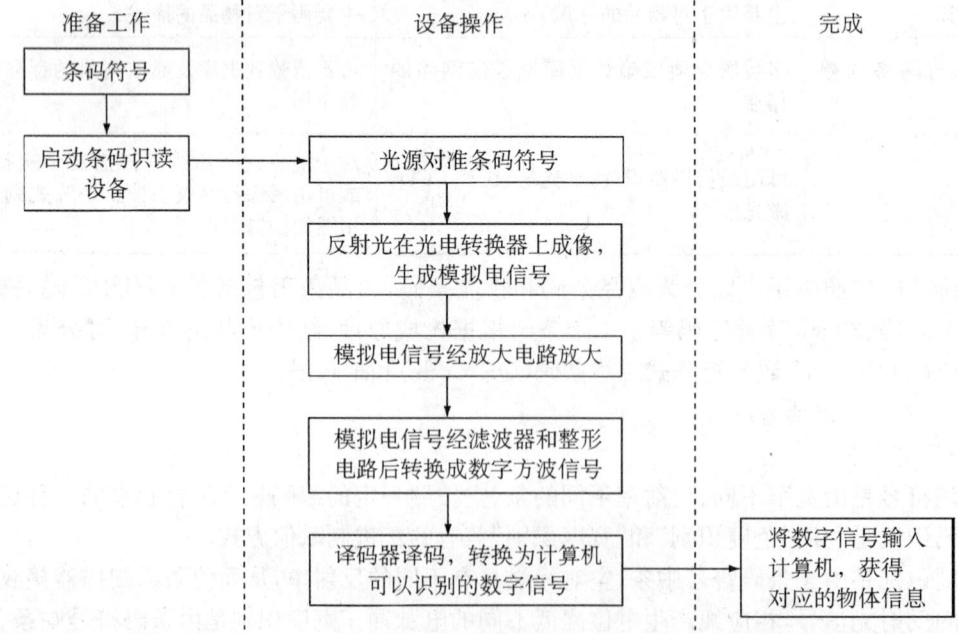

图7-7 条码扫描仪工作流程

7.2.2 条码识读设备

条码的识读需要专业的条码识读设备来完成,在不同的应用领域和应用场合面向不同的用户群,依据不同的应用要求都有不同的分类方法。

（一）常用的条码识读设备及其特点

最为常用的条码识读设备有手持激光扫描器（激光枪）、CCD 扫描器、光笔和卡槽式识读器等。其特点如表 7-2 所示。

表 7-2 常用的条码识读设备及其特点

名称		图例	特 点
激光扫描器	手持激光扫描器（激光枪）		激光枪属于手持式自动扫描的激光扫描器,其操作方便,操作者可双手对物品进行操作,只要条码符号面向扫描器,不管其方向如何,均能实现自动扫描,超级市场大都采用这种设备
	全向激光扫描器		对于标准尺寸的商品条码以任何方向通过扫描器识读区域时都能被准确地识读。这种扫描器一般用于商业超市的收款台,可以安装在柜台下面,也可以安装在柜台侧面
CCD 扫描器			这种扫描器主要采用了 CCD（Charg couple device）电荷耦合装置。CCD 器件比较适合近距离和接触阅读,它的价格没有激光阅读器贵,而且内部没有移动部件
光笔			光笔是最先出现的一种手持接触式条码阅读器,它也是最为经济的一种条码阅读器。使用时,操作者需将光笔接触到条码表面,通过光笔的镜头发出一个很小的光点,当这个光点从左到右划过条码时,在"空"部分,光线被反射,"条"的部分,光线将被吸收,因此在光笔内部产生一个变化的电压,这个电压通过放大、整形后用于译码
卡槽式识读器			卡槽式扫描器也属于固定光束扫描器,其内部的结构和光笔类似,它上面有一个槽,手持带有条码符号的卡从槽中滑过实现扫描。这种识读器广泛用于时间管理和考勤系统。它经常和带有液晶显示和数字键盘的终端集成为一体

（二）条码识读设备的技术参数

在不同的场合对识读设备有着不同的要求，用户必须综合考虑，以达到最佳的应用效果。在选择识读设备时要考虑的一些技术参数如表7-3所示。

表7-3　条码识读设备的技术参数

名称	描述
分辨率	条码识读设备能够分辨出的最窄条码符号单元宽度
正确率	条码识读设备正确识别次数与识别总次数的比值，是衡量条码识读设备正常工作的主要参数
读取景深	确保可靠识读的前提下，扫描头允许离开条码表面的最远距离与扫描器可以接近条码表面的最近点距离之差，也就是条码扫描器的有效工作范围
首读率	首次读出条码符号的数量与识读条码符号的总数量的比值
扫描频率	条码识读设备进行多重扫描时每秒的扫描次数。选择扫描器的扫描频率时应充分考虑到扫描图案的复杂程度及被识别的条码符号的运动速度。不同的应用场合对扫描频率的要求不同。
抗污染和抗皱折能力	在一些应用环境中，条码符号容易被水迹、手印、油污、血渍等弄脏，也可能因某种原因出现皱折，使得表面不平整，致使在扫描过程中发生信号变形。因此要求条码扫描器能够适应这种情况，在信号整形过程中给予充分考虑

7.3　EOS 及配置

7.3.1　EOS 的定义

EOS（Electronic Order System）是指不同组织间利用通信网络（VAN 或互联网）和终端设备以在线联结方式进行订货作业与订货信息交换的体系。

EOS 按应用范围可分为企业内的 EOS（如连锁店经营中各个连锁分店与总部之间建立的 EOS）、零售商与批发商之间的 EOS 以及零售商、批发商和生产之间的 EOS。EOS 采用电子手段完成供应链上从供应商到零售商的产品交易过程，因此，一个 EOS 必须有：

供应商：商品的制造者或供应者（生产商、批发商）。
零售商：商品的销售者或需求者。
网络：用于传输订货信息（订单、发货单、收货单、发票等）。
计算机系统：用于产生和处理订货信息。

7.3.2　门店 EOS 配置

无论采用何种形式的电子订货系统，皆以门店订货系统的配置为基础。门店订货系统配置包括硬件设备配置与确立电子订货方式两个方面。

（一）硬件设备配置

1. 价格卡（含商品条形码）

EOS 是以扫描的方式将欲订货的商品条形码输入掌上型终端机，再输入订货数量，来完成一种商品的订货工作。在订货作业中，商品的条形码不一定要求贴在商品上，由于价格卡上的条形码不易变动,其稳定性和准确性好,因此只要扫描商品价格卡上的商品条形码就可完成订货作业。运用 EOS 采用价格卡的好处还在于订货人员可在超级市场卖场中,随时掌握存货状况,并对是否订货做出迅速决定。

2. 掌上型终端机

掌上型终端机功能是将所需订货的商品条形码及订货数量,以扫描和输入的方式储存在掌上型终端机的记忆体中,待订货作业结束,再将掌上型终端机与后台电脑连接,把储存在记忆体中的订货资料存入电脑主机。掌上型终端机具有电脑储存、处理和运算等功能。

3. 数据机

输入电脑内的订货资料要输送给供应商或配送中心,必须通过数据机才行。数据机可将电脑内的订货数字化资料,转换成线性脉冲资料,透过专用线或拨接方式,传递给对方的数据机,再还原成数位信号,进入电脑产生发货资料。数据机是连接订货地和发货地两地电脑主要的通信装置。

(二) 确立电子订货方式

EOS 的运作除硬件设备外,还必须有记录订货情报的货架卡和订货簿,并确立电子订货方式。常用的电子订货方式有三种:

1. 电子订货簿

电子订货簿是记录包括商品代码/名称、供应商代号/名称、进/售价等商品资料的书面表示。利用电子订货簿订货就是由订货者携带订货簿及电子订货终端机直接现场巡视缺货状况,再由订货簿寻找商品,对条形码进行扫描并输入订货数量,然后直接接上数据机,通过电话线传输订货信息。

2. 电子订货簿与货架卡并用

货架卡就是装设在货架槽上的一张商品信息记录卡,显示内容包括:中文名称、商品代码、条形码、售价、最高与最低订量、厂商名称等。利用货架卡订货,不需携带订货簿,而只要手持电子订货终端机,一边巡货一边订货,订货手续完成后再直接接上数据机将订货信息传输出去。若有的日配品或不规则形状的商品难设置货架卡,可借助于订货簿来辅助订货。

3. 低于安全存量订货法

将每次进货数量输入电脑,销售时电脑会自动将库存扣减,当库存量低于安全存量时,会自动打印货单或直接传输出去。

7.3.3 EOS 的操作流程及特点

(一) EOS 的操作流程

(1) 在零售店的终端利用条形码阅读器获取准备采购的商品条形码,并在终端机上输入订货资料,利用电话线通过调制解调器传到批发商的计算机中;

(2) 批发商开出提货传票,并根据传票开出拣货单,实施拣货,然后根据送货传票进行商品发货;

(3) 送货传票上的资料便成为零售商店的应付账款资料及批发商的应收账款资料,并接到应收账款的系统中去;

(4) 零售商对送到的货物进行检验后,就可以陈列出售了。

EOS 的操作流程如图 7-8 所示。

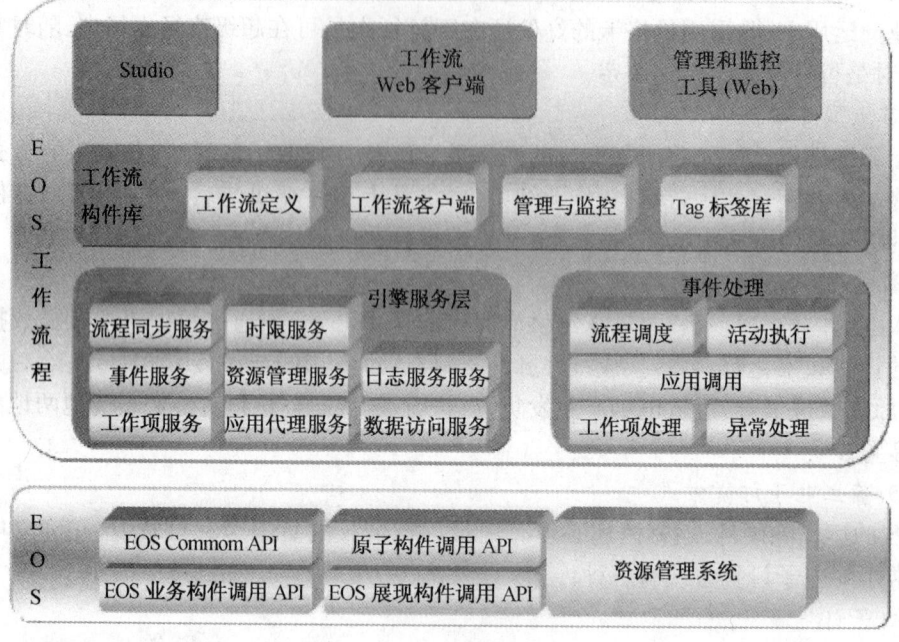

图 7-8 EOS 的操作流程

（二）EOS 的特点

（1）商业企业内部计算机网络应用功能完善，能及时产生订货信息；

（2）POS 系统与 EOS 高度结合，产生高质量的信息；

（3）满足零售商和供应商之间的信息传递；

（4）通过网络传输信息订货；

（5）信息传递及时、准确；

（6）EOS 是许多零售商和供应商之间的整体运作系统，而不是单个零售店和单个供应商之间的系统。

EOS 在零售商和供应商之间建立起了一条高速通道，使双方的信息及时得到沟通，使订货过程的周期大大缩短，既保障了商品的及时供应，又加速了资金的周转，实现了零库存战略。

7.4 POS 系统及设备

7.4.1 POS 系统

POS 是英文 Point of Sale 的缩写。POS 系统最早应用于零售业，以后逐渐扩展到金融、旅馆等服务性行业，利用 POS 系统的范围也从企业内部扩展至整个供应链。现代 POS 系统已不仅仅局限于电子收款技术，而是考虑将计算机网络、电子数据交换技术、条形码技术、电子监控技术、电子收款技术、电子信息处理技术、远程通信、电子广告、自动仓储配送技术、自动售货、备货技术等一系列科技手段融为一体，从而形成一个综合性的信息资源管理系统。

（一）POS 系统的类型

POS 系统有两种：一种是商业应用的 POS 系统，称为销售点实时信息系统，它是由电子收款机和计算机联机构成的商店前台网络系统。该系统对商店零售柜台的所有交易信息进行加工整理,实时跟踪销售情况、分析数据、传递反馈、强化商品营销管理。另一种是指银行应用的 POS 系统,即称为销售点电子转账服务作业系统(Electronic Fund Transfer Point of Sales System)。

(二) POS 系统的特点

POS 系统能够对商品进行单品管理、员工管理和客户管理,并能适时自动取得销售时点信息,它紧密地连接着供应链,是供应链管理的基础,也可以说是物流信息管理的起点。其特点如下:

1. 分门别类管理

POS 系统的分门别类管理不仅针对商品,而且还可以针对员工和客户。

(1) 单品管理。零售业的单品管理是指对店铺陈列展示销售的商品以单个商品为单位进行销售跟踪和管理的方法。由于 POS 信息即时准确地记录单个商品的销售信息,因此 POS 系统的应用使高效率的单品管理成为可能。

(2) 员工管理。员工管理是指通过 POS 终端机上的计时器的记录,依据每个员工的出勤状况、销售状况(以月、周、日甚至时间段为单位)进行考核管理。

(3) 客户管理。客户管理是指在客户购买商品结账时,通过收银机自动读取零售商发行的客户 ID 卡或客户信用卡来把握每个客户的购买品种和购买额,从而对客户进行分类管理。

2. 自动读取销售时点信息

在客户购买商品结账时 POS 系统通过扫描读数仪自动读取商品标签上的信息,在销售商品的同时获得实时的销售信息是 POS 系统的最大特征。

3. 集中管理信息

在各个 POS 终端获得的销售时点信息以在线连接方式汇总到企业总部,与其他部门发送的有关信息一起由总部的信息系统加以集中并进行分析加工,如把握畅销商品和滞销商品以及新商品的销售倾向,对商品销售量和销售价格、销售量和销售时间之间的关系进行相关分析,对商品上架陈列方式、促销方法、促销时间、竞争商品的影响进行相关分析,并集中管理等。

4. 连接供应链的有力工具

供应链的参与各方合作的主要领域之一是信息共享,而销售时点信息是企业经营中最重要的信息之一,通过它及时把握客户的需要信息,供应链的参与各方可以利用销售时点信息并结合其他信息来制订企业的经营计划和市场营销计划。目前,领先的零售商正在与制造商共同开发一个完全的物流系统——联合预测和库存补充系统 CFAR(Collaboration Forecasting and Replenishment),该系统不仅分离 POS 信息,而且一起联合进行市场预测,分享预测信息。

(三) POS 系统的组成

POS 系统包含前台 POS 系统和后台 MIS 系统两大基本部分。

在商场完善前台 POS 系统的同时,也应建立商场管理信息系统 MIS(Management Information System,实际是 POS 系统网络的后台管理部分)。这样,在商品销售的过程中任一时刻,商品的经营决策者都可以通过 MIS 了解和掌握 POS 系统的经营情况,实现商场库存商品的动态管理,使商品的存储量保持在一个合理的水平,减少不必要的库存。

(1) 前台 POS 系统

前台 POS 系统是指通过自动读取设备(主要是扫描器),在销售商品时直接读取商品销售信息(如商品名称、单价、销售数量、销售时间、销售店铺、购买客户等),实现前台销售业务的自动化,对商品交易进行实时服务和管理,并通过通信网络和计算机系统传送至后台,通过后台计算机系统的计算、分析与汇总等掌握商品销售的各项信息,为企业管理者分析经营成果、制订经营方针提供依据,以提高经营效率的系统。

(2) 后台 MIS 系统

后台 MIS 系统又称管理信息系统。它负责整个商场进、销、调、存系统的管理以及财务管理、库存管理、考勤管理,分析统计各种销售报表,快速准确地计算成本与毛利,也可以对售货员、收款员业绩进行考核,是员工分配工资、奖金的客观依据。因此,商场现代化管理系统中,前台 POS 与后台 MIS 是密切相关的,两者缺一不可。

7.4.2 POS 机

POS 机是销售点终端,它是配有条码或 OCR 的终端阅读器,也称为收银机、收款机、电子收款机。如图 7-9 所示。POS 机广泛应用于零售业和服务业的交易处理和记录,如在银行、百货商店、超市、服装行业、医药行业(医院、药店)、娱乐等产生消费的场所都需要用到 POS 机。

图 7-9 POS 机

(一) POS 机的功能

POS 机的主要功能如表 7-4 所示。

表 7-4 POS 机的主要功能

功　能	内　容
结算功能	使用 POS 进行收款时可以使用现金、信用卡、购物券、会员卡等多种方式。可以实现销售信息的合计和小计操作;折扣输入分析折扣额,且可以多次进行;收款信息的在线接收及新增加商品的接收,并可以提供与销售有关的报告
盘点功能	在停业盘点时可以利用条码识别读入商品信息,或者输入商品编码找到商品,然后可以统计相应的商品数量,并将信息传递给仓库管理系统进行盘点作业
到货确认功能	当商品入店时,POS 机可以实现到货输入的功能,可以利用条码阅读器读入商品信息,然后输入商品数量,POS 机将这些数据传到后台进行到货处理

(二) POS 机的基本组成

POS 机的基本结构包括主机与外部设备，其中主机的结构和普通电子计算机类似，POS 机的主要外部设备包括条码识别设备、票据打印机、顾客显示屏、显示器、专用机箱、编程键盘、磁卡阅读器以及收银钱箱。如图 7-10 所示。

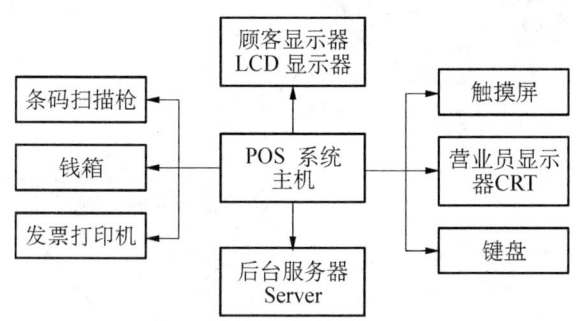

图 7-10　POS 系统硬件配置

7.4.3　POS 系统处理销售的流程

(1) 顾客携带所购买的商品到达收银台。
(2) 收银员开始一次新的销售交易。
(3) 收银员输入商品条码。
(4) 系统逐条记录出售的商品，并显示该商品的描述、价格和累计金额。价格通过一组价格规则来计算。收银员重复 3～4 步，直到输入结束。
(5) 系统显示总额。
(6) 收银员告知顾客总额，并请顾客付款。
(7) 顾客付款，系统处理支付。
(8) 系统记录完整的销售信息，并将信息通知给账务系统和库存系统。
(9) 系统打印票据。
(10) 顾客携带商品和票据离开。

7.5　GPS 与 GIS

7.5.1　GPS

(一) GPS 概述

全球卫星定位系统(Global Positioning System, GPS)是美国从 20 世纪 70 年代开始研制，历时 20 余年，耗资 200 亿美元，于 1994 年全面建成，具有海陆空全方位实时三维导航与定位能力的新一代卫星导航与定位系统。全球定位系统是利用空间卫星系统、地面监控系统、用户接收系统对对象进行动态定位的系统。它能快速、准确地对静态、动态对象进行动态空间信息的获取，并且不受天气和时间的限制。

(二) GPS 的组成

全球卫星定位系统由空间部分(GPS 星座)、地面监控部分(地面监控系统)和用户设备部分(GPS信号接收机)三大部分组成。如图7-11所示。

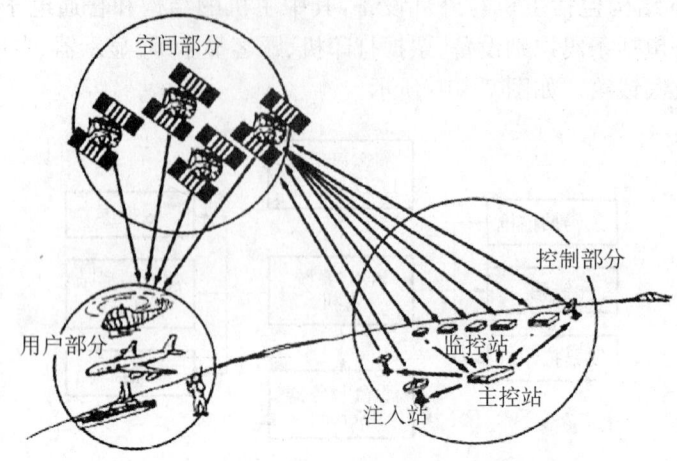

图7-11 GPS的组成

1. 空间卫星系统

空间卫星系统(如图7-12所示)由均匀分布在6个轨道平面上的24颗高轨道工作卫星构成,轨道平面的卫星数随着时间和地点的不同而不同,最少可见4颗,最多可以见11颗。卫星运行到轨道的任何位置,它对地面的距离和波速覆盖面积都不变。这样在全球的任何地方、任何气候下,都能为用户提供24小时不间断的免费服务。

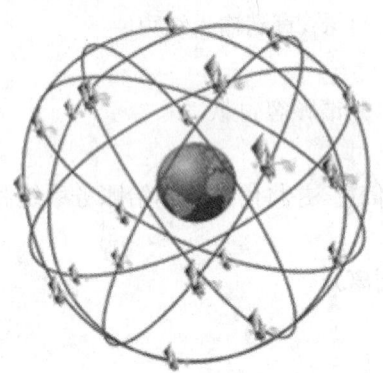

图7-12 空间卫星系统

2. 地面控制系统

地面控制系统由1个主控站、3个注入站、5个监测站构成,它们均匀地分布在美国的本土和三大洋的军事基地上,如图7-13所示。

(1) 主控站。接受各监控站发来的卫星观测数据、卫星工作状态数据以及各监测站和注入站自身的工作状态数据。

(2) 注入站。注入站接收主控站送达的卫星导航电文并将其注入飞越其上空的卫星。

(3) 监测站。监测站的主要任务是对每颗卫星进行观测,采集气象数据,精确卫星在空间中的位置,及时地向主控站提供观测数据和信息。

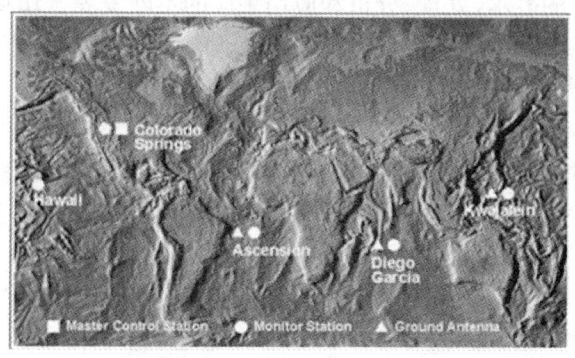

图 7-13 控制站的分布图

3. 用户接收系统

用户接收系统的中心设备是 GPS 接收机。GPS 接收机是一种特制的无线电接收机,它能很好地捕捉、跟踪卫星,接收放大 GPS 信号,实时地计算出监测站的三维坐标以及监测对象的三维速度和时间。

GPS 卫星接收机的基本结构是天线单元和接收单元两部分,如图 7-14 所示。

图 7-14 用户接收系统

(三) GPS 的应用

在物流领域的发展中,将 GPS 应用于运输车队管理上,其实早已行之多年,简单的运行模式是利用卫星系统对行进中的车辆坐标定位管理,然后再通过装置在车上的 GPRS 无线通信模组,将坐标传送给资讯后台,可让客户或企业管理阶层通过网络查询货车的位置。但是随着企业经营环境竞争越来越激烈,为了提供给客户更好更快的服务,单纯的导航与车辆定位追踪功能已经无法完全满足消费者或企业管理者的期待与需求,而需要整合更完善且即时的货况管理资讯,借以提升服务价值。例如,将运输过程中货品清单、清点货品、收货时间、签收单、车辆位置等资讯,整合成行程管理与工作资讯的即时货况管理,从而支持货物运输资讯管理模式。

7.5.2 GIS

(一) GIS 概述

地理信息系统(Geographic Information System)简称 GIS,最早产生于北美,它的产生与发展是与地理空间信息的表示、处理、分析和应用手段的不断发展密切相关的。

一般来说，GIS 可以定义为："用于采集、存储、管理、处理、检索、分析和表达地理空间数据的计算机系统，是分析和处理地理数据的通用技术"。

（二）GIS 的组成

地理信息系统（GIS）主要由五个部分构成，即硬件、软件、人员、数据及分析方法，如图 7-15 所示。

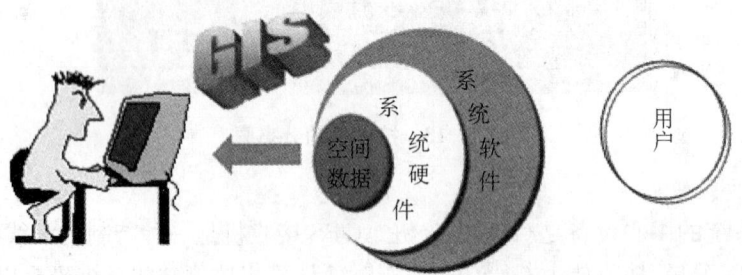

图 7-15　GIS 的组成

1. 计算机硬件系统

由于 GIS 任务的复杂性和特殊性，必须有计算机设备支持。GIS 硬件配置一般包括四个部分。

（1）计算机：工作站、微机、便携式计算机。

（2）数据输入设备：数字化仪、图像扫描仪、手写笔、光笔、RS 遥感、GPS 等。

（3）数据输出设备：笔式绘图仪、喷图绘图仪、激光打印机等。

（4）数据存储设备：磁带机、光盘机等。

2. 软件

软件是指 GIS 运行所必需的各种程序，主要包括计算机系统软件和地理信息系统软件两部分。地理信息系统软件提供存储、分析和显示地理信息的工具，主要的软件部件有：输入和处理地理信息的工具，数据库管理系统工具，支持地理查询、分析和可视化显示的工具，使用这些工具的图形用户界面（GUI）。

3. 系统开发、管理人员和用户

人是 GIS 中的重要构成因素，GIS 不同于一幅地图，而是一个动态的地理模型。GIS 的技术如果没有人来管理系统和制订计划以便应用于实际问题，那就没有任何价值。对于合格的系统设计、运行和使用，地理信息系统专业人员是地理信息系统应用的关键，而强有力的组织是系统运行的保障。一个周密规划的地理信息系统项目包括负责系统设计和执行的项目经理、信息管理的技术人员、系统用户化的应用工程师及最终运行系统的用户。

4. 地理数据

数据是 GIS 的血液，没有数据，GIS 就无法运行。地理数据是指具有空间定位的自然、社会、人文、经济等方面的数据，可以是图形、图像、文本、表格、数字、声音等，用户通过数字化仪、扫描仪等设备输入到 GIS 地理数据库中。

GIS 中有三类数据，即空间数据、属性数据和时间数据，如表 7-5 所示。

表 7-5 GIS 数据分类

数据类型	说　明
空间数据	描述目标的空间位置、几何形态以及与其他目标空间关系的数据,例如描述一幢房子位置和形状的坐标数据。空间数据通常通过测绘手段获取(包括地图、遥感、GIS 等)
属性数据	描述空间目标的社会或自然属性的数据,如房子的户主、建筑年代、建筑材料等
时间数据	也称为时间序列或动态数据,即同一现象或数据在不同时间点或时间段的数据序列。例如,同一只股票在一天中不同时间点或时间段所反映出来的数据序列

5. 分析方法

GIS 的分析方法主要是指空间信息的综合分析方法,即应用模型,这些模型是在对专业领域的具体对象与过程进行大量研究的基础上总结出来的规律。GIS 就是利用这些模型对大量空间数据进行分析综合来解决实际问题的,如基于 GIS 的矿产资源评价模型、灾害评价模型等。

(三) GIS 在物流领域中的应用

GIS 应用于物流分析,主要是利用 GIS 强大的地理数据功能来完善物流分析技术。通过 GIS 物流分析技术,在实际物流中可以进行诸如车辆路线确定、客户定位、分配集合、设施定位等物流活动。

7.6　物联网设施设备的认识与运用

7.6.1　物联网核心设施与设备

物联网的基本构成如图 7-16 所示。

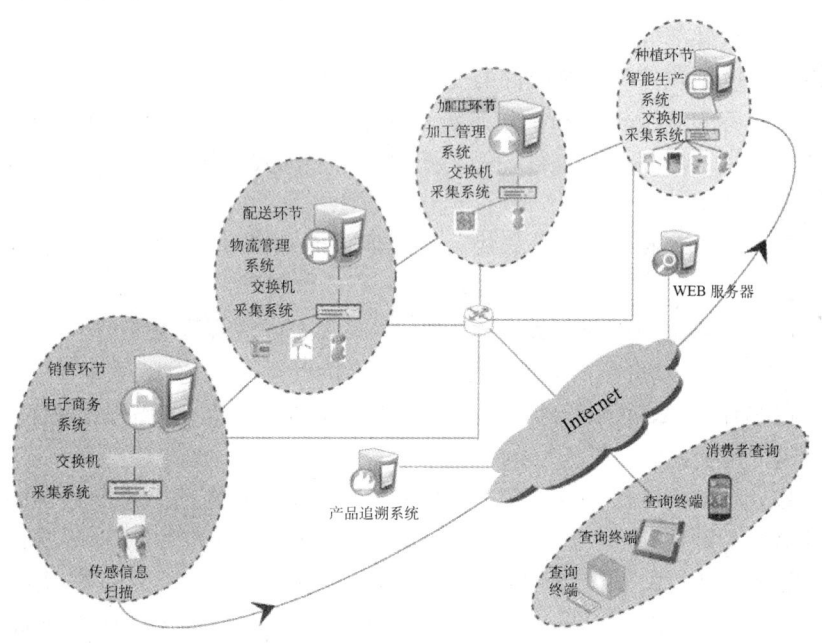

图 7-16　物联网的基本构成

（一）嵌入式系统

嵌入式系统被描述为：以应用为中心，软件、硬件均可裁剪的，适应应用系统对功能、可靠性、成本、体积、功耗等严格综合性需要的计算机系统。它由嵌入式硬件和嵌入式软件两部分组成。

嵌入式操作系统位于硬件和应用软件之间，为上层应用提供基础服务，是嵌入式系统的核心和灵魂。简单地讲，物联网是物与物、人与物之间的信息传递及控制，可以理解为以嵌入式系统为基础的智能终端的网络化。有人认为，物联网就是基于互联网的嵌入式系统。

从另一个角度来说，物联网的产生是嵌入式系统高速发展的必然产物，更多的嵌入式智能终端产品有了联网的需求，催生了物联网这个概念。

目前，嵌入式系统已经在物联网中开始应用，例如在 MSP430 单片机上开发实现的无线抄表模块，基于 ARM/Linux 开发平台和各种家庭传感单元实现的物联网智能家居系统。未来物联网应用的层次更加丰富和复杂，物联网将成为嵌入式系统新的应用领域，嵌入式系统将成为基础性的物联网设备。

嵌入式系统是计算机软件和硬件的综合体，所以可以笼统地将嵌入式系统分为硬件和软件两部分。从系统结构上分，嵌入式系统的构架可以分成四个部分，即处理器、存储器、输入输出（I/O）和软件，如图 7-17 所示。

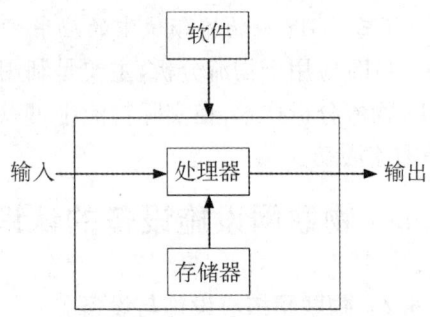

图 7-17 嵌入式系统的组成

嵌入式系统的硬件部分包括处理器/微处理器、存储器及外设器件和 I/O 端口、图形控制器等。嵌入式系统有别于一般的计算机处理系统，它不具备像硬盘那样大容量的存储介质，而大多使用 EPROM、EEPROM 或闪存（Flash Memory）作为存储介质。

嵌入式系统的软件部分包括应用软件和操作系统。应用软件决定着系统的运作和行为，而操作系统控制着应用软件与系统硬件的交互。

多数嵌入式设备的应用软件和操作系统都是紧密结合的，这也是嵌入式系统和通用 PC 系统的主要区别之一。下面分别介绍嵌入式处理器与嵌入式操作系统

1. 嵌入式处理器

嵌入式系统由软件和硬件两部分构成。从硬件角度来说，嵌入式处理器是嵌入式硬件中最核心的部分。

嵌入式处理器与通用型处理器最大的区别是，嵌入式处理器大多工作在为特定用户群设计的系统中，它通常具有功耗低、体积小、集成度高等特点，能够把通用处理器中许多由板卡完成的任务集成在芯片内部，从而有利于嵌入式系统设计趋于扁平化，增强设备的可移动性能，网络的耦合也越来越紧密。

区分嵌入式处理器的一个重要指标就是"位数"，即处理器处理二进制数据的宽度。全世界嵌入式处理器的品种数量已经超过 1 000 种，除了按位数划分外，目前业界有关嵌入式处理器的分类主要有嵌入式微控制器（Microcontroller Unit，MCU）、嵌入式微处理器（Microprocessor Unit，MPU）、嵌入式 DSP 处理器（Embedded Digital Signal Processor，EDSP）、嵌入式片上系统（System on Chip，SoC）等。

(1) 嵌入式微控制器

嵌入式微控制器的典型代表是单片机,单片机将整个计算机系统集成到一块芯片中。嵌入式微控制器一般以某一种微处理器内核为核心,芯片内部集成 ROM/EPROM/EEPROM、RAM、总线、定时/计数器、WatchDog、I/O、脉宽调制输出、A/D、D/A、Flash RAM 等各种必要功能和外设。

微控制器是目前嵌入式系统工业的主流之一。嵌入式微控制器目前的品种和数量最多,比较有代表性的有 8051、P51XA、MCS-251、MCS-96/196/296、C166/167、MC68HC05/11/12/16、68300 等。另外还有如支持 USB 接口的 MCU 8XC930/931、C540、C541,支持 CAN-Bus 等的众多专用 MCU 和兼容系列。

(2) 嵌入式微处理器

嵌入式微处理器是由通用计算机中的 CPU 演变而来的。它的特征是具有 32 位或 32 位以上的位宽,有较高的性能,当然其价格也相应较高。但与计算机处理器不同的是,在实际嵌入式应用中,只保留和嵌入式应用紧密相关的功能硬件,去除其他的冗余功能部分,这样就以最低的功耗和资源实现嵌入式应用的特殊要求。和工业控制计算机相比,嵌入式微处理器具有体积小、质量轻、成本低、可靠性高等优点。

目前主要的嵌入式微处理器类型:① ARM/StrongARM;② MIPS;③ 68K/Cold Fire;④ PowerPC。

(3) 嵌入式 DSP 处理器

嵌入式 DSP 处理器是专门用于信号处理方面的处理器,对系统结构和指令进行了特殊设计,使其适合于执行数字信号处理(Digital Signal Processing,DSP)算法,编译效率较高,指令执行速度也较高。在数字滤波、FFT、谱分析等方面数字信号处理算法正在大量进入嵌入式领域,DSP 应用正从在通用单片机中以普通指令实现过渡到采用嵌入式 DSP 处理器来实现。

(4) 嵌入式片上系统

嵌入式片上系统最大的优点是实现软硬件无缝结合,操作系统的代码模块可以直接嵌入到处理器芯片上。各种通用处理器内核将作为 SoC 设计公司的标准库,和许多其他嵌入式系统外设一样,已成为 VLSI 设计中一种标准的器件,用标准的 VHDL 等语言描述,存储在器件库中。

2. 嵌入式操作系统

嵌入式操作系统是嵌入式系统中的软件部分的核心内容。其本质上也是一个操作系统,但又与一般的操作系统有着一定的差异。嵌入式操作系统一般都是根据客户需求来设计的,以实现特定功能。一般来说,嵌入式操作系统的功能是控制系统的负载和监控应用程序。到目前为止,各种各样的嵌入式操作系统可能有几百种,最常用的有 VxWorks 嵌入式操作系统、CLinux、红旗嵌入式 Linux、RT-Linux、Symbian、Windows CE、Palm 等。

(二) 传感器

人们为了从外界获取信息,必须借助于感觉器官。单靠人们自身的感觉器官,在研究自然现象和规律以及生产活动中它们的功能就远远不够了。为适应这种情况,就需要借助于传感器。因此可以说,传感器是人类五官的深化,又称为电五官。

1. 传感器的定义

在《传感器通用术语》(GB 7665—2005)中,传感器指:"能感受规定的被测量并按照一定的规律转换成可用信号的器件或装置,通常由敏感元件和转换元件组成。"传感器也称为变换器、换能器或探测器,它是实现自动检测和自动控制的首要环节。

2. 传感器的组成

传感器一般由敏感元件、传感元件、信号调节与辅助电路等部分组成,如图 7‑18 所示。

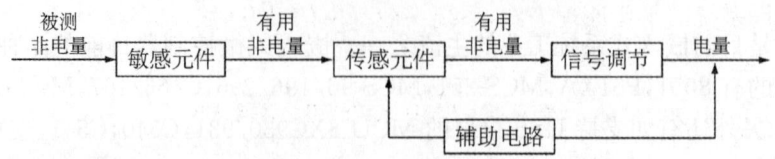

图 7‑18 传感器的组成

(1)敏感元件:直接感受被测非电量并按一定规律转换成与被测量有确定关系的其他量的元件。

(2)传感元件:又称变换器,能将敏感元件感受到的非电量直接转换成电量的器件。

(3)信号调节与辅助电路:能把传感元件输出的电信号转换为便于显示、记录、处理和控制的有用电信号的电路。常用的电路有电桥、放大器、变阻器、振荡器等。辅助电路通常包括电源等。

温度报警器的工作电路如图 7‑19 所示。

常温下,调整 R_1 的阻值使斯密特触发器的输入端 A 处于低电平,则输出端 Y 处于高电平,无电流通过蜂鸣器,蜂鸣器不发声;当温度升高时,热敏电阻 R_T 的阻值减小,斯密特触发器输入端 A 电势升高,当达到某一值(高电平),其输出端由高电平跳到低电平,蜂鸣器通电,从而发出报警声,R_1 的阻值不同,则报警温度不同。

传感器是物联网发展的根本。基础传感器是探测和获取外界信息的源头,是物联网发展最根本的基础,也是战略性新兴产业的重要内容,其生产加工逐步融合了半导体加工工艺、微机电加工等技术,目前正在向智

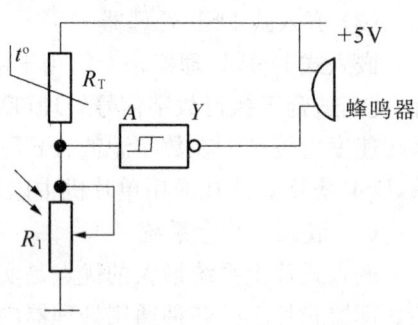

图 7‑19 温度报警器的工作电路

能化、系统化、高精度、大规模产业方向发展。事实上,无论传感技术、RFID 技术,都仅仅是信息采集技术之一。除传感技术和 RFID 技术外,GPS、视频识别、红外、激光、扫描等所有能够实现自动识别与物物通信的技术都可以称为物联网的信息采集技术。因此,传感网或者RFID 网只是物联网的一种应用,但不是物联网的全部。

(三)RFID 技术

1. RFID 技术简介

RFID 即射频识别技术(Radio Frequency Identification,缩写 RFID),是 20 世纪 90 年代开始兴起的一种自动识别技术。

射频识别技术通常是以微小的无线收发器为标签来标志某个物体,这个物体在 RFID 技术中通常称为对象。标签上携带有一些关于这个对象的数据信息。作为标签的无线收发器通过无线电波将这些数据发射到附近的识读器。识读器可以对这些数据进行收集和处理,并且可以通过计算机和网络处理并传送它们。

射频系统的优点是不局限于视线,识别距离比光学系统远。射频识别标签具有可读写能力、可携带大量数据、难以伪造和有智能的特点等。

2. RFID 系统的组成

RFID 系统在具体的应用过程中,根据不同的应用目的和应用环境,系统的组成会有所不同,但从 RFID 系统的工作原理来看,系统一般都由信号发射机、信号接收机、发射接收天线等几部分组成。如表 7-6 所示。

表 7-6 RFID 系统的组成及其作用

名称	图例	作用
信号发射机（标签）		在 RFID 系统中,信号发射机的典型形式是标签。标签是信息的载体。标签相当于条码技术中的条码符号,用来储存需要识别传输的信息,与条码不同的是,标签必须能够自动或在外力的作用下,把存储的信息主动发射出去
信号接收机（阅读器）		阅读器也称为读写器,是联系标签以及数据管理系统的接口,其主要作用是完成标签信息读出或者写入,阅读器和计算机之间可以通过标准接口进行通信
天线		天线是标签与阅读器之间传输数据的发射、接收装置。任一 RFID 系统至少应包含一根天线(不管是内置还是外置)

3. RFID 的工作原理

RFID 技术的基本原理是电磁理论。标签进入磁场后,接收解读器发出的射频信号,凭借感应电流所获得的能量发送出存储在芯片中的产品信息(Passive Tag,无源标签或被动标签),或者主动发送某一频率的信号(Active Tag,有源标签或主动标签);解读器读取信息并解码后,送至中央信息系统进行有关数据处理。如图 7-20 所示。

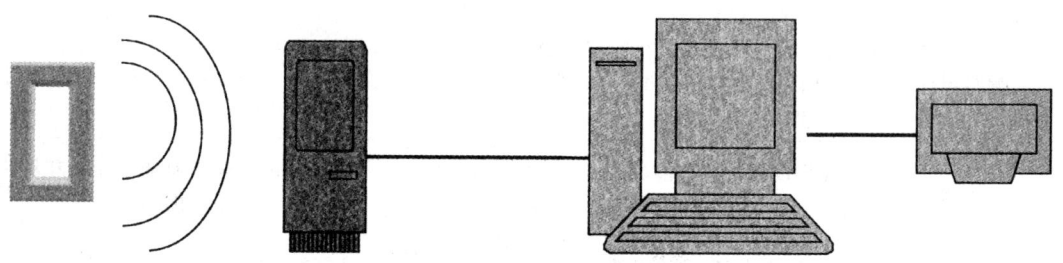

图 7-20 RFID 的工作原理

7.6.2 物联网设施设备的技术应用

(一) 传感器的应用

智能传感器已广泛应用于航天、航空、国防、科技和工农业生产等各个领域中。例如,它在机器人领域中有着广阔的应用前景,智能传感器使机器人具有类似人的五官和大脑功能,可感知各种现象,完成各种动作。在工业生产中,利用传统的传感器对某些产品质量指标(例如黏度、硬度、表面光洁度、成分、颜色及味道等)进行快速直接测量并在线控制。传感器的一般应用模式如图7-21所示。

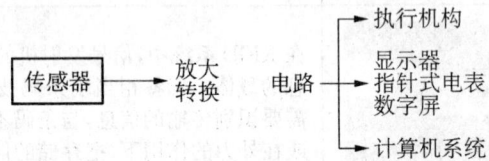

图7-21 传感器的一般应用模式

(二) RFID 的应用领域

射频识别技术适用的领域为物料跟踪、运载工具和货架识别等要求非接触数据采集和交换的场合,由于射频识别标签具有可读写能力,对于需要频繁改变数据内容的场合尤为适用。如表7-7所示。

表7-7 RFID的应用范围及应用情况

应用范围	应用情况
零售	由沃尔玛、麦德隆等大超市一手推动的RFID应用,可以为零售业带来包括降低劳动力成本,商品的可视度提高,降低因商品断货造成的损失,减少商品偷窃现象等好处。可应用的过程包括商品的销售数据实时统计、补货、防盗等
制造业	应用于生产过程的生产数据实时监控、质量追踪、自动化生产、个性化生产等。在贵重及精密的货品生产领域应用更为迫切
服装业	可以应用于服装的自动化生产、仓储管理、品牌管理、单品管理、渠道管理等过程,随着标签价格的降低,这一领域将有很大的应用潜力。但是在应用时,必须得仔细考虑如何保护个人隐私的问题
医疗	可以应用于医院的医疗器械管理、病人身份识别、婴儿防盗等领域。医疗行业对标签的成本比较不敏感,所以该行业将是RFID应用的先锋之一
身份识别	RFID技术由于天生的快速读取与难伪造性,而被广泛应用于个人的身份识别证件。如世界各国现在开展的电子护照项目,我国的第二代身份证、学生证等各种电子证件
防伪	RFID技术具有很难伪造的特性,但是如何应用于防伪还需要政府和企业的积极推广。可以应用的领域包括贵重物品(烟、酒、药品)的防伪,票证的防伪等
资产管理	各类资产(贵重的或数量大相似性高的或危险品等)。随着标签价格的降低,可以涉及所有的物品

(续表)

应用范围	应用情况
交通	高速不停车缴费,出租车管理,公交车枢纽管理,铁路机车识别等,已有不少较为成功的案例,应用潜力大
食品	水果、蔬菜、生鲜等保鲜度管理。由于水果、蔬菜、生鲜含水分多,会影响正常的标签识别,所以该领域的应用将在标签的设计及应用模式上有所创新
图书馆	书店、图书馆、出版社等应用。可以大大减少书籍的盘点和管理时间,可以实现自动租、借、还书等功能。在美国、欧洲、新加坡等已有图书馆应用成功案例,国内有图书馆正在测试中
航空	制作旅客机票,行李包裹追踪。可以应用于飞机的制造,飞机零部件的保养及质量追踪,旅客的机票、快速登机、旅客的包裹追踪
其他	门票、考勤、电子巡更、一卡通、消费、电子停车场等

【情景小结】

物流信息技术在物流系统中有越来越广泛的运用空间,电子商务交易包含信息流、商流、和物流。物流作为"四流"中最为特殊的一种,涵盖了商品或服务的流动过程,包括运输、储存、装卸、保管等各种活动。电子商务物流中的物流技术,包括 RFID 技术、EDI 技术、EOS 技术、GIS 与 GPS 技术等,对于提高企业物流效率,这会对企业的运行产生积极效益,使企业不断减低成本。

【双基练习题】

一、填空题

1. PLC,即_____,其两种工作状态为_____和_____。
2. 地理信息系统基本组成要素有:硬件、软件、_____、_____与方法。
3. 从系统结构和功能上讲,条码识读系统由_____、_____和_____三部分组成。
4. 从 RFID 系统的工作原理来看,系统一般都由_____、_____、_____等几部分组成。
5. POS 机的主要功能有_____、_____、_____。
6. GPS 全球卫星定位系统由三部分组成:空间部分——GPS 星座;地面监控部分——地面监控系统;_____。
7. GIS 中有三类数据,即_____、_____和_____。
8. 传感器一般由_____、_____、_____与_____等几部分组成。

二、选择题

1. GIS 由硬件、软件、数据、(　　)构成
   A. 人员和方法　　B. 环境　　C. 计算机　　D. 资源
2. 下列属于 GIS 输入设备的是(　　)。
   A. 主机　　B. 绘图机　　C. 扫描仪　　D. 显示器
3. 描述地理实际位置、形状、大小的数据位是(　　)。

A. 属性数据　　　B. 几何数据　　　C. 关系数据　　　D. 统计数据

4. 以下条形码属于二维条码的是(　　)。

A. EAN-13　　　B. 39条码　　　C. 二五条码　　　D. PDF417码

5. 地面控制系统由(　　)组成、

A. 主控站　　　B. 注入站　　　C. 监测站　　　D. 用户

6. GIS主要由五个部分构成,即(　　)。

A. 硬件　　　B. 软件　　　C. 数据　　　D. 人员和方法

三、思考题

1. 简述物流信息的内容、功能、特征。
2. 什么是PLC？它与计算机的区别是什么？
3. 简述射频识别系统(RFID系统)的工作原理。
4. EOS有哪些特点？
5. 简述GPS的组成及其各部分功能。
6. 简述传感器的组成及其作用。

四、实训题

对图7-22进行物联网构建方案设计。

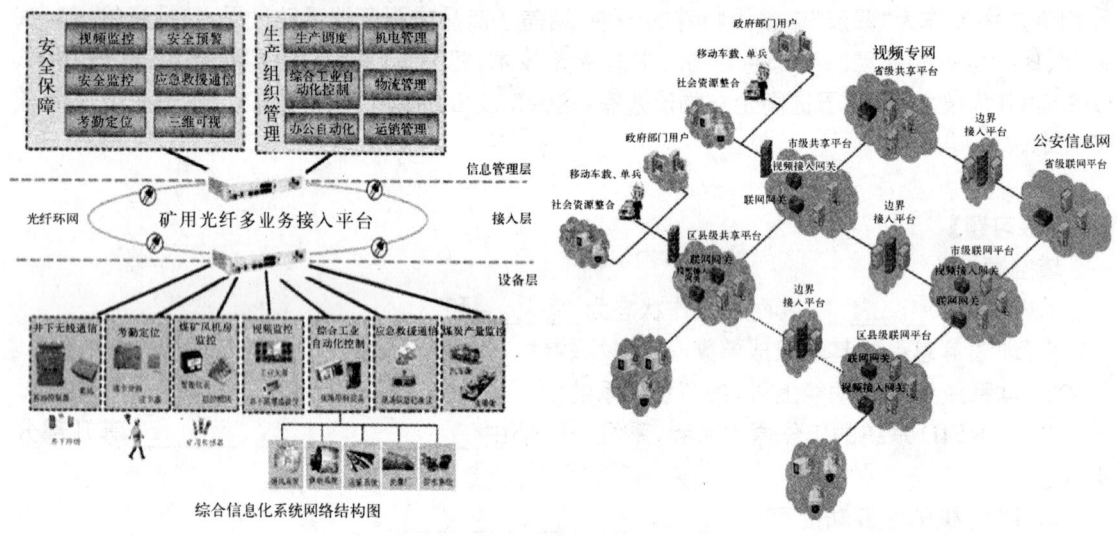

图7-22　物联网方案构建图示

【情景演练】

本章实践知识较多,多注意各种技术在工作生活中的应用。教学中应有实物演练,能够加深记忆理解。在概念的学习时,就可以由浅入深地给出以下任务:社会组织对各种电子设备的定义,企业组织对电子设备的定义,对以上定义分析而得出电子设备的定义,合作小组成员通过互动讨论。将教学任务分解成一个个任务,目标明确,行动有效,可激发学生主动探究意识,提高岗位对接能力,在教学实践中效果明显。

学习情景 8　包装技术设备与流通加工设施设备

> **学习内容**
>
> 【重点】
> ☆　包装作用和对包装标志的认识
> ☆　了解包装机械设备
> ☆　理解流通加工的概念和作用,以及流通加工与生产加工的区别
>
> 【难点】
> ☆　包装技术
> ☆　能够正确选用包装设备

> **学习目标**
> ☆　熟悉包装的概念、作用
> ☆　对包装的标志有初步认识
> ☆　能够了解常见包装设备的结构和工作原理,如封口机、装箱机、封箱机等
> 　　能够了解流通加工设备的具体种类以及在物流领域的主要作用
> 　　理解冷库的不同分类及每种不同冷库的作用,了解冷藏车和冷藏箱的作用
> ☆　了解流通加工的种类、方法、设备

章前导读

　　商品包装作为商品设计的延续,已经成为商品营销的一个基础元素。富有创意的经典包装,已经成为企业提升品牌价值最简单、最有效的方法。说起可口可乐的玻璃瓶包装,至今仍为人们所称道。1898 年鲁特玻璃公司一位年轻的工人亚历山大·山姆森在同女友约会中,发现女友穿着一套筒形连衣裙,显得曲线优美,腰部和腿部纤细,非常好看。约会结束后,他突发灵感,根据女友穿着这套裙子的形象设计出一个玻璃瓶。

　　经过反复的修改,亚历山大·山姆森不仅将瓶子设计得非常美观,很像一位亭亭玉立的少女,他还把瓶子的容量设计成刚好一杯水大小。瓶子试制出来之后,获得大众交口称赞。有经营意识的亚历山大·山姆森立即到专利局申请专利。当时,可口可乐的决策者坎德勒在市场上看到了亚历山大·山姆森设计的玻璃瓶后,认为非常适合作为可口可乐的包装,于是他主动向亚历山大·山姆森提出购买这个瓶子的专利。经过一番讨价还价,最后可口可乐公司以600万美元的天价买下此专利。要知道在100多年前,600万美元可是一项巨大的投资。然而实践证明可口可乐公司这一决策是非常成功的。

亚历山大·山姆森设计的瓶子不仅美观,而且使用非常安全,易握不易滑落。采用亚历山大·山姆森设计的玻璃瓶作为可口可乐的包装以后,可口可乐的销量飞速增长,在两年的时间内,销量翻了一倍。从此,采用亚历山大·山姆森设计的玻璃瓶作为包装的可口可乐开始畅销美国,并迅速风靡世界。600万美元的投入,为可口可乐公司带来了数以亿计的回报。

包装是物流系统的构成要素之一,它既是生产的终点,又是物流的始点。包装与物流运输、搬运、仓储保管、流通加工均有十分密切的关系,合理的包装能提高服务水平、降低费用、提高物料搬运和储运的效率,物流系统的所有构成要素均与包装有关,同时也受包装的制约。

流通加工是现代社会化分工、专业化生产的新形式,也是物流过程中不可缺少的核心服务。是流通中的一种特殊形式。流通加工在实现时间、场所两个重要效用方面,确实不能与运输和储存相比,因而不能认为流通加工是物流的主要功能要素。流通加工的普遍性也不能与运输、储存相比,流通加工不是所有物流中必然出现的。但这绝不是说流通加工不甚重要,实际上它也是不可轻视的,是起着补充、完善、提高增强作用的功能要素,它能起到运输、储存等其他功能要素无法起到的作用。所以,流通加工的地位可以描述为是提高物流水平、促进流通向现代化发展的不可缺少的形态。

相关知识

8.1 包装简介

8.1.1 包装的概念

我国国家标准《包装通用术语》(GB 4122—83)对包装的定义为:"包装是指为在流通过程中保护产品、方便储运、促进销售,按一定技术方法而采用的容器、材料及辅助材料等的总称。包装也指为了达到上述目的而采用容器、材料、辅助材料的过程中施加一定技术方法等的操作活动。"

8.1.2 包装的分类

按其在流通领域的作用,包装分为物流包装与商流包装:

（一）物流包装

物流包装按包装大小不同分为单件运输包装和集合包装。

1. 单件运输包装

单件运输包装是指在物流过程中作为一个计件单位的包装。常见的单件运输包装有箱、桶、袋、包等。

2. 集合包装

集合包装又称成组化运输包装,是指一定数量的包装件或商品,装入具有一定规格、强度,适宜长期周转使用的大包装器内,形成一个合适的装卸搬运单位的包装。常见的集合包装有集装袋、集装包、托盘、集装箱等。

集合包装的主要作用有:

(1) 有利于装卸搬运的机械化、自动化。
(2) 提高物流效率及服务水平。
(3) 确保物品在物流过程中的安全。
(4) 节约包装材料、降低物流成本。
(5) 包装规格标准化。

(二) 商流包装

商流包装即销售包装,是指直接接触商品,并随商品进入零售网点和消费者或客户直接见面的包装。

(三) 物流包装与商流包装的区别

物流包装是为了满足运输要求而进行的包装,而商流包装通常是指销售包装。二者的主要区别如表 8-1 所示。

表 8-1 商流包装与物流包装的区别

包装类型	发生地点	主要作用	最终去向
物流包装	商品流通过程中	保护商品运输	到消费者手中之前消失
商流包装	商品生产完毕时	提高商品附加值	随产品到消费者手中

8.1.3 包装的作用

包装的作用主要体现在物流过程中,其作用有三个:

1. 保护产品

(1) 包装的保护作用可以防止内装物的破损变形。物品包装必须能够承受在装载、运输、保管等过程中的各种冲击、振动、颠簸、压缩、摩擦等外力的作用,形成对内装物的保护,具有一定抗震强度。防破损包装如图 8-1 所示,全面防震包装如图 8-2 所示。

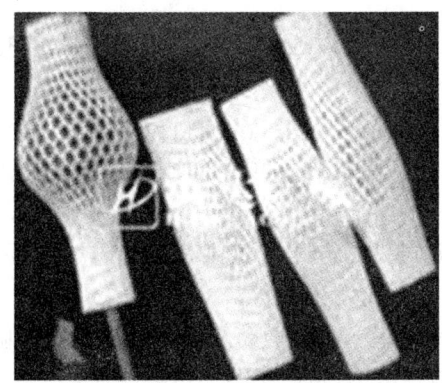

图 8-1 防破损保护包装

图 8-2 全面防震包装

（2）包装的保护作用可以防止内装物发生化学变化。物品在流通过程中易受潮、发霉变质、生锈而发生化学变化，影响产品的正常使用。通过包装能在一定程度上起到阻隔水分、潮气、光线及有害气体的作用，避免外界环境对产品产生不良影响。

（3）包装的保护作用可以防止有害生物对产品的影响。鼠、虫及其他有害生物对产品有很大的破坏性。通过包装能够具有阻隔霉菌、虫、鼠侵入的能力，形成对内装物品的保护作用。

（4）包装的保护作用可以防止异物混入、污物污染、丢失、散失和盗失等。

2. 方便储运

合理的包装能够为物品安全储藏及运输提供方便。因此，物品包装的大小、形状、重量、包装材料、包装标志等各个要素均应为运输、保管、验收、装卸、计量、销售等各项作业创造方便条件。与此同时，包装好的物品到达目的地或消费者手中后，容易拆装也是对包装的一个特殊的要求，拆装后的包装材料的处理问题也不容忽视，应当选用容易处理的包装材料。物品包装还要有一定的抗击能力，才能保证在运输中的安全。

3. 促进销售

我们都形象地把包装比作是"无声的推销员"。可见包装对商品的销售起到非常重要的作用，优良的包装本身就是很好的广告。外观精美的包装，可以提升商品的视觉感受，给人以美的享受，很多时候即使不想买这类商品，往往也能被它精美的包装所吸引，从而激发了消费者购买动机和重复购买的欲望。但当前，各国也都在控制包装过度问题，我们所熟知的月饼的包装近几年来包装过度问题极为严重，导致花了很多钱买来的月饼，包装费用占了大半。所以过于精美的包装在促进销售的同时也给我们的生活带来诸多问题，一定要正确认识包装对销售的促进作用。

8.1.4 包装的标志

包装标志即货物包装标志，是为了标明被包装货物的性质以及物流活动的安全及理货分运的需要而进行的文字和图像的说明。

包装的标志根据作用不同主要可分为以下几类：

1. 收发货标志

收发货标志就是指把事先规定的商品分类图示标志和附加说明印制在货物的外包装件上，来说明商品的流转信息及注意的问题。

收发标志字体规定：中文都用仿宋体字；代号用汉语拼音大写字母；数码用阿拉伯数码；英文用大写的字母。

在实际的应用中，按照对运输包装容器的不同形式，可以通过印刷、刷写、粘贴、拴挂等方式来表现物品的收发信息。

（1）常见的纸箱、纸袋、钙塑箱、塑料等适用于在物品外包装上印刷收发标志。一些通用的收发标志在包装容器制造过程中，按标志颜色的规定将需要的项目印刷在包装容器上。对于不固定的标志通常的做法是在包装物品后，根据具体的情况填写相关内容。

（2）木箱、桶、麻袋、布袋、塑料编织袋通常采用刷写的方式。对刷写的标志一定要醒目、牢固，尤其受到外界的环境影响，如雨淋、风沙侵蚀等不能发生变化。

（3）粘贴通常用于不固定的标志，对于临时的信息变更，如在收货单位和到达站需要临时确定的情况下，先将需要的项目印刷在 60 g 牛皮纸上或白纸上，然后粘贴在包装件有关栏目上。

(4) 拴挂。对于不便印刷、刷写的运输包装件如筐、篓、捆扎件,将需要的项目印刷在不低于 120g 牛皮纸或布、金属片上,拴挂在包装件上(不得用于出口商品)。

2. 包装储运图示标志

包装储运图示标志是根据产品的某些特性如怕湿、怕震、怕热、怕冻等确定的。其目的是为了在货物运输、装卸和储存过程中,引起作业人员的注意,使他们按图示的标志要求进行操作。

3. 警告性标志

在运输包装内装有危险品时,必须在运输包装上清楚地标明所规定的在运输、装卸和保管过程中根据货物的性质所应采用的相应防护措施,以保证人身和货物的安全。危险品货物包装标志(GB 190—1990)如表 8-2 所示,标志的图形共 21 种、19 个名称。

表 8-2 危险货物包装标志

(续表)

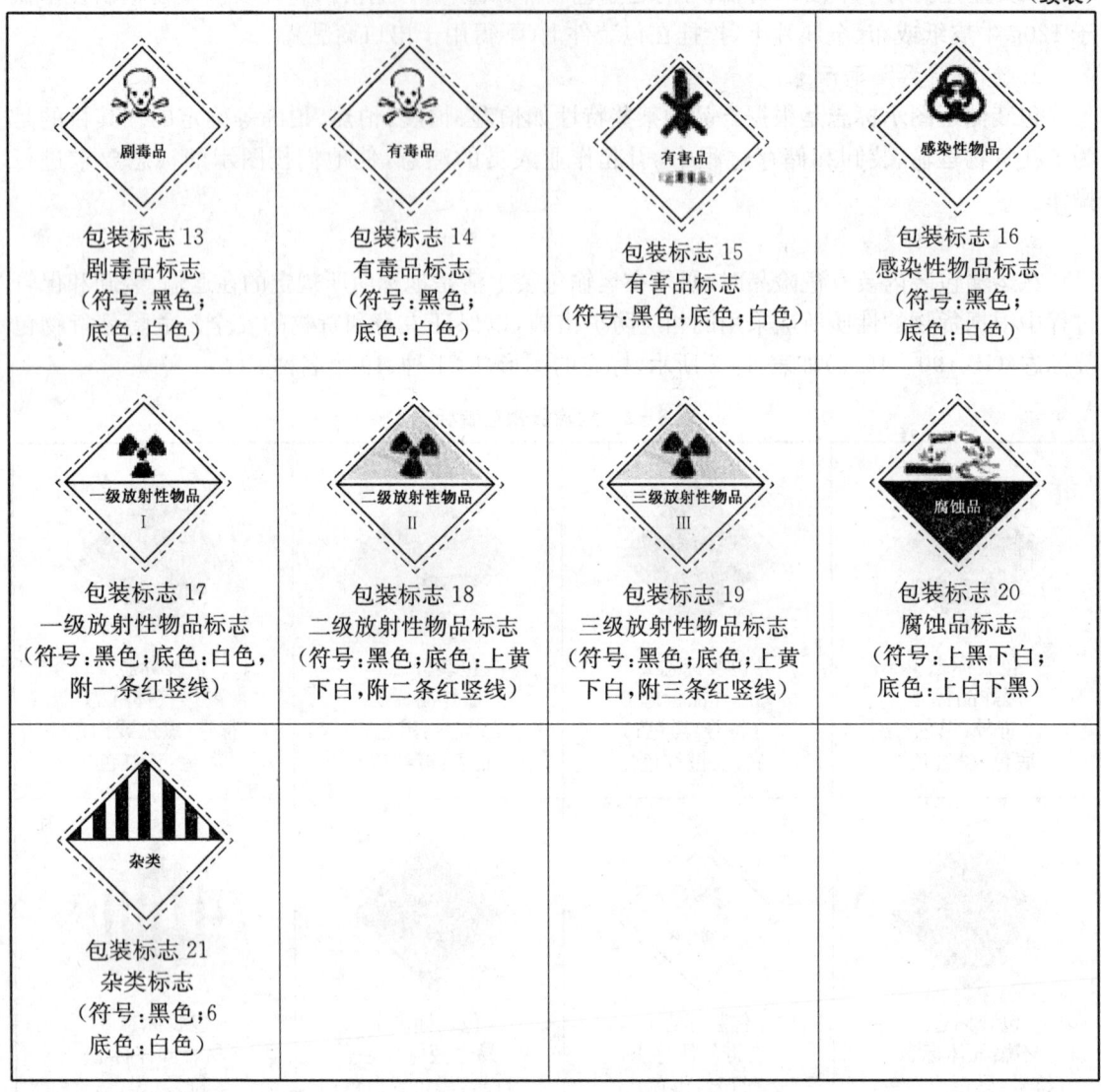

8.1.5 包装的合理化

从现代物流学的观点来看,物流包装合理化,不仅是物流包装自身的问题,还是整个物流系统的合理化。分析物流包装是否合理,一方面用整体物流系统效益来评价,另一方面是对物流包装自身的材料、技术运用、方式的组合进行评价。常见的不合理物流包装表现形式有以下两个方面。

(一)物流包装不足

物流包装不足主要指以下几个方面:
(1) 物流包装强度不足。
(2) 物流包装材料不能承担防护作用。
物流包装材料的选择应遵循以下原则:
① 包装材料应与包装物相适应,在满足功能的基础上尽量降低材料费。

② 包装器材与包装类别相协调，物流包装注重包装防护及物流环节的方便性，常用的器材有托盘、集装箱、木箱等。

③ 包装器材与流通条件相适宜。

(3) 物流包装容器的层次及容积不足。

(4) 物流包装成本过低，不能有效地包装。

（二）物流包装过剩

物流包装过剩主要体现在以下几个方面：

(1) 包装强度设计过高。

(2) 包装材料费用过高。

(3) 包装技术过高。

(4) 包装层次过高，体积过大。

(5) 包装成本过高。

另外，运输工具、运输距离、道路状况对物流包装都有较大影响。这些都需要根据实际情况研究。

8.2 包装技术

8.2.1 包装容器

包装容器按照包装的方式分有包装袋、包装盒、包装箱、包装瓶、包装罐(筒)等。

1. 包装袋

包装袋是柔性包装中的重要技术，包装袋材料是挠性材料，有较高的韧性、抗拉强度和耐磨性。一般以纸质的和塑料的材料较为常见，如平时吃的小食品、厨房用调味品大多采用包装袋来进行包装；对于礼品、小饰品的包装一般采用纸质包装，包装袋一般是筒管状结构，一端预先用黏合材料封住，在将包装物放入包装后再封装另一端，包装操作一般采用充填操作。包装袋一般分成下述三种类型：

(1) 集装袋（见图 8-3）。这是一种大容积的运输包装袋，盛装重量在 1 t 以上。集装袋的顶部一般装有金属吊架或吊环等，便于铲车或起重机的吊装搬运。卸货时可打开袋底的卸货孔，非常方便。适于装运颗粒状、粉状的货物。集装袋一般多用聚丙烯、聚乙烯等聚酯纤维纺织而成。

(2) 一般运输包装袋。这类包装袋的盛装重量是 0.5～100 kg，大部分是由植物纤维或合成树脂纤维纺织而成的织物袋，或者由几层挠性材料构成的多层材料包装袋。例如麻袋、草袋、水泥袋等。主要包装粉状、粒状和个体小的货物。

(3) 小型包装袋（或称普通包装袋）。这类包装袋盛装重量较少，通常用单层材料或双层材料制成。对某些具有特殊要求的包装袋也有用多层不同材料复合而成的。包装范围较广，液状、粉状、块状和异型物等可采用这种包装。

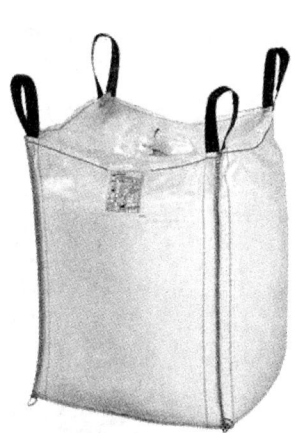

图 8-3 集装袋

上述几种包装袋中，集装袋适用于运输包装，一般运输包装袋适用于外包装及运输包装，小型包装袋适用于内装、个装及商业包装。

2. 包装盒

包装盒是介于刚性和柔性包装两者之间的包装技术。包装材料有一定挠性，不易变形，有较高的抗压强度，刚性高于袋装材料。包装结构是规则几何形状的立方体(如图8-4所示)，也可裁制成其他形状，如圆盒状、尖角状，一般容量较小，有开闭装置。包装操作一般采用码入或装填，然后将开闭装置闭合。包装盒整体强度不大，包装量也不大，不适合做运输包装，适合做商业包装、内包装，适合包装块状及各种异形物品。

图8-4 包装盒

3. 包装箱

包装箱是刚性包装技术中的重要一类。包装材料为刚性或半刚性材料，有较高强度且不易变形。包装结构和包装盒相同，只是容积、外形都大于包装盒，两者通常以10 L为分界。包装操作主要为码放，然后将开闭装置闭合或将一端固定封死。包装箱整体强度较高，抗变形能力强，包装量也较大，适合做运输包装、外包装，包装范围较广，主要用于固体杂货包装。主要包装箱有以下几种：

(1) 瓦楞纸箱。瓦楞纸箱是用瓦楞纸板制成的箱形容器(如图8-5所示)。按瓦楞纸箱的外形结构分类有折叠式瓦楞纸箱、固定式瓦楞纸箱和异形瓦楞纸箱三种。按构成瓦楞纸箱体的材料来分类，有瓦楞纸箱和钙塑瓦楞箱。

(2) 木箱。木箱是流通领域中常用的一种包装容器，其用量仅次于瓦楞纸箱。木箱主要有木板箱、框板箱、框架箱三种。

① 木板箱。木板箱一般用作小型运输包装容器，能装载多种性质不同的物品(如图8-6所示)。木板箱作为运输包装容器具有很多优点，如有抗拒碰裂、溃散、戳穿的性能，有较大的耐压强度，能承受较大负荷，制作方便等。但木板箱的箱体较重，体积也较大，其本身没有防水性。

图8-5 瓦楞纸箱

② 框板箱。框板箱是先由条木与人造板材制成箱框板，再经钉合装配而成(如图8-7所示)。

图8-6 木板箱

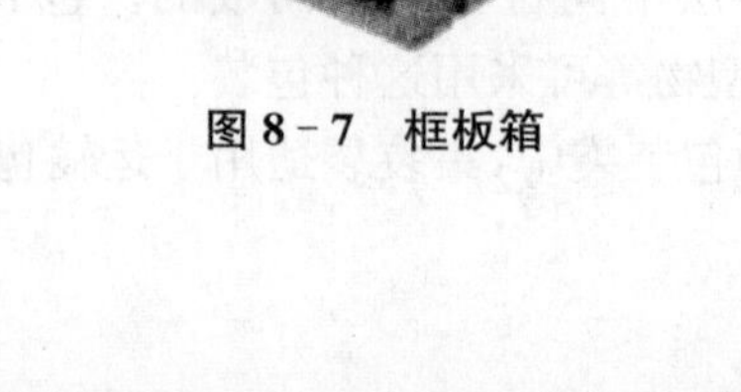

图8-7 框板箱

③ 框架箱。框架箱是由一定截面的条木构成箱体的骨架,根据需要也可在骨架外面加木板覆盖。这类框架箱有两种形式,无木板覆盖的为敞开式框架箱,有木板覆盖的称为覆盖式框架箱。框架箱由于有坚固的骨架结构,因此具有较好的抗震和抗扭力,有较大的耐压能力,装载量大。

(3) 塑料箱。一般用作小型运输包装容器,其优点是自重轻、耐蚀性好、可装载多种商品,整体性强,强度和耐用性能满足反复使用的要求,可制成多种色彩以便对装载物分类,手握搬运方便,没有木刺,不易伤手(如图 8-8 所示)。

图 8-8　塑料箱　　　　　　　　　图 8-9　集装箱

(4) 集装箱。由钢材或铝材制成的大容积物流装运设备,从包装角度看,也属一种大型包装箱,可归属于运输包装的类别之中,也是大型、可反复使用的周转型包装(如图 8-9 所示)。

4. 包装瓶

包装瓶是瓶颈尺寸有较大差别的小型容器,是刚性包装中的一种,包装材料有较高的抗变形能力,刚性、韧性要求一般也较高,个别包装瓶介于刚性与柔性材料之间,瓶的形状在受外力时虽可发生一定程度变形,外力一旦撤除,仍可恢复原来瓶形。包装瓶结构是瓶颈口径远小于瓶身,且在瓶颈顶部开口;包装操作是填灌操作,然后将瓶口用瓶盖封闭。包装瓶包装量一般不大,适合美化装潢,主要做商业包装、内包装使用。主要包装液体、粉状货。包装瓶按外形可分为圆瓶、方瓶、高瓶、矮瓶、异形瓶等若干种。瓶口与瓶盖的封盖方式有螺纹式、凸耳式、齿冠式、包封式等(如图 8-10 所示)。

图 8-10　包装瓶

5. 包装罐(筒)

包装罐是罐身各处横截面形状大致相同,罐颈短,罐颈内径比罐身内颈稍小或无罐颈的一种包装容器,是刚性包装的一种。包装材料强度较高,罐体抗变形能力强。包装操作是装填操作,然后将罐口封闭,可做运输包装、外包装,也可做商业包装、内包装用。

包装罐(筒)主要有三种:

(1) 小型包装罐。这是典型的罐体,可用金属材料或非金属材料制造,容量不大,一般是做销售包装、内包装,罐体可采用各种方式装潢美化。

(2) 中型包装罐。外形也是典型罐体,容量较大,一般做化工原材料、土特产的外包装,起运输包装作用。

（3）集装罐。这是一种大型罐体，外形有圆柱形、圆球形、椭球形等，卧式、立式都有。集装罐往往是罐体大而罐颈小，采取灌填式作业，灌填作业和排出作业往往不在同一罐口进行，另设卸货出口。集装罐是典型的运输包装，适合包装液状、粉状及颗粒状货物（如图8-11所示）。

图8-11 集装罐

8.2.2 包装机械设备

（一）包装机械设备的种类和作用

对于包装业，不管是销售包装还是物流包装，包装质量好坏，一方面取决于技术和包装材料，另一方面取决于包装机械设备。包装机械是指完成全部或部分包装过程的机器设备，是使产品包装实现机械化、自动化的根本保证。运用包装机械进行包装作业，能提高包装劳动生产率，降低包装劳动强度，改善劳动条件，降低包装成本，确保包装质量。目前，我国常用包装机械设备见表8-3。

表8-3 包装机械设备的种类和作用

包装机械的种类	主要有封口机、装箱机、封箱机、捆扎裹包设备以及包装生产线等
包装机械的应用领域	食品、医药、化工、邮电、出版、机械、电子、纺织、钢铁、冶金以及军工等各个领域
包装机械的作用	(1) 劳动生产率大大提高； (2) 包装产品质量稳定、卫生、可靠； (3) 劳动条件改善：操作者免于直接接触，防止污染；同时也可使操作者摆脱紧张重复的手工操作以及繁重的体力劳动，使劳动条件大为改善； (4) 综合效益提高：实现了标准化，减少了物料损耗，降低了包装成本，提高了包装的综合效益。
包装机械的发展方向	机械化、自动化、智能化

包装过程包括充填、裹包、封口等主要包装工序，以及与其相关的前后工序，如清洗、干燥、杀菌、贴标、计量等辅助工序。

（二）常见的包装机械设备

常用的包装机械设备有打包机、捆扎机、纸箱成型机、开箱机、贴标机、贴标签机、套袋包装机、收缩机、封箱机、胶带封箱机、缠绕机、裹包机、堆码机、码垛机、装箱机、装盒机、输送线、输送配置、真空包装机等。下面具体介绍几种常用机械。

1. 充填机械

充填机械是将待包装品以精确的数量装入不同的容器中。按其计量方式的不同可分为容积式充填机、称重式充填机（间歇称重式和连续称重式）、计数式充填机（单件计数式和多件计数式）。充填机一般采用光电控制，采用量杯容积方式计量。自动填充，是大剂量颗粒状物品包装的理想设备（如图8-12所示），另外一种较常用的充填机为自动定量充填机（如图8-13所示），比较适于粉剂充填。

图8-12 充填机

图8-13 自动定量充填机

2. 封口机械

封口机械是将容器的开口部分封闭起来。按照封口方式此种机械可分为无封口材料的封口机（如图8-14所示）和有辅助封口材料的封口机（如图8-15所示），常见于奶茶、豆浆一类的饮品封口。

图8-14 塑料薄膜封口机
（无封口材料的封口机）

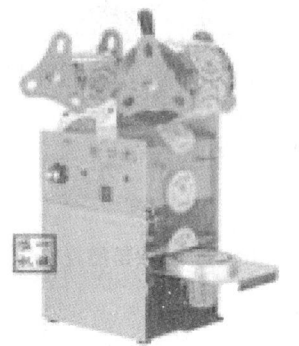
图8-15 奶茶封口机
（有辅助封口材料的封口机）

3. 裹包机械

裹包机械是用一层或多层柔性材料全部或局部裹包产品或包装件。按裹包方式可分为全裹式裹包机、半裹式裹包机、缠绕式裹包机、拉伸式裹包机、收缩包装机等。如图8-16所示。

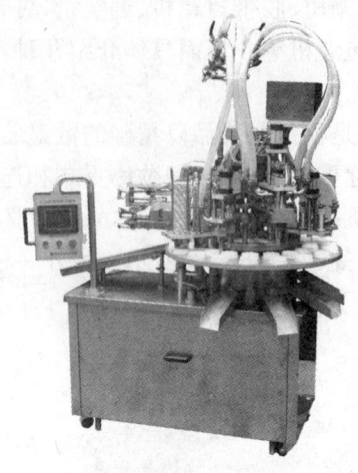

图 8-16　裹包机　　　　　图 8-17　灌装机

4. 罐装机械

罐装机械是将液体产品按预定的量充填到包装容器内的机器。按灌装原理可分为重力灌装机、负压力灌装机、等压灌装机、真空灌装机和机械压力法灌装机，如图 8-17 所示。

5. 捆扎机械

捆扎机械用于捆扎或结扎封闭包装容器，捆扎带材料有绳、钢带和塑料带。图 8-18 为 PE 结束带捆扎机，作为纸器二级厂及三级厂所生产之纸板、纸箱做连续全自动包装用，可将 10 张或多张纸板、纸箱捆成一卷。

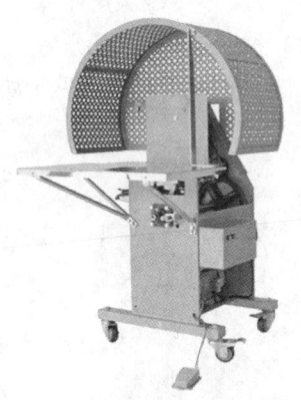
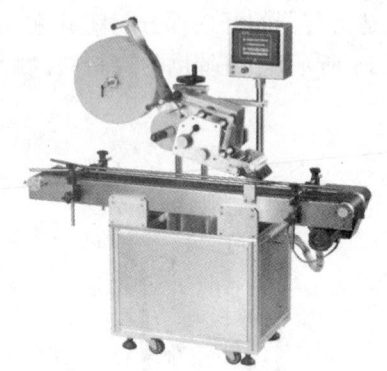

图 8-18　PE 结束带捆扎机　　　　　图 8-19　贴标机

6. 贴标机械

贴标机械是将事先印制好的标签粘贴到包装容器特定部位的机器，其工艺过程包括取标签、送标签、涂胶、贴标签、整平等。贴标签基本上由供标装置、取标装置、打印装置、涂胶装置及连锁装置几部分构成。贴标机械按自动化程度可分为半自动贴标机和全自动贴标机；按容器的运行方向可分为立式贴标机和卧式贴标机；按贴标部件的特征可分为压标式贴标机、滚压式贴标机、龙门式贴标机、真空转鼓式贴标机、多标包转鼓式贴标机等。如图 8-19 所示。

7. 真空包装机

真空包装机是将产品装入包装容器后，抽去容器内部的空气，以达到预期的真空度的机器。充气包装机是将产品装入包装容器后,再将氧气、二氧化碳等气体置换到容器内,并完成封口的机器。绝大多数真空包装机都具有充气的功能,通常把具有真空和充气两种包装功能的机械统称为真空包装机。真空包装机广泛应用于食品、金属制品、化工原料、精密仪器仪表、纺织品等的包装,固体、散粒体、半流体或液体均适用。真空包装机按结构可分为室式真空包装机、输送带式真空包装机、热成型真空包装机、插管式真空包装机和旋转式真空包装机。如图8-20所示。

图8-20 豆制品真空包装机

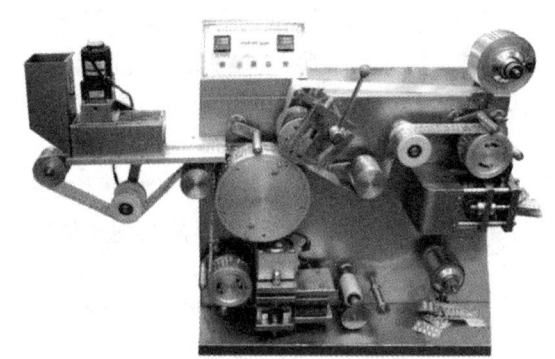

图8-21 药品泡罩包装机

8. 泡罩包装机

泡罩包装机是将透明塑料薄膜或薄片制成泡罩,用热压封合、粘合等方法将产品封合在泡罩与底板之间的机器,它广泛应用于轻工、医药和化工行业,尤其是药品包装作业。泡罩包装具有直观性好、容易辨认商品品质、密封性好、防潮防变质等优点。根据包装方法不同,泡罩包装机可分为辊筒式泡罩包装机、辊板式泡罩包装机和平板式泡罩包装机三种。如图8-21所示。

8.2.3 包装自动生产线

(一)包装自动生产线概述

包装自动生产线就是由数台智能控制的自动包装机连续组成的包装系统,在自动包装线上还要设置自动扫描、自动计量、自动检测、自动包装、自动分拣、自动运输储存装置、调整补偿装置及自动供送料装置。

工人直接操作指令开关,PLC系统(可编程逻辑控制器)按设定好的工序自动完成供料、输送、自动计量、自动包装、自动分拣、自动控制等生产的全过程,这种工作系统就称为包装自动生产线。自动生产线除了具有生产线的一般特征外,还具有更严格的生产匹配性。因此,包装机械以联机的形式居多,单独使用的情况很少,特别是具有一定规模的产品加工厂如食品厂。多数情况包装均需要多个工序实现,而且需要单件的包装,还要终端以一个销售单位为包装单位进行集合包装。

（二）包装自动生产线的分类

1. 按包装机排列形式分类

（1）串联自动包装线。各包装机按工艺流程单顺序连接，各单机生产率匹配。

（2）并联自动包装线。为提高生产能力，将相同包装机分组共同完成同一包装操作。在此类自动生产线中一般需设置一些换向或合流装置。

（3）混联自动包装线。在一条自动包装线上同时采用串联和并联两种连接形式，主要是实现各包装机的生产率匹配，一般该自动包装线较长，机器数量较多，因此输送机上需装备与之匹配的换向分流合流装置。

2. 按包装机之间的联系特征分类

（1）刚性自动包装线。各包装机间用输送装置直接连接起来，以一定的生产速度运行。但如果其中一台设备发生故障停车，将引起全线停车。

（2）半柔性自动包装线。将自动线分成若干区段，对不易出现故障的工序不设储料器，以提高其刚性；对经常出现故障的工序设置储料器，以提高其柔性。这样既保证生产效率高，投资又不会过大。

（3）柔性自动包装线。各包装机之间均连有储料器，由储料器对后续包装机供料。如果某台设备发生故障，不会因此而影响其他机器的工作，因此生产效率高，但投资较大。

（三）包装自动生产线的组成

不同行业、不同产品、不同规模的生产包装，其包装的要求是不同的，包装自动生产线的类型和形式也是多种多样的。从总体上来看，包装自动生产线主要由自动包装机、辅助工艺装置、输送装置、检测与控制系统等组成。

1. 自动包装机

自动包装机是自动生产线最基本的工艺设备，也是自动生产线的主体，以此为中心配置其余部分，各机构能自动实现协调动作，并在规定的时间内完成包装操作的机器。例如，各种灌装机、充填机、装盒机、裹包机、贴/喷标机、装箱机、捆扎机等。其动作主要包括包装材料（包装容器）与被包装物料的输送与供料、定量、检测、充填、包封、贴标或喷标等。

2. 辅助工艺装置

为满足自动生产线工艺上的要求，使自动生产线能协调工作，正常发挥自动包装机的运行效率，在包装自动生产线中，尚需配置一些辅助工艺装置，如转向装置、分流装置、合流装置等。

（1）转向装置。转向装置主要用于改变被包装物品的输送方向或被包装物品的输送状态。其结构形式较多，可根据不同物品、不同形状选择。

（2）分流装置。分流装置用于前道工序与后道工序之间，将其分流给几台包装机继续进行包装加工，起前后生产效率匹配的作用。常用的分流装置有挡壁式、直角式、活门式、转向滚轮式、摇摆式、导轨滑板式等。

（3）合流装置。合流装置用于在前道多台包装机完成包装加工后，将其合流供一台包装机继续进行包装加工。常用的合流装置有推板式、导板式、回转圆盘式等。

3. 输送装置

输送装置是将各台自动包装机连接起来，使之成为一条自动生产线的重要装置。它不仅担负包装工序间的传送任务，而且使包装材料（或包装容器）、被包装物品进入自动线以及成品离开自动线。一般将带式输送机和辊子式输送机联合使用，拐弯处用辊子式输送机。

4. 检测与控制系统

在包装自动线中,所有的设备连接成一个有机的整体。控制系统起着类似人类大脑通过神经系统传输信号指令使手脚完成各种动作的作用。它主要包括工作循环控制系统、信号处理装置及检测装置。控制系统为计算机或 PLC,相当于人类大脑,各类传感器相当于人的视觉、触觉、温觉收集信息并转换成数字信息由神经系统反馈给大脑,大脑按原计划整理判断后发出命令,各类包装设备相当于人的四肢,去执行大脑发出的命令,完成工作任务。

(四) 自动包装生产线的布置

包装工艺路线和生产线设备确定后,如何合理解决包装生产线在车间中的排列走向和安装位置等具体问题应从以下几个方面考虑。

1. 合理布局

设备布置应本着简单、实用、经济的原则,力求最佳布局。实际上包装生产线的布局形式较为灵活,由于被包装物品的包装形式、工艺过程、生产能力及设备形式、场地等情况不同,有着各种不同的布局方式,最合适的即为最好的。

2. 设备辅件布置恰当

包装生产线中的管道、电线应尽可能集中敷设,利用管线棚架,由空间架送,以免影响地面操作。作业场所较为干燥的场合可将管线设置在地下沟槽中,潮湿环境中则尽可能在空间敷设,并尽量贴近建筑墙壁架设。

3. 合理划分区域

不同的区域划分有不同的目的和作用,有时出于物料输送或仓储等方面的考虑,采用楼层布置,上层包装、下层仓储;有的出于卫生、安全等方面的考虑,将物品的整理及包装材料的整理同包装区域隔离开;有的为了保障安全,采用隔栏、隔网将通道、活动区与自动机隔开;车间内还应设置物品堆放区,但堆放区、操作区、通道等不同区域要明确划分开,以利于生产管理及操作。

(五) 自动包装生产线的技术经济指标

包装生产线运行的技术经济指标主要包括生产能力、生产效率、物料损耗、包装材料和包装容器的损失、产品质量、动力能源消耗、劳动生产率等七项指标。这些技术经济指标与包装生产线中机器设备的质量、性能密切相关,也与产品的包装材料、容器质量、工艺参数的选择及操作管理水平有关。

8.3 流通加工设备设施

8.3.1 流通加工设备的概念

在《中华人民共和国国家标准物流术语》(GB/T 18354—2006)中,流通加工(distribution processing)的定义是根据顾客的需要,在流通过程中对产品实施的简单加工作业活动(如包装、分割、计量、分拣、刷标志、组装等)的总称。流通加工设备是完成流通加工任务的专业机械设备。

流通加工与生产加工区别如表 8-4 所示。

表 8-4 流通加工与生产加工区别

区别	生产加工	流通加工
加工对象	材料、零配件或半成品	最终商品
加工程度	复杂加工,完成大部分和主要加工活动	简单加工,是一种辅助和补充
创造价值	商品的价值大部分在生产过程创出	对生产过程创造价值的完善
加工责任人	生产企业	商业或物流专项加工企业
加工动机	为交换、消费而进行的加工	为消费(或再生产)所进行的加工

8.3.2 流通加工设备的作用

物流领域中的流通加工,主要着眼于满足客户的需求,提高服务功能。流通加工设备通过对流通中的商品进行加工,改变或完善商品的原有形态来实现生产和消费的"桥梁"与"纽带"作用,并使商品在流通过程中的价值增值。流通加工的功能通过流通加工设备来实现,具体作用体现如下。

1. 提高原材料的利用率

流通加工设备对流通对象进行集中下料,可将生产厂商直接送来的简单规格产品,按使用部门要求进行下料。

2. 进行初级加工,方便用户

用量小或临时需要的使用单位,缺乏进行高效率初级加工的能力,依靠流通加工责任人进行流通加工,可使使用单位省去初级加工的投资、设备和人力,从而搞活供应,方便用户。

3. 提高加工效率和设备利用率

由于建立集中的加工点,可以采用效率高、技术先进、加工量大的专门机具和设备,从而提高加工质量和设备利用率,还提高加工效率和降低加工费用及原材料成本。

4. 充分发挥各种输送手段的最高效率

流通加工环节将实物的流通分成两个阶段。一般来说,由于流通加工环节设置在消费地,因此,从生产厂到流通加工的第一阶段输送距离较长,而从流通加工到消费环节的第二阶段输送距离较短。第一阶段是在数量有限的生产厂与流通加工点之间进行定点、直达、大批量的远距离输送,可以采用船舶、火车等进行大量输送的运输手段;第二阶段则利用汽车和其他小型车辆来输送流通加工后的多规格、小批量、多用户的产品,这样可以充分发挥各种输送手段的最高效率,加快输送速度,节省运力运费。

5. 改变功能、提高收益

在流通过程中进行一些改变产品功能的简单加工,目的在于提高产品销售的经济效益。

8.3.3 流通加工设备的种类

流通加工设备可以按照不同的分类标准进行分类,具体如表 8-5 所示。

表 8-5 流通加工设备的种类

依据	类型	阐述
按流通加工形式分类	剪切加工设备	剪切加工设备是进行下料加工或将大规模的钢板裁小或裁成毛坯的设备。例如用剪板机进行下料加工,用切割设备将大规模的钢板裁小或裁成毛坯等
	集中开木下料设备	集中开木下料设备是在流通加工中将原木材锯成各种锯材,同时将碎木碎屑集中起来加工成各种规格的板材,还可以进行打眼、凿孔等初级加工的设备
	配煤加工设备	配煤加工设备是将各种煤及一些其他发热物质,按不同的配方进行掺配加工,生产出各种不同发热量燃料的设备
	冷冻加工设备	冷冻加工设备是为了解决鲜肉、鲜鱼或药品等在流通过程中保鲜及搬运装卸问题,采用的低温冷冻方法的加工设备
	分选加工设备	分选加工设备是根据农副产品的规格、质量离散较大的情况,为了获得一定规格的产品而采取的分选加工设备
	精制加工设备	精制加工设备主要是用于农、牧、副、渔等产品的切分、洗净、分装等简单加工的设备
	分装加工设备	分装加工设备是为了便于销售,在销售地按照所要求的销售起点进行大包装改散、小包装,运输包装改销售包装等加工的设备
	组装加工设备	组装加工设备是采用半成品包装出厂,在消费地由流通部门所设置的流通加工点进行拆箱组装的加工设备
按流通加工对象分类	水泥加工设备	水泥加工设备主要是指混凝土搅拌机械、混凝土搅拌站、混凝土输送车、混凝土输送泵、车泵等。混凝土搅拌机械是水泥加工中的常用设备之一,它是制备混凝土的专用机械
	金属加工设备	金属加工设备是对钢铁、铜材、铝材、合金等进行剪切、折弯、下料、切削加工的机械,主要分为成型设备和切割加工设备
	玻璃加工设备	玻璃的加工设备主要是指对玻璃进行加工,包括各种各样的切割机在内的专用机械。在流通中对玻璃进行精加工还需清洗机、磨边机、雕刻机、烤花机、拉管机、分选机、堆垛机、瓶罐检验包装设备、玻璃技工工具、金刚石砂轮等
	木材加工设备	木材流通加工设备主要用来对其进行磨制、压缩、锯裁等加工,主要有两类:一类是磨制、压缩木屑机械设备;一类是集中开木下料机械设备
	食品流通加工设备	食品流通加工设备按照流通加工项目可分为冷冻加工设备、分选加工设备、精制加工设备和分装加工设备
	煤炭加工设备	煤炭加工设备主要包括除矸加工机械、管道输送煤浆加工机械、配煤加工机械等

> 小提示

流通加工的基本形式

由于流通加工的目的和主要作用不同,流通加工存在多种形式,因此有不同的流通加工设备。流通加工的基本形式主要有以下几种:

(1) 以保存产品以延长使用时间为主要目的的流通加工。
(2) 以适应消费者多样化需求的流通加工。
(3) 为了方便消费、更省力的流通加工。
(4) 为了提高产品利用率的流通加工。
(5) 为了提高物流效率,降低物流损失的流通加工。
(6) 为了衔接不同运输方式的流通加工。
(7) 为了实现高效率配送而进行的流通加工。

8.3.4 货物分割设备

(一) 金属加工设备

某些金属材料如钢铁、钢材、铝材、合金等的长度、规格不完全适用于用户的要求,需要进行剪切、折弯、下料、切削加工等操作,这些就需要专门的金属加工设备。金属加工设备主要分为成型设备和切割加工设备,具体分类如表 8-6 所示。

表 8-6 金属加工设备分类

成型设备	主要有锻压设备、液压机、冲压设备、剪折弯设备、专用设备等
切割设备	主要有数控机床(加工中心、铣床、磨床、车床)、电火花成型机、线切割机床、激光成型机、雕刻机、钻床、铣床、剪板机、组台机床等

1. 剪板机

(1) 剪板机的组成

剪板机是在各种板材的流通加工中应用比较广泛的一种剪切设备,常用来剪裁直线边缘的板料毛坯。普通剪板机一般由机身、传动系统、刀架、压料器、前挡料架、后挡料架、托料架、刀片间隙调整装置、光线对线装置、润换装置、电器控制装置等部件组成。剪板机是借助运动的上刀片和固定的下刀片,采用合理的刀片间隙,对各种厚度的金属板材施加剪切力,使板材按所需要的尺寸断裂分离。

剪板机剪切工艺应能保证被剪板料剪切表面的直线性和平行度要求,并尽量减少板材扭曲,以获得高质量的工件。产品广泛适用于航空、轻工、冶金、化工、建筑、船舶、汽车、电力、电器、装潢等行业所需的专用机械和成套设备。

(2) 剪板机的分类。

剪板机属于直线剪切类型,按其工艺用途的不同,可分为多用途剪板机和专用剪板机;按其传动方式的不同,可分为机械传动式剪板机和液压传动式剪板机;按其上刀片相对于下刀片位置的不同,可分为平刀剪板机和斜刀剪板机;按其刀架运动方式的不同,可分为直线式剪板机和摆动式剪板机。

（3）液压剪板机工作流程

液压摆式剪板机是一种精确控制板材加工尺寸,将大块金属板材进行自动循环剪切加工,并由送料车运送到下一工序的自动化加工设备。其工作流程图如图 8-22 所示。

液压摆式剪板机的上刀架在剪切过程中绕一固定轴线做圆弧摆动,通过杠杆作用,支点受力小,可提高剪切刃寿命、机器寿命,整机结构紧凑,并能无级调节上刀架的行程量,大大提高工作效率。

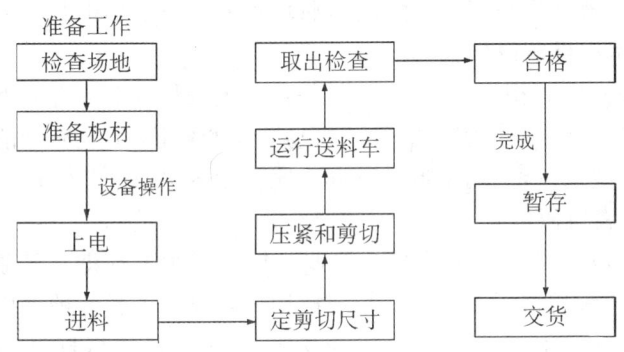

图 8-22　液压剪板机工作流程图

（4）剪板机安全操作规程

① 操作前要穿紧身防护服,袖口扣紧,上衣下摆不能敞开,不得在开动的机床旁穿、脱换衣服,或围布于身上,防止机器绞伤。必须戴好安全帽,辫子应放入帽内,不得穿裙子、拖鞋。

② 操作人员必须熟悉剪板机主要结构、性能和使用方法。

③ 适用于剪切材料厚度为机床额定值的各种钢板、铜板、铝板及非金属材料板材,而且必须是无硬痕、焊渣、夹渣、焊缝的材料,不允许超厚度。

④ 剪板机的使用方法:

a. 按照被剪材料的厚度,调整刀片的间隙。

b. 根据被剪材料的宽度调整靠模或夹具。

c. 操作前先做 1~3 次空行程,正常后才可实施剪切工作。

⑤ 使用中如发现机器运行不正常,应立即切断电源停机检查。

⑥ 调整机器时,必须切断电源;移动工件时,应注意手的安全。

⑦ 各部应经常保持润滑,每班应由操作工加注润滑油一次,每半年由机修工对滚动轴承部位加注润滑油一次。

2. 切割机

切割机是常用的流通加工设备之一,主要用来对工件进行切割处理,其种类繁多,按切割方式可分为等离子切割机、高压水切割机、数控火焰切割机、激光切割机、电火花线切割机等;按切割的材质不同可分为金属管材切割机、玻璃切割机、石材切割机、布匹切割机、半导体切割机等。

在机械加工过程中,板材切割常用方式有手工切割、半自动切割机切割及数控切割机切割。手工切割灵活方便,但手工切割质量差、尺寸误差大、材料浪费大、后续加工工作量大,同时劳动条件恶劣,生产效率低。半自动切割机中的仿形切割机切割工件的质量较好,由于其使用切割模具,因此不适合于单件、小批量和大工件切割。其他类型半自动切割机虽然降低了工人劳动强度,但其功能简单,只适合一些较规则的零件切割。数控切割相对手动和半自动切割方式来说,可有效地提高板材切割效率、切割质量,减轻操作者的劳动强度。目前,在我国的一些中小型企业甚至在一些大型企业中使用手工切割和半自动切割方式还较为普遍。

(二) 木材加工设备

木材是容重轻的物资,在运输时占有相当大的容积,往往使车船满装卸不能满载,同时装车、装船、捆扎比较困难,需要利用木材加工设备对木材进行磨制、压缩、锯裁等加工。木材加工设备主要有两类:一类是磨制、压缩木屑机械设备;另一类是集中开木下料机械设备。

(1) 磨制、压缩木屑机械设备

从林区外送的原木中有相当一部分是造纸树,美国采用在林木生产地就地将原木磨成木屑,然后采取压缩的方法使之成为容重较大、容易装运的形状,运至靠近消费地的造纸厂,取得了较好的效果。根据美国的经验,采取这种办法比直接运送原木节约近一半的运费。

(2) 集中开木下料机械设备

木材的流通加工以集中开木下料最为普遍。集中开木下料即在消费地建木材加工中心(厂),将原木锯切成各种规格板、方等锯材,或按用户需要加工成各种规格材料,如地板毛坯半成品、家具制造材料、建筑木模板、室内装饰板材等,甚至还可进行打眼、凿孔等初级加工。实行集中下料,按用户要求供应规格料,可以使原木平均利用率从不到50%提高到95%,平均出材率从不到40%提高到72%左右,经济效益非常可观。

双立柱带锯机的工作流程如图8-23所示。

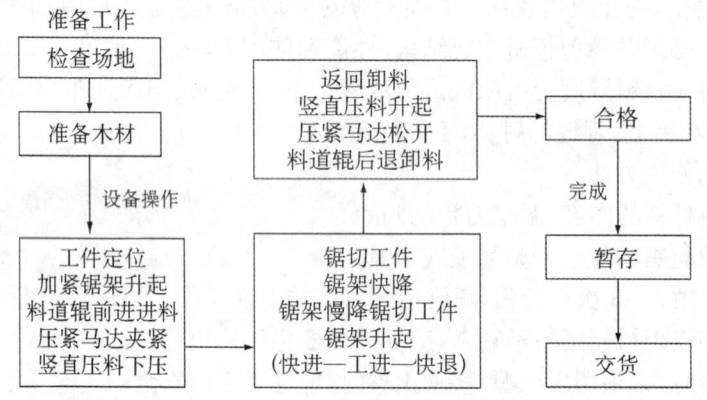

图8-23 双立柱带锯机的工作流程图

(三) 玻璃加工设备

在流通中,用于玻璃加工的设备主要是指对玻璃进行切割等加工的专用机械,包括各种各样的切割机。在流通中对玻璃进行精加工时还需要清洗机、磨边机、雕刻机、烤花机、钻花机、红网印刷机、钢化和夹层装备、拉丝机、堆垛机、瓶罐检验包装设备、玻璃加工工具、金刚石砂轮等。

玻璃的主要流通加工方式集中在套裁和开片供应,这种加工往往与配送结合进行。玻璃加工配送中心,通常拥有多种先进的大型加工设备,整箱玻璃被拆封后,可以按照各个用户对玻璃形状、尺寸的不同要求,进行套裁和开片,可大大提高玻璃的利用率。

玻璃切割机是指专用于玻璃加工与下料的一种机械设备。图8-24所示为数控平板玻璃切割机,它具有高精度、高速度、低噪声的特点,可对平板玻璃进行直线和异型切割,它采用交流伺服电机实现三轴的同步驱动,替代了手工开片作业,既减轻了劳动强度,使玻璃的切割精度能够得到长期保证,又提高了开片的精度和速度,大大节约了原材料。自动供油系统也给用户的维护保养提供了方便。采用计算机控制,有人机对话和高级排样方法。

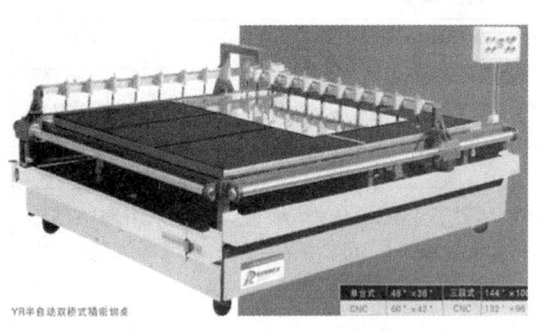
图8-24 平板玻璃切割机

图8-25 数控玻璃加工中心

图8-25所示为数控玻璃加工中心。它采用了高质量的滚珠丝杠、滑道、伺服电机和控制系统,产品可应用于玻璃异型磨边、切割、刻字、打孔、抛光,图案设计、产品加工全面由计算机控制,可根据要求配置刀库及换刀系统,具有系统稳定、加工速度快等优点。

8.3.5 冷链物流设施设备

冷链设备主要用于食品工业、医学界以及免疫系统。常用冷链设备有冷库、冷藏车以及一些保冷容器(如冷藏箱、保冷背包)等。

(一) 冷库

在《冷库设计规范》(GB 50072—2017)中对冷库(如图8-26所示)的定义是用于在低温条件下保藏货物的建筑群。包括库房、氨压缩机房、变配电室及其附属建(构)筑物。冷库可广泛应用于食品厂、乳品厂、制药厂、化工厂、果蔬仓库、禽蛋仓库、宾馆、酒店、超市、医院、血站、部队、试验室等。冷库主要用作对食品、乳制品、肉类、水产、禽类、果蔬、冷饮、花卉、绿植、茶叶、药品、化工原料、电子仪表仪器等的恒温储藏。

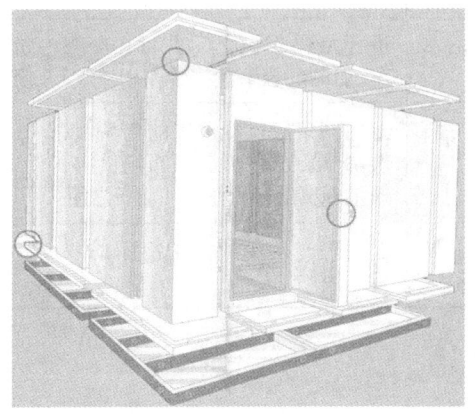
图8-26 冷库外观

1. 冷库的分类

冷库由于在不同行业、用途以及所储存的商品等方面的不同,其种类很多。为了很好地反映冷库的不同特性,按照不同的分类标准为冷库进行分类。表 8-7 至表 8-11 通过不同的划分依据对冷库进行了分类。

表 8-7 冷库按结构类别分类表

类型	具体阐述
土建冷库	土建冷库是我国目前最为普遍的一种冷库,可建成单层或多层。建筑物的主体一般为钢筋混凝土框架结构或者砖混结构。土建冷库的围护结构属重体性结构,热惰性较大,库温易于稳定
装配冷库	装配冷库一般为单层结构,库板为钢框架轻质预制隔热板装配结构,其承重构件多采用薄壁型钢材制作。由于除地面外,所有构件均是按统一标准在专业工厂成套预制,在工地现场组装,所以施工进度快,建设周期短
覆土冷库	覆土冷库又称土窑洞冷库,洞体多为拱形结构,有单洞体式,也有连续拱形式。一般为砖石砌体,并以一定厚度的黄土覆盖层作为隔热层。用作低温的覆土冷库,洞体的基础应处在不易冻胀的砂石层或者基岩上。由于它具有因地制宜、就地取材、施工简单、造价较低、坚固耐用等优点,在我国西北地区得到较大的发展
山洞冷库	一般建造在石质较为坚硬、整体性好的岩层内,洞体内侧一般作衬砌或喷锚处理,洞体的岩层覆盖厚度一般不小于 20 m

表 8-8 冷库按使用性质分类表

类型	建筑地域	功能	特点
生产性	食品产地附近、货源较集中的地区和渔业基地	通常作为鱼品加工厂、肉类联合加工厂、禽蛋加工厂、乳品加工厂、蔬菜加工厂、各类食品加工厂等企业的一个重要组成部分	生产方式大批量、连续性;产品储存时间短。一般要求有较强的制冰能力
零售性	建在工矿企业或城市的大型副食品、菜场内	供临时储存零售食品之用	库容量大、储存期短,库温随要求变化
中转性	主要建在渔业基地的水产冷库	进行大量的冷加工,并可在冷藏车、船的配合下起中转作用	货物储存时间短,冷库周转速度快
分配性	大中城市、人口较多的工矿区和水陆交通枢纽	专门储藏经过冷加工的食品,以供调节淡旺季节,保证市场供应,提供外贸出口和作长期储备之用	冷库容量大,储存品种多,货物进出比较集中
综合性	食品产地附近、大中城市、人口较多的工矿区	起到生产冷库和分配冷库的双重作用	冷库容量大、功能多,管理要求高

表 8-9 冷库按规模大小分类表

类型	冷藏量	冻结能力
大型冷库	大型冷库的冷藏容量在 1 000 t 以上	生产性冷库的冻结能力每天在 120 t～160 t 范围内,分配性冷库的冻结能力每天在 40～80 t 范围内
中型冷库	中型冷库的冷藏容量在 100～1 000 t 范围内	生产性冷库的冻结能力每天在 40～120 t 范围内,分配性冷库的冻结能力每天在 20～60 t 范围内
小型冷库	小型冷库的冷藏容量在 100 t 以下	生产性冷库的冻结能力每天在 20 t～40 t 范围内,分配性冷库的冻结能力每天在 20 t 以下

表 8-10 冷库按使用温度分类表

类型	温度要求	备注
冷却库	0℃左右	冷却库又称高温库或保鲜库,库温一般控制在不低于食品汁液的冻结温度。冷却库主要用于储藏果蔬、乳制品、饮料、蛋类、茶叶、烟草加工、药材以及种子培育、医药化工储藏等
冷冻库	一般库温在－20℃以下	冷冻库又称低温冷库,通过冷风机或专用冻结装置来实现对肉类食品的冻结
冷藏库	冷却食品的冷藏间库温保持在－4℃～2℃,冻结食品的冷藏间库温保持在－18℃～－25℃	冷藏库即冷却或冻结后食品的储藏库。它把不同温度的冷却食品和冻结食品在不同温度的冻藏间和冻结间内作短期或长期储存

表 8-11 冷库的其他分类方法

分类方法	类型	备注
建筑层数	单层库	可以反映冷库的建筑结构,多层库需要考虑垂直运输问题
	多层库	
储藏的商品	畜肉类冷库、蛋品冷库、水产冷库、果蔬冷库、冷饮冷库以及茶叶及花卉冷库等	可以根据产品特点,建立符合产品特色和要求的冷库
制冷设备选用工质	氨制冷	使用氨作制冷剂
	氟利昂制冷	使用氟利昂作制冷剂
特殊冷库	医药冷库、生物制品冷库、化工原料冷库、实验室冷库、试剂储藏冷库等	此类冷库面积小,相对要求高,对库内各点温度、备用机、防爆设备要求比较高

2. 冷库的特点

冷库建筑不同于一般的工业与民用建筑,表现在不仅受生产工艺的制约,更主要的是受冷库内外温度差和水蒸气压力差,以及由此引发的温度、水蒸气渗透和热量传递的制约,因此冷库的建筑特点有别于其他建筑,具体体现如图 8-27 所示。

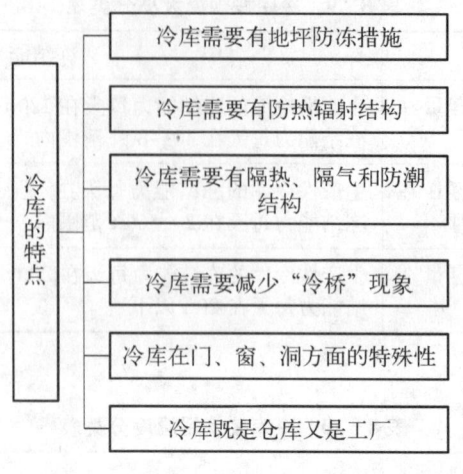

图 8-27 冷库的特点

3. 冷库的保养方法

(1) 冷库安装完毕或长期停用后再次使用,降温的速度要合理,每天控制在 8～10℃为宜。

(2) 冷库库板保养。使用时应注意硬物对库体的碰撞和刮划。因为这样会造成库板的凹陷和锈蚀,严重的会使库体局部保温性能降低。

(3) 冷库密封部位保养。由于装配式冷库是由若干块保温板拼成,因此板之间存在一定的缝隙,施工中这些缝隙会用密封胶密封,防止空气和水分进入。所以在使用中应对一些密封失效的部位及时修补。

(4) 冷库地面保养。一般小型装配式冷库的地面使用保温板,使用冷库时应防止地面存有大量的冰和水,如果有冰,清理时切不可使用硬物敲打,防止损坏地面。

(二) 冷藏车

冷藏车是在有保温层的封闭式车厢上装有制冷机组的冷藏专用运输汽车,是用来运输冷冻或保鲜的货物的封闭厢式运输车,如图 8-28 所示。冷藏车能在长时间运输中使车厢内货物保持一定温度,适用于要求可控低温条件货物的长途运输,常用于运输冷冻食品(冷冻车)、奶制品(奶品运输车)、蔬菜水果(鲜货运输车)、疫苗药品(疫苗运输车)等。

图 8-28 冷藏车

1. 冷藏车的组成与分类

冷藏车主要由专用汽车底盘的行走部分与隔热保温厢体(一般由聚氨酯材料和玻璃钢组

成,如彩钢板、不锈钢等)、制冷机组、车厢内温度记录仪等部件组成,对于特殊要求的车辆,如肉钩车,可加装肉钩、拦腰、铝合金导轨、通风槽等选装件。

冷藏车按照不同的分类标准,可以得出不同的分类类型,具体见表8-12。

表8-12 冷藏车分类

按底盘生产厂家分类	东风冷藏车、长安之星冷藏车、庆铃冷藏车、江铃冷藏车、江淮冷藏车、北汽福田冷藏车等
按底盘承载能力分类	微型冷藏车、小型冷藏车、中型冷藏车、大型冷藏车等
按车厢型式分类	面包式冷藏车、厢式冷藏车、半挂冷藏车等

2. 冷藏车的特点

冷藏车具有密封性、制冷性、轻便性和隔热性的特点,具体见表8-13。

表8-13 冷藏车的特点

主要特点	阐述
密封性	冷藏车的货柜需要保证严格的密封来减少与外界的热量交换,以保证冷藏柜内保持一定较低的温度
制冷性	加装的制冷设备与货柜连通并提供源源不断的制冷,保证货柜的温度在货物允许的范围内
轻便性	冷藏车运输的货物通常为不能长时间保存的物品,虽然有制冷设备,仍需较快送达目的地
隔热性	冷藏车的货柜类似集装箱,一般由隔热效果较好的材料制成,以减少热量交换和损失

(三)冷藏箱

冷藏箱是一种应用比较广泛的冷链设备,将冰袋放入-20℃冰柜里冷冻24小时充分蓄冷,按照标准配置,冷藏箱内温度保持在8℃以下可以达到80小时以上,适用于各种中远距离低温药品运输,可以在宾馆、医院、汽车、船舶、家庭卧室、客厅等环境中灵活使用。如图8-29所示。

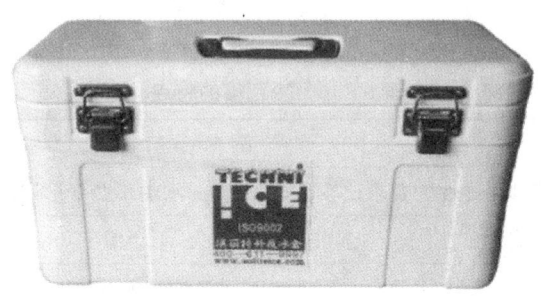

图8-29 冷藏箱

1. 冷藏箱的类型

根据不同的分类标准,冷藏箱有不同的类型,如表8-14和表8-15所示。

表 8-14 冷藏箱按照制冷机制不同分类表

类型	阐 述
压缩式冷藏箱	压缩式冷藏箱是最常见的种类。它通过压缩机制冷,具有制冷速度较快、耗能较低、品种齐全、制冰能力强等优点,适合家庭使用。目前市场上出售的压缩式冷藏箱的容积有 46 L,50 L,60 L,80 L 和 100 L 以上等各种型号。但压缩式冷藏箱由于具有噪音大、体积大、对能源要求严格(只能使用交流电)等缺点,不适宜在宾馆、医院、汽车、船舶等特殊环境下使用
半导体式冷藏箱	半导体式冷藏箱是利用半导体冷冻晶片进行核心制冷的冷藏箱。它重量轻,既可制冷又可制热,无氟利昂,成本较低。容积有 6 L,12 L,16 L,18 L 及以上等,可应用在汽车、船舶等特殊环境中。但由于其制冷、制热效果不理想,有耗能大、使用寿命短的缺陷,目前市场上还不多见
吸收式冷藏箱	吸收式冷藏箱采用吸收式制冷系统,以氨作制冷剂,水作吸收剂,氢和氨作扩散剂,利用热虹吸原理,使制冷系统连续运行,从而达到制冷效果。吸收式冷藏箱具有无运动部件、无噪声、无氟利昂、寿命长、可按需要应用多种能源等优点,适合宾馆、医院、汽车、船舶、家庭卧室等环境和出外旅游时使用

表 8-15 冷藏箱按照外形特征不同分类表

类型	阐 述
手提式冷藏箱	手提冷藏箱的一般温度范围从 5~65℃,冬天可以加热到 65℃,夏天可以制冷到 5℃;净重不超过 5 kg,体积小,可手提携带;使用简单;寿命长;维修方便;适用室内外使用,能随意放置
背带式冷藏箱	背带式冷藏箱的制冷温度可以达到 5℃,设计成背包形式,使用简单,寿命长,维修方便,体积轻,适合室内外使用
柜式冷藏箱	柜式冷藏箱的制冷温度一般可以达到 5℃,适于室内外使用,净重在 7 kg 左右

2. 冷藏箱的特点

冷藏箱的特点如表 8-16 所示。

表 8-16 冷藏箱的特点

主要特点	阐 述
耐热耐冷	冷藏箱对耐热性耐冷性的要求比较高,在高温的水中不会变形,甚至可以用沸水消毒
耐用	要具有优越的耐冲击性,重压或撞击时不易碎裂,不会留下刮痕,可终身使用
密封	这是选择冷藏箱首要考虑的一点。虽然不同品牌的产品密封方式不同,但卓越的密封性是内存食物持久保鲜的必要条件
保鲜	国际上密封测定标准是以透湿度测试来评定的,优质的冷藏箱要比同类产品的透湿度低 200 倍,可以更长时间保持冷藏物的新鲜
功能多样性	针对生活需要设计不同大小,配合重复使用的科技冰袋使用,冰袋可以保冷可以保热(冰袋最低可以被冷冻到-190℃,最高可以被加热到 200℃,可以任意的切割尺寸)
环保	食品级的环保 LLDPE 材料,具有无毒无味、抗紫外线、不易变色等优点

【情景小结】

包装是物流系统构成要素之一。本章首先简要介绍了包装的概念和作用；其次介绍了常见的包装标志、包装技术和包装设备。

流通加工是物品从生产领域向消费领域流通中为促进销售、维护产品质量、提高物流效率而进行的保存或改变物品形状、性质等的活动。它是生产流通在物流领域的延伸，可以弥补生产加工的不足，增加商品的附加值，方便客户，提高物流服务水平，提高物流行业的经济效益。流通加工的工艺与生产、包装基本相同，但具有不同的类别。本章主要介绍流通加工的概念，流通加工的作用，流通加工的种类和典型流通加工的方法，以及流通加工设备。在学习中可结合周围环境和水平，了解其他物品的流通加工技术。流通加工设备可以按照不同标准分类，本章按照流通加工形式和对象分别进行分类和简单介绍，在学习中熟悉常见设备的功能及工作效用。

【双基练习题】

一、填空题

1. 包装通常分为_____和_____。
2. 包装的标志根据作用不同主要可分为_____、_____、_____。
3. 包装容器按照包装的方式分有：_____、_____、_____、_____、_____等。
4. 采用具有空心结构的瓦楞纸板、经成型加工制成的包装容器叫_____。
5. 包装充填机械按其计量方式的不同可分_____、_____、_____。
6. 自动封箱机的主要机构有_____、_____、_____、机架、热熔胶系统等。
7. 包装自动生产线主要由_____、辅助工艺装置、_____、_____等组成。

二、选择题

1. 下列包装属于物流包装的是(　　)。
   A. 盛化妆品的瓶子装入盒内　　　　B. 多箱方便面捆扎在一起
   C. 带盒子的剃须刀装入纸箱　　　　D. 啤酒瓶装入周转箱
2. 下面图形属于危险货物包装标志的是(　　)。

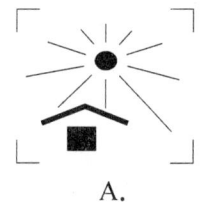　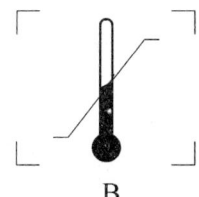　　

　　A.　　　　　　　　　B.　　　　　　　　　C.　　　　　　　　　D.

3. 选用捆扎机时应该考虑(　　)因素。
   A. 捆扎速度　　B. 捆扎材料　　C. 捆扎件数量　　D. 捆扎件规格
4. 自动包装生产线的技术经济指标有(　　)。
   A. 生产率　　B. 物料损耗　　C. 动力消耗　　D. 合格品率
5. 下面不属于流通加工设备的是(　　)。

A. 包装机械　　B. 拆箱设备　　C. 喷印设备　　D. 自动分拣机

6. 冷库按其使用温度分类，可以分为（　　）。

A. 冷却库　　B. 冷冻库　　C. 冷藏库　　D. 保鲜库

7. 冷藏车的特点是（　　）。

A. 密封性　　B. 轻便性　　C. 制冷型　　D. 隔热性

8. 根据制冷机制的不同，冷藏箱可以分为（　　）。

A. 高温式冷藏箱　　　　　　　　B. 压缩式冷藏箱
C. 半导体式冷藏箱　　　　　　　D. 吸收式冷藏箱

9. 流通加工是生产加工在流通领域中的延伸，流通加工的目的有（　　）

A. 满足用户需要的多样化　　　　B. 便于运输
C. 减少中间环节　　　　　　　　D. 提高产品的综合利用
E. 促进销售

三、思考题

1. 简述包装的概念及作用。
2. 什么是商流包装？商流包装和物流包装有什么不同？
3. 简述常见包装设备的类型和特点。
4. 流通加工设备的具体种类以及在物流领域的主要作用。
5. 简述冷藏车的特点。
6. 冷库的未来发展方向。

【实践题】

许多生鲜食品零售起点较小，而为了保证高效输送出厂，包装一般比较大，也有一些是采用集装的形式运达销售地区。为了便于销售，在销售地区按所要求的零售起点进行新的包装，即大包装改小包装，散装改小包装，运输包装改销售包装，以满足消费者对不同包装规格的需求，从而达到促销的目的。

此外，半成品加工、快餐食品加工也成为流通加工的组成部分。这种加工形式，节约了运输等物流成本，保护了商品质量，增加了商品的附加价值。如葡萄酒是液体，从产地批量地将原液运至消费地配制、装瓶、贴商标，包装后出售，既可以节约运费，又安全保险，以较低的成本，卖出较高的价格，附加值大幅度增加。

试分析：对食品进行流通加工，其作用体现在哪些方面？

【情景演练】

本情景模块也是一个比较重要的环节，内容多，在授课过程中可采用课堂讨论的方式进行，建议教师在讲授的同时，与学生互动，讨论的主题可以是以下内容：包装的作用有哪些；生活中所见的包装的技术有哪些；流通加工的种类和设备有哪些。结合一个好的包装案例进行讲解，能够达到比较好的效果。

学习情景 9　物流机械设备管理

学习内容

【重点】

☆　物流机械设备管理的内容

☆　设备点检的含义、类别、方法和步骤

【难点】

☆　掌握物流机械设备选择与配置的基本原则和步骤

学习目标

☆　明确物流机械设备管理的含义、任务和内容

☆　掌握物流机械设备选择与配置的基本原则和步骤

☆　熟悉物流机械设备保养与维护的基本内容

☆　掌握机械设备磨损的形式

章前导读

　　菲律宾劫杀人质事件已过去数日,因为菲律宾警方对劫持事件缺乏有效的应对,造成8人死亡,多人受伤。对此我们在悲痛的同时还需汲取教训,甚至能够对我们自身以及工作有所启发,避免类似事情的发生。

　　本次劫持事件并不复杂,刚开始劫持者态度平稳,甚至释放了多名老幼人质,大部分的人并没有想到会有如此恶果,那么是什么导致了此种恶劣事件的发生呢?通过近几天的详实报道,我们不难看出,菲律宾警方在劫持事件处理能力、营救方案上存在一些明显的不足,营救人员缺乏合适装备和战术训练。正是对此种突发事件缺乏有效应对,不但没有实现和平解决,甚至部分行为激怒了劫持者,导致了惨剧的发生。

　　世界上道理是相通的,没有相同的事件,只有共同的规律。由于缺乏日常维修训练和合适装备,我们一些生产型企业在处理突发性设备故障时同样会有捉襟见肘的情况出现,即小问题演变成大故障,大故障引发大灾难,此类案例比比皆是。因此,设备管理者面对菲律宾劫持事件不能只看热闹、谴责菲律宾警方的无能,还需要反思自己是不是具备问题应急处理能力,一旦发生意想不到的设备故障,我们能不能实现有效应对并解决。

就国内目前的设备维修水平来说,大部分企业设备管理部门仅仅具备一般性设备问题的处理能力,部分企业对一般性设备问题甚至采取拖延、临时性"对付"的处理方式,甚至瞒报事故,从而错过解决设备问题的黄金期。或者维修方式仅仅局限于堆焊、换件之类的传统维修方式,针对突发性设备故障无法做到及时有效应对。此种情形与菲律宾特警拿着橡皮锤砸玻璃极其类似。正所谓:工欲善其事,必先利其器。

突发事故是每个企业甚至每个人都会遇到的,这时候不仅需要冷静的思考、缜密细致的方案,更需要平时对问题应对能力的积累、训练以及问题解决手段的升级,只有做到有备无患才能够实现"大事化小,小事化了"。

相关知识

9.1 现代物流机械设备管理概述

9.1.1 现代物流机械设备管理的概念

现代物流机械设备管理是以物流机械设备的寿命周期为研究对象,以机械设备寿命周期费用最经济和机械设备综合效率最高为目标,动员全员参加的综合管理系统。现代机械设备管理出现了一些新的概念,如机械设备寿命周期费用等。

为了正确理解上述内容,必须把握以下概念。

(一)机械设备寿命周期及机械设备寿命周期费用

1. 机械设备的寿命周期

机械设备的寿命是指机械设备从最初的调查研究开始直到报废为止的整个过程,包括调查研究、计划、设计、制造、选型、购置、安装、调试、运转、维修、更新报废等环节。其中调查研究、设计、制造等环节称为设备寿命的前半生;选型、购置、安装、调试、运转、维修、更新报废等环节称为设备寿命的后半生。

从系统的观点考察,机械设备寿命的前、后半生,即制造与使用是机械设备管理这个大系统中的两个子系统。两者之间存在着互相依存、相互促进的内在联系。但是,由于传统机械设备管理的局限性,设备研制单位只管产品的研制,设备使用部门只管选用、维修,界限分明,结果常常出现制造厂生产的新设备不完全符合或者不符合使用单位的要求,因此造成了不少企业设备积压、闲置,造成巨大的经济损失。另外,传统的设备管理中,企业在设备更新改造中的成功经验,不能为设备制造单位所借鉴,阻碍了新设备技术水平的提高。

> 小提示

大量的实践证明,设施设备在使用与维修时的许多问题取决于它的先天性,即设施设备初始方案论证及设计试制阶段所确定的一些技术指标,若先天不足,那么后天纠正补救是很困难的。设施设备寿命的后半生子系统内部各环节之间同样存在着互相制约、互相促进的内在联系,传统设施设备管理的第一弊病,是机械地把买、用、修、更、改分割开来,片面地局限在中间一段,只重视维护修理,忽略了两头,不重视设施设备的合理选型、择优选购、设施设备更新和技术改造。拿设施设备合理选型、择优选购这一环节来说,由于设施设备部门无权过问或不去过问造成的浪费和损失很大。

把设施设备管理的范围扩展到设施设备的一生是现代设施设备管理的重要观点。把设施设备管理的各个环节当作一个整体来管理以追求整体的效益最优,对设施设备实行全过程管理,是按照系统论的观点组织设施设备管理的基本方法,避免了设施设备的积压、浪费,有利于从整体上保证和提高设施设备的可靠性、维修性和经济性。实行全过程管理是有效提高企业和国家技术装备水平,实现技术装备现代化的重要保证。

2. 机械设备寿命周期费用(LCC)

机械设备寿命周期费用是指设备一生的总费用,它包括设备从研究、计划、设计、制造、选型、购置、安装、调试、运转、维修、改造,直到报废所产生的费用总和。

寿命周期费用一般由两部分组成:一部分是购置费,机械设备若是企业自行研制,则包括调研、设计、制造、安装、调试等费用,若是外购,则包括购置费、运输费、安装调试费;另一部分是维持费,它包括运行费和维修费两部分,此外,在设备寿命终结时,拆除设备也需要一些费用,报废的设备还有一些残值。因此,设备寿命周期费用=购置费+维持费+拆除费-残值。

> 小提示

设备的寿命周期费用涉及设备的一生,因此要分析设备的整个寿命周期内不同阶段费用支出的关系、变化规律以及其对总费用的影响,采取行之有效的措施,使寿命周期费用最为经济。

3. 机械设备寿命周期费用变化规律

在物流机械设施设备的整个寿命周期内,不同阶段费用发生情况是不同的。一般情况下,机械设施设备从规划到设计、制造,即机械设备寿命周期的前半生,其所支出的费用是递增的。到安装调试时下降,其后运行阶段的费用保持一定的水平。到运转阶段的后期,机械设施设备性能逐渐劣化,维修费用增加,维持费上升。当上升到一定程度时,机械设施设备经济寿命终止,机械设施设备就需要改造或更新,机械设施设备的寿命周期也到此结束。在机械设施设备的整个寿命周期内,各阶段费用支出的发展变化规律如图9-1所示。

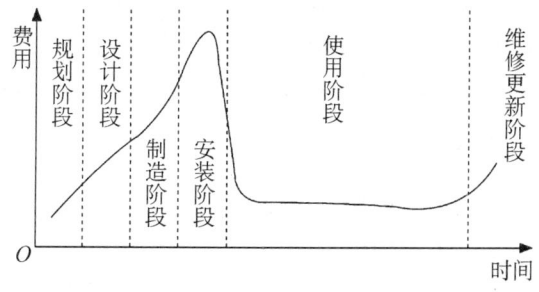

图9-1 机械设备各阶段费用支出的发展变化规律

（二）机械设备的综合效率

现代机械设备管理以追求机械设备的综合效率最高为目标。综合效率包括六个方面，即机械设备管理要完成六个方面的任务和目标，归纳为六个英文字母：

P——产量：要完成产品产量的任务，设施设备的效率要高。

Q——质量：保证生产高质量的产品。

C——成本：生产成本要低。

D——交货期：按时完成生产任务，保证合同规定的交货期。

S——安全：保证生产安全。

M——有两方面的意义，一是环境，要减少污染，保证环境卫生，文明生产；二是人机匹配关系比较好，使工人保持旺盛干劲和劳动情绪，这是行为科学在机械设备管理中的应用。

PQCDSM 可采用定性和定量的方式确定。在寿命周期费用和综合效率基础上还要进一步测算机械设备的费用效益，其计算公式为

$$费用效益 = 综合效率/寿命周期费用$$

> **小提示**
>
> 寿命周期费用只是评价机械设备经济性的一个方面，还要考虑机械设备的综合效率如何，同样的费用，要选择效率高的机械设备。

（三）全员参加

全员参加对设施设备实行全员综合管理，是现代物流设施设备管理的又一大特点。所谓"全员"指的是三全，即全效率、全系统、全员。其具体含义是：全效率即综合效率，是从PQCDSM 这六个因素的现状，对设施设备的效率进行全面的衡量。

全系统的内容包括两个方面：

（1）推进全系统管理，即要建立起从设施设备计划、设计、制造、安装、使用、维修一直到更新报废这样一个全系统管理体系，建立一个有效的反馈系统。

（2）建立与设施设备全过程相适应的一整套维修方式。通过全系统可以开展设施设备的综合管理，这有利于企业更好地发挥设施设备计划、设计、制造、安装、调试、使用和维修等各部门在设施设备管理方面的作用，有利于最大限度地提高设施设备的综合效率。

全员：凡是涉及设施设备的规划、研究、设计、制造、使用、维修、供应等所有部门的有关人员，从企业经理到第一线工人都组织起来，参加设施设备管理。

全员管理的意义是在更大的程度上调动各方面的积极性，为加强设施设备管理，改进设施设备的可靠性、维修性与经济性，以在提高设施设备效率与维修作业效率方面取得更大成效。

9.1.2 现代物流机械设备管理的特点

设备管理除了具有一般管理的共同特征外，与企业的其他专业管理比较有以下特点：

（一）技术性

作为企业的主要生产手段，设备是物化了的科学技术，是现代科技的物质载体，因此，现代物流设备管理必然具有很强的技术性。首先，现代物流设备管理包含了机械、电子、液压、光学、计算机等许多方面的科学技术知识，缺乏这些知识就无法合理地设计制造或选购设备；其

次,正确地使用、维修这些设备,还需掌握状态监测和诊断技术、可靠性工程、摩擦磨损理论、表面工程、修复技术等专业知识。可见,现代物流设备管理需要物流技术与物流设备工程技术作为基础,不懂技术就无法搞好设备管理工作。

(二)综合性

设备管理的综合性表现在:① 现代物流设备包含了多种专门技术知识,是多门科学技术的综合应用;② 设备管理的内容是工程技术、经济财务、组织管理三者的综合;③ 为了获得设备的最佳经济效益,必须实行全过程管理,它是对设备一生各阶段的综合;④ 设备管理涉及物资准备、设计制造、计划调度、劳动组织、质量控制、经济核算等多方面的业务,汇集了企业多项专业管理的内容。

(三)随机性

许多设备故障具有随机性,使得设备维修及其管理也带有随机性。为了减少突发故障给企业带来的损失和干扰,设备管理必须具备应付突发故障、承担意外突击任务的应变能力。这就要求设备管理部门信息渠道畅通、器材准备充分、组织严密、指挥灵活;人员作风过硬,业务技术精通;能够随时为现场提供服务,为生产排忧解难。

(四)全员性

现代企业管理强调应用行为科学调动广大职工参加的积极性,实行以人为本的管理。设备的综合性更加迫切需要全员参加,只有建立从经理或厂长到第一线员工都参加的企业全员设备管理体系,实行专业管理与群众管理相结合,才能真正搞好设备管理工作。

9.1.3 现代物流机械设备管理的任务

物流设备管理的任务是由设备管理的目的确定的。总体来说,物流设备管理的任务是保证为企业的物流活动提供优质合理的技术设备,以获得设备最佳的经济效益。这个任务包括以下几个方面:

(一)合理选用设备

要根据技术上先进、经济上合理的原则,通过全面规划、合理配置,对设备进行全面的技术经济评价,合理选用设备。相关人员应密切配合,掌握国内外技术发展动向,收集技术和经济两个方面的资料。技术方面资料包括设备规格、性能、用途、效率、动力、材料对环境的污染、可靠性、维修性、运输安全条件、备品配件的供应等;经济方面的资料包括该设备市场状况、设备的价格、运费、相应的配套工程投资、安装费用,维修人员和操作人员的培训费,购买该设备的资金来源,估计设备投资效果等。

(二)保持设备完好

要通过精确安装、正确使用、精心维修、适时检修、安全作业等环节,使设备始终处于完好的技术状态,使其工作性能能够满足生产工艺或物流作业的要求,随时可以根据企业生产经营的需要投入正常运行。物流设备完好一般包括三个方面的内容:设备零部件、附件齐全,运转正常;设备性能良好,动力输出符合标准;燃料、能源、润滑油消耗正常等。行业、企业应当制定关于完好设备的具体标准,使操作人员与维修人员有章可循。

(三)改善和提高技术设备素质

技术设备素质是指在技术进步的条件下,技术设备适合企业生产和技术发展的内在品质。通常可以用以下几项标准来衡量:① 工艺适用性;② 质量稳定性;③ 运行可靠性;④ 技术先进性(包括生产效率、物料与能源消耗、环境保护等);⑤ 机械化、自动化程度。要通过实时改造与更新,改善和提高企业的技术设备素质,使物流现代化水平不断提高。

改善和提高技术设备素质的主要途径:一是采用技术先进的新设备替换技术陈旧的设备;二是应用新技术改造现有设备。后者通常具有投资少、时间短、见效快的优点,应该成为企业优先考虑的方式。

(四) 充分发挥设备效能

设备效能是指设备的生产效率和功能。设备效能的含义不仅包括单位时间内生产能力的大小,也包含适应多品种生产的能力。

充分发挥设备效能的主要途径有:① 合理选用技术设备和工艺规范,在保证产品质量的前提下,缩短生产时间、提高生产效率;② 通过技术改造,提高设备的可靠性与维修性,减少故障停机和修理停歇时间,提高设备的可利用率;③ 加强生产计划、维修计划的综合平衡,合理组织生产与维修,提高设备利用率。

(五) 取得良好的投资效益

设备投资效益是指设备一生的产出与其投入之比。取得良好的设备投资效益,是提高经济效益为中心的方针在设备管理工作上的体现,也是设备管理的出发点和落脚点。因此,应追求设备寿命周期费用最经济和设备的综合效益,而不是只考虑购买或使用某一阶段的经济性。在寿命周期的各个阶段,一方面加强技术管理,保证设备在使用阶段充分发挥效能,创造最佳的产出;另一方面加强经济管理,实现最经济的寿命周期费用。在设备规划阶段,要谋求设备的经济性;在设备维修阶段,要谋求停机损失和维修费用之间的最佳平衡,求得设备维修的最佳经济效果。

9.1.4 现代物流机械设备管理的内容

设备管理以追求设备综合效率和寿命周期费用的经济性为目的,从技术、经济和组织管理三个侧面对设备实行一生管理。因此,物流设备管理应包括以下三方面的内容:

(一) 设备的技术管理

设备的技术管理主要包括:设备的规划、选购、自制与安装调试;设备的合理使用和维护保养管理;设备的计划检修;设备的状态监测与技术诊断;设备的安全技术管理和事故处理;设备的备件管理;设备的技术资料管理;设备的技术改造;设备的技术档案管理等。

(二) 设备的经济管理

设备的经济管理主要包括:设备投资效益分析;资金筹措和使用;设备移交验收、分类编号、登记卡片和台账管理、库存保管、调拨调动、年终清查等资产管理;折旧的提取与管理;费用的收支核算;设备更新等。

物流设备的经济管理必须遵循价值规律和寿命周期费用变化规律,对物流设备管理的各项内容进行经济论证、经济核算、经济分析和成本控制等活动,开展多种形式的增收节支和经营,使企业投资取得最佳经济效益。

(三) 设备的组织管理

设备的组织管理主要包括:员工的教育和培训;设备管理制度和规范的制定;设备管理、使用的监督检查和评比等。物流设备的组织必须遵循机械使用与磨损的客观规律,运用行政手段,科学地把物流设备技术管理和经济管理结合起来,全面完成物流设备管理任务。

设备管理三个方面的内容是相互联系的一个整体。其中,技术管理是基础,经济管理是目的,组织管理是手段。只有三者结合,才能实现综合管理的目标。

9.2 物流机械设备的配置与选择

9.2.1 物流机械设备配置与选择的总体原则

物流机械设备的配置与选择是物流设备前期管理的重要环节,是企业经营决策中的一项重要工作。物流机械设备具有投资大、使用期限长的特点,在配置与选择时,一定要进行科学决策和统一规划。正确地配置与选择物流机械设备,可为物流作业选择出最优的技术设备,使有限的投资发挥最大的技术经济效益。物流机械设备的选择与配置应遵循以下原则:

(一) 系统化原则

系统化就是在物流机械设备配置、选择中用系统的观点和方法,对物流机械设备运行所涉及的各环节进行系统分析,把各个物流机械设备与物流系统总目标、物流机械设备之间、物流机械设备与操作人员之间、物流机械设备与物流作业任务等有机严密地结合起来,改善各个环节的机能,使物流机械设备配置、选择最佳,使物流机械设备能发挥最大的效能,并使物流系统整体效益最优。

在企业物流系统中,用系统观点和方法解决物流机械设备配置和选择问题,是提高企业资源的利用率,实现最合理投资的重要手段。按系统化原则配置与选择物流机械设备,不仅要求物流机械设备与整个系统相适应,各物流机械设备之间相匹配,而且还要求全面、系统地分析物流机械设备单机的性能,进行综合评价,做出有关决策,使设备配置达到整体最优。

(二) 适用性原则

适用性是指物流机械设备满足使用要求的能力,包括适应性和实用性。在配置与选择物流机械设备时,应充分注意到与物流作业的实际需要和发展规划相适应,符合货物的特性和货运量的需要,适应不同的工作条件和多种作业性能要求,操作使用灵活方便。因此,首先应根据物流作业特点找到必要功能,再选择相应的物流机械设备。这样的物流机械设备才有针对性,才能充分发挥其功能。有人认为,物流机械设备的适用性越强,要求的功能就越多。其实不然,功能越多,厂家的成本投入一定高,物流机械设备的价格也会提高,购置时一次支付的费用就会增高,况且,功能太多,不一定是实际作业所需要的,花了钱买了不需要的功能,物流机械设备得不到充分利用,肯定会造成浪费,不可能取得良好的经济效益。反之,功能太低,不能满足作业要求,物流效益低,同样是不可取的。只有充分考虑使用要求,按必要功能去选择物流机械设备,才能充分体现物流机械设备的适用性,获得较大的投资效益。

(三) 技术先进性原则

技术先进性是指配置与选择的物流机械设备能够反映当前科学技术先进成果,在主要技术性能、自动化程度、结构优化、环境保护、操作条件、现代新技术的应用等方面具有技术上的先进性,并在时效性方面能满足技术发展要求。

物流机械设备的技术先进性是实现物流现代化所必备的技术基础。但先进性是以物流作业适用为前提,以获得最大经济效益为目的,绝不可不顾现实条件和脱离物流作业的实际需要而片面追求技术上的先进。当然,也要考虑企业未来发展规划及技术改造的潜力,避免购置技术上已经落后或已被淘汰的机型。

(四) 经济合理性原则

经济合理性是指所选择的物流设备应是寿命周期费用最低、综合效益最好的设备。它不仅是一次性购置费用低,更重要的是长期使用的费用低。任何先进的物流机械设备的使用都受经济条件的制约,在多数情况下,购置费用与使用费用是一对矛盾的统一体,它们之间通常存在着效益背反的关系。有些物流机械设备购置费用比较低,但其能源消耗量大,故障率高,维修费用高,因而使用成本较高。相反,有些物流机械设备的购置费用高,但其性能好、能耗小、维修费用低,因此使用成本较低。因此,在实际工作中,应将生产上适用、技术上先进和经济上合理三者结合起来,全面考查物流机械设备的购置费用和运行费用,选择整个寿命周期费用低的物流机械设备,才能取得良好的经济效益。

在满足使用的前提下,应对购置费用与使用费用进行全面考虑和权衡,做出合理的判断,这就需要进一步做好成本分析。

(五) 可靠性和安全性原则

可靠性是指物流设备在规定的使用时间和条件下,完成规定功能的能力。它是物流机械设备的一项基本性能指标,是物流设备功能在时间上的稳定性和保持性。如果可靠性不高,无法保持稳定的物流作业能力,也就失去了物流机械设备的基本功能。物流机械设备的可靠性与经济性是密切相关的。从经济上看,物流机械设备的可靠性高,可以减少或避免因发生故障而造成的停机损失与维修费用支出。但是可靠性并非越高越好,因为提高物流机械设备的可靠性需要在物流机械设备开发制造中投入更多的资金,致使物流设备的购置费用上升。因此,不能片面追求可靠性,而应全面权衡提高可靠性所需的费用开支与物流机械设备不可靠造成的费用损失,从而确定最佳的可靠度。

安全性是指物流机械设备在使用过程中保证人身和货物安全以及环境免遭危害的能力。它主要包括设备的自动控制性能、自动保护性能,以及对错误操作的防护和警示性能等。

随着物流作业现代化水平的提高,可靠性和安全性日益成为衡量设备好坏的重要因素。在配置与选择物流机械设备时,应充分考虑物流机械设备的可靠性和安全性,以提高物流机械设备利用率,防止人身事故,保证物流作业顺利进行。

(六) 一机多用原则

一机多用是指物流机械设备具有多种功能,能适应多种作业的能力。配置用途单一的物流机械设备,使用起来既不方便,也不利于管理。因此,应发展一机多用的物流机械设备。配置和选择一机多用的物流设备,可以实现一机同时适宜多种作业环境的连续作业,有利于减少作业环节,提高作业效率,并减少物流设备台数,便于物流设备管理,从而充分发挥物流设备潜能,确保以最低的投入获得最大的效益。如叉车具有装卸和搬运两种功能,正是这点使其得到极为广泛的应用;再如多用途门座起重机,可实现集装吊具、吊钩、抓斗多种取物装置的作业,用途广泛,适用于装卸集装箱货物、钢材和超长超大重件等件杂货以及煤和砂石等散装货物。因此,在配置与选择物流机械设备时,要尽量优先考虑一机多用的物流机械设备。

此外,还要考虑环保性原则,要使物流设备噪声低、污染小,具有较好的环保性。

9.2.2 物流设备的配置、选择的准备工作

(一) 了解设备规划的要求

设备规划是企业根据生产经营发展总体规划和本企业设备结构的现状而制订的用于提高

企业设备结构合理化程度和机械化作业水平的指导性计划。科学的设备规划能减少购置设备的盲目性,使企业的有限投资保证重点需要,从而提高投资效益。

设备规划主要包括设备更新规划、设备技术改造规划、新增设备规划。

设备规划的编制依据主要有:企业生产经营发展的要求;现有设备的技术状况;国家有关安全、环境保护、节能等方面政策法规要求;国内外新型设备的发展和科技信息;可筹集用于设备投资的资金。

> 小提示

在确定配置物流机械设备配置方案之前,要根据设备规划,确定所需更新的物流设备,再根据要求进行物流设备配置。

(二)收集有关资料,并进行详细分析比较

(1)经济资料。货物的种类及特性、货运量、作业能力、货物流向等是最主要的经济资料。它们直接影响着物流设备的配置与选择,因此,必须多渠道、正确地搜集这些资料。在搜集有关经济资料时,不仅要掌握目前和近期的情况,而且还要摸清发展远景和变化趋势。对调查所得的资料应进行整理、审查、核实、分析研究,并做出有关的统计分析表。

(2)技术资料。它包括物流机械设备技术性能现状及发展趋势、主要生产厂家技术水平的状况、使用单位对设备的技术评价等。这些资料是从整体上把握物流设备技术状况的重要数据和资料。

(3)自然条件资料。它主要包括货场仓库条件、地基的承受能力、地基基础、作业空间等资料。

(三)拟订物流机械设备配置的初步方案

对于同一类货物、同一作业线、同一个物流作业过程,可以选用不同的物流机械设备。因而在拟订初步方案时,就可能提出多个具有不同优缺点的配置方案。然后,按照配置原则和作业要求确定配置物流机械设备的主要性能,分析各个初步方案的优缺点,并进行初步选择,去劣存优,最后保留2~3个较为可行的、各具优缺点的初步方案,并估算出它们的投资,计算出物流设备生产率和作业能力以及初步的需求数量。

(四)物流机械设备配置方案的技术经济评价与方案确定

为了比较各种配置方案,以便选择一个最有利的方案,必须进行技术经济评价。当然,在确定配置方案时,如果具体方案中出现不可比因素,这就需要将不可比因素作一些换算,尽量使比较项目有可比性。常用的技术经济评价方法有投资回收期法、净现值比较法、综合效率有效度法等。

(五)物流机械设备选型的步骤

物流机械设备配置方案确定后,接下来就是全面衡量各项技术经济指标,选择合适的机型,选型的步骤如下。

1. 预选

预选在广泛收集物流机械设备市场货源情报的基础上进行。货源情报来源主要包括:产品样本、产品购销指南、产品目录、广告、展销会、专业网站以及销售人员收集到的情报等,并进行分类汇编,从中筛选出可供选择的机型和厂家。

2. 细选

对预选出来的机型和厂家进行调查、联系和询问,详细了解物流机械设备的各项技术性能参数、质量指标、作业能力和效率;生产厂商的服务质量和信誉,使用单位对其设备的反映和评价;货源及供货时间;订货渠道、价格、随机件及售后服务等情况。将调查结果填写在"设备货源调查表"上,经分析比较,从中选择符合要求的两三个厂家作为联系目标。

3. 选定

对选出的厂家进行联系,必要时派专人作专题调查和深入了解,针对有关问题,如机械性能情况、价格及优惠条件、交货期及售后服务条件、附件、图样资料、配件的供应等同厂家进行协商谈判,并做出详细记录。然后由企业有关部门进行可行性论证,选出最优的机型和厂家作为第一方案,同时准备第二、第三方案以应对订货情况变化的需要,经主管领导及部门批准后定案。

9.3 物流机械设备的使用管理

9.3.1 物流机械设备使用管理概述

物流机械设备的正常使用是指在规定的工作条件下,物流机械设备从事物流作业,发挥其规定效能的工作过程。物流机械设备使用管理是从采购、验收、投入使用到报废的全过程管理,包括设备组织管理、技术管理、安全管理、经济管理等具体内容。

物流机械设备使用管理的基本要求是:保持机械设备处于良好的工作环境,进行合理的生产组织,充分发挥物流设备的效能,安全、优质、高效、低耗地完成所担负的作业任务,并取得最佳的经济效益。

物流机械设备的正确使用包括技术合理和经济合理两个方面。技术合理是按有关技术文件规定的设备性能、使用说明书、操作规程、安全规则、维护保养规程以及不同的工作状况、工作环境、自然条件下的使用要求,正确操作机械设备。经济合理是在设备性能允许的范围内,通过合理的组织管理,充分发挥设备的效能,以高效、低耗获得较高的经济效益。

9.3.2 物流机械设备的正确使用

(一)物流机械设备正确使用的衡量指标

评价物流机械设备是否得到正确使用,可从以下三个方面的指标加以考察:

1. 高效率

物流机械设备的作业能力是否得到充分发挥,是衡量设备是否正确使用的主要因素之一。在物流作业流水线或综合机械化组合中,至少应保证主要物流机械设备的作业能力得到充分发挥。

2. 经济性

物流机械设备的使用经济性是要求物流机械设备在完成一定工作量的作业时所需的运行成本最低。包括机械设备的日常消耗品费用、养护费、人工操作费等。不同的物流机械设备、不同的作业性质,应有相应的使用经济指标。

3. 故障率

物流机械设备的故障率是指在规定的使用寿命内发生故障的概率。引起设备故障的主要原因除设备的自然磨损和老化外,还有人为因素、维护保养、使用环境条件等方面。制订合理的设备操作规程及维护保养制度并严格执行,是降低设备故障率,保持设备技术状态完好和延长使用寿命的重要手段。

> 小提示

保证设备正确使用的措施

1. 严格按规程操作设备。设备操作规程规定了设备的正确使用方法和注意事项,对异常情况应采取的应急处理措施及异常事故的报告制度。

2. 实行使用设备的各级技术经济责任制。要求操作者按规程操作,按规定交接班和进行维护保养。班组、车间、生产调度部和企业领导都应对设备使用安全承担责任,不允许安排不符合设备规范和操作规程的作业任务。

3. 严格使用程序管理。对重要设备采取定人定机、教育培训、操作考核和持证上岗。建立严格交接班制度,严肃处理设备事故等措施。

4. 实行设备养护的奖励制度,同物质奖励结合起来,将提高使用人的积极性。

(二)物流机械设备正确使用的注意事项

正确、合理地使用物流机械设备,能减轻设备的自然损耗,保持良好的工作性能,充分发挥设备效能,延长设备使用寿命。为此,在物流机械设备使用中应做好以下工作:

(1)健全组织保障体系,做好设备安装工作。从企业领导到一线操作人员都应树立关心设备、爱护设备的思想,人人参与设备管理。在使用前首先要严格按质量标准安装设备,安装后要经试运转验收合格才能投入使用。

(2)合理安排设备的工作量负荷。在安排设备工作量时,要根据设备本身的性能参数和物流作业任务量,经科学的计算,合理确定设备工时定额。不同设备,其性能、结构、效率、使用范围、工作条件和能力都不相同,故在安排工作量时,需按照设备的不同技术性能分别确定。既要充分发挥设备的效能,有利于提高设备利用率,又要防止设备的过度疲劳和磨损,更不能超负荷使用。合理安排设备工作量也为设备的计划维修打下基础。

(3)加强对操作人员的规范管理,做到正确使用设备。设备操作人员、使用人员必须熟知设备性能、操作和使用程序。这要求不断对操作使用人员进行技术培训,严格考核制度。合格的操作人员必须做到"四会四懂",即懂性能、懂结构、懂原理、懂用途;会使用、会维护保养、会检查、会排除故障。

(4)完善设备使用的技术保障工作。要及时提供规格、质量符合要求的燃油、润滑油、液压油、备品配件等日常消耗品和替换件,这是保证物流机械设备正常运行的物质条件。

9.3.3 物流机械设备的维护保养管理

(一)物流机械设备保养管理的基本内容

物流机械设备要经常处于完好状态,除正确使用设备外,设备的维护保养工作也非常重要。良好的设备维护保养能有效减少设备故障及修理次数,提高生产效率,延长设备的使用寿命,从而给企业带来良好的经济效益。

维护保养是指对设备进行清洁、润滑、调整、防腐、检查等一系列工作的总称。其目的是减少设备的磨损,及时发现和处理设备运行中出现的异常现象。

尽管物流机械设备的结构、性能和使用方法不同,设备维护保养工作的具体内容也不完全相同,但设备维护保养工作的基本内容是一致的,即:① 清洁。各种物流设备要清洁,做到无灰、无尘、整齐,保持良好的工作环境。② 安全。设备的保护装置要齐全,各种装置不漏水、不漏油、不漏气、不漏电,保证安全,不出事故。③ 润滑。设备要定时、定点、定量加注润滑油,保证润滑面正常润滑,保证运转畅通。④ 防腐。防止设备腐蚀,提高设备运行的可靠性和安全性。⑤ 检查。物流设备的维护保养内容一般包括日常维护、定期维护、定期检查,定期检查又称为定期点检。

(二) 物流机械设备的维护保养

1. 物流机械设备的日常保养

物流机械设备的日常保养是全部维护工作的基础。它的特点是经常化、制度化。一般日常保养包括班前、班后和运行中的维护保养。

参加日常维护保养的人员主要是操作工人。在设备的日常使用过程中,要注意观察设备运转情况和仪器、仪表,通过声音、气味等发现异常情况。设备不能带故障运行,如有问题,应停机及时排除,并做好故障排除记录。

日常保养的内容大部分在设备的外部,其具体内容有:搞好清洁卫生;检查设备的润滑情况,定时、定点加油;紧固易松动的螺丝和零部件;检查设备是否有漏油、漏气、漏电等情况;检查各防护、保险装置及操纵机构是否灵敏可靠,零部件是否完整。

2. 物流机械设备的定期保养

(1) 定期保养的定义

物流机械设备的定期保养是指在设备运行一定间隔时间后,由操作人员和保养人员按规范有计划地进行强制性保养,是对物流机械的全面性维护工作,定期保养是物流机械设备运行管理和状态维修管理的重要组成部分,是使物流机械能经常保持良好技术状态的预防性措施。

(2) 定期保养的特点

① 定期保养是状态维修的基础。物流机械设备在使用过程中,由于存在运动、摩擦、内部应力等物理、化学变化过程,必然会导致技术状态的不断劣化,并且通过机械零部件松动、温升异常、异响等现象表现出来。通过点检、保养、检测等手段把上述现象的信息及时采集起来,通过分析后做出维修决策,实施有针对性的维修,这就是以状态为基础的维修管理模式。

② 定期保养具有强制性。定期保养贯穿于设备运行的全部过程中,使机械运转状态得到及时改善,消除可以避免的磨损和损坏,因此保养伴随着机械设备运行全过程,不是可有可无的作业行为,而是必须进行的强制性行为。

③ 定期保养具有全面性。物流机械设备是由各个零部件组合而成的,各部件运转状态的正常与否直接对整机的技术状态产生影响,整机的技术状态如何也是通过零部件反映出来的,所以对物流机械设备必须实施全面性的定期保养。实施全面性定期保养的项目不宜过多,应根据具体设备的复杂程度和结构特点,以影响安全的零部件和装置为重点,以重点兼顾全面,达到对物流机械设备全面保养的目的。

(3) 定期保养的基本内容

① 对机械进行清洁和擦洗。

② 检查、调整、紧固各操纵、传动及连接机构的零部件。

③ 对各润滑点进行检查、注油或清洗换油。
④ 调整和检查安全保护装置，保证其灵敏可靠。
⑤ 更换已磨损的零部件。
⑥ 使用相应的检测仪器和工具，按规范对主要测试点进行检测，并做好检测记录。

定期地对机械进行保养，可使机械运转情况得到及时改善，消除可以避免的磨损和损坏，减缓机械的劣化趋势，延长机械修理周期，减少修理工作量。因此执行定期保养是推行状态维修的基础，没有保养的基础保证，也就无法推行状态维修。

9.3.4 物流机械设备的检查与修理

(一) 物流机械设备的点检制度

检查设备的目的是判断和确定设备的技术状态是否在规定范围内，据此做出继续使用、采取预防措施或停机修理的结论。物流机械设备的点检是一种先进的设备检查制度，是对影响设备正常运行的一些关键部位进行经常性检查和重点控制的方法。

1. 设备点检的含义

设备的"点"是指设备的关键部位或薄弱环节。设备点检是指通过人的感官或运用检测工具和仪器对设备进行检查，及时、准确地获取设备部位(点)的技术状况或劣化的信息，以尽早预防维修，及时消除隐患。设备点检包括日常点检、定期点检和专项点检三类。

2. 设备点检的类别

(1) 日常点检是由操作工人和维修工人每日进行的例行维护作业，主要是利用感官、简单的工具或装在设备上的仪表和信号标志检查设备状态。目的是为了及时发现设备异常，保证设备正常运转。

(2) 定期点检以专业维修人员为主，操作工人参加，定期对设备进行检查，记录设备异常、损坏及磨损情况，确定修理部位、更换零件、修理类别和时间，以便安排修理计划。

定期点检主要是测定设备的劣化程度和性能状况及缺陷和隐患，确定修理的方案和时间，保证设备维持规定的功能。定期点检主要凭借感官进行，但也使用一定的检查工具和仪器。

(3) 专项点检一般指由专职维修人员(含工程技术人员)针对某些特定的项目进行的定期或不定期的检查测定。目的是了解设备的技术性能和专业性能。点检时通常需使用专用工具和仪器。

3. 设备点检的方法

(1) 运行中检查。
(2) 停机检查，其中包括停机解体检查和停机不解体检查。
(3) 凭感官和经验检查。
(4) 使用仪表仪器检查。

某设备的点检方法一经确定，点检人员不能随意自行改变。

4. 设备点检的步骤

(1) 确定设备的检查点。设备的检查点往往是设备的关键部位或薄弱环节，检查点一经确定，轻易不要变动，并要长期积累历次检查数据和资料。

(2) 确定点检路线。检查点确定后，要根据设备的分布和类型等具体情况组成一条点检路线，并明确点检前后顺序。点检路线确定后，也不允许轻易变动。

(3) 确定点检标准。设备的点检标准要根据设备的各种资料并结合实际经验来制订,其标准要定量化,以便于检查。

(4) 确定点检周期。由于设备的性能、特点、寿命不同,点检均不同,因此要根据实际情况,分别制订各设备的点检周期,以保证设备按时接受检查。

设备点检人员必须有高度的责任心和技术水平,切实做好点检工作,点检人员对检查信息记录要准确、简明、全面、规范,设备点检工作完成后,必须妥善保存、归档,以便今后工作所用。

5. 设备点检工作的检查和考核

做好点检工作,对今后设备的修理工作会起到重要作用,因此要加强领导,定期检查、考核,杜绝不负责任的点检,使点检工作真正起到一定作用。

进行设备点检能够减少设备维修工作的盲目性和被动性,及时掌握故障隐患并予以消除,从而掌握主动权,提高设备完好率和利用率,提高设备维修质量,并节约各种费用,提高总体效益。

(二) 物流机械设备的故障维修管理

1. 物流机械设备故障管理的内容

(1) 掌握异常信息

通过感官检查和利用各种专用故障状态监测仪器对设备进行状态监测,掌握设备关键部位和易产生故障部位的异常现象或故障征兆等信息,如振动、噪声、温度变化等。

(2) 收集故障资料

做好物流机械设备故障资料的记录和收集工作,对故障信息及时、准确、完整地收集记录和总结分析,存入专业档案保管处。有关记录内容应包括物流机械设备的编号、名称、型号规格、故障发生的机构或部位、故障原因、停机修理时间、修理内容与工艺措施、所用工艺装备、工时材料和主要修换件、维修费用、经济损失等。

(3) 信息处理

充分利用数理统计等分析方法,如直方图、因果图、控制图等,进行记录数据处理,分析故障产生的原因,找出故障规律,制订故障处理对策。

(4) 故障处理与信息反馈

由设备技术人员针对故障现场实际情况,制订具体对策,提出故障处理和维修方案,并及时组织力量对故障进行处理,将有关信息向主管部门和设计制造部门反馈。

2. 物流机械设备修理的作用

修理的作用是恢复物流机械设备已失去的工作能力,使设备恢复到良好的技术状态。设备的修理不同于设备的维护保养,修理的主要目的是修复和更换已经磨损或腐蚀的零部件,使设备恢复其技术性能和使用性能,保证正常功能的发挥。对于自然有形磨损的修理称为正常修理;对于事故性损坏的修理称为非正常修理。修理是恢复物流机械设备功能的有效措施,是有形磨损的局部补偿。

3. 物流机械设备的修理方式

物流机械设备的修理是针对那些由于技术状态劣化而发生故障的设备,通过更换或修复磨损失效零件,对整机或局部进行拆装、调整的技术活动。其目的是恢复设备的功能,保持设备的完好。物流机械设备的修理方式主要有事后修理、改善修理和预防维修三种。

(1) 事后修理。物流机械设备在发生故障而丧失其基本功能后进行的修理称为事后修理

(又称故障修理)。它一般为非计划性修理,适用于利用率低、修理复杂程度低、能及时提供备件、实行预防修理在经济上不合理的中小型物流机械设备,如中小型起重机等。

(2) 改善修理。根据故障记录和状态监测结果,在修复故障部位的同时对设备性能或局部结构加以改进,根除故障根源的措施,称为改善修理。改善修理适用于机械设备某些结构的原设计制造不合理的情况,目的在于提高和改善局部结构或系统的可靠性和维修性。

(3) 预防维修。根据设备的工作环境、零部件及控制系统的工作状况,依靠监测信息,事先编制修理计划和修理项目及相应的工艺方案,开展对设备的维修作业,称为预防修理。预防修理可分为两大类:一是定期修理,二是定检定项修理。

① 定期修理。它是在规定时间的基础上执行的预防维修活动,具有周期性特点,人力、备件等资源可事先预计,并可做长期计划安排。适用于连续或多班作业场合和使用频繁、平时难以停机修理的物流机械设备。

② 定检定项修理。以设备运行技术状态为基础的预防修理,又称针对性修理或状态监测修理,按实际需要进行修理的预防维修方式。它用人工或仪器对设备工作状态进行监测和诊断,通过数据分析处理,了解并掌握设备或零部件的劣化程度、故障隐患,选择适当的时机安排预防性修理工作。这种修理方式的特点是针对性强,可有计划地排除故障,使设备经常处于完好的技术状态,并有效提高零部件、结构件等的物质寿命。这种修理方式适用于大中型物流机械设备,如门座式起重机、岸边集装箱装卸桥等。

以上修理方式各有其优缺点,企业可根据自己的物流作业特点、各类物流机械设备的特点、故障大小、修理费用、停机损失、资金、修理效果等情况择优选用。

4. 物流机械设备的修理类别

物流机械设备工作能力的下降和技术状态的劣化是逐渐发生的过程,而设备的修理却是间断发生的过程。根据修理内容和工作量的不同,修理作业可以划分成不同的类别。

(1) 大修

大修是对整机全面性恢复、工作量较大的修理,工作其特征为全部或大部分拆卸分解,修复基准件,更换或修理所有不宜继续使用的零件,整新外观,使设备精度、性能等达到或接近原出厂水平。为了改进和提高设备工作能力,可以对需要改进的部位(部件或项目)或整机结合大修进行现代化改装。

(2) 项目修理

项目修理简称项修,是对整机局部性调整与恢复的修理。这里的项目是指设备部件、装置或某一项设备输出参数。项目修理是在设备运行状态管理的基础上,针对设备技术状态的劣化程度,特别是在已判明故障的情况下,所采取的有针对性的修理活动。项目修理的特点是修理内容明确,针对性强,可节省修理时间、人力、物力和费用,效果较好。

(3) 小修

小修是指工作量较小的修理,是对整机排除故障性的修理。小修的工作内容除日常保养和定期保养的全部内容之外,还要根据物流机械设备的磨损规律进行机、电检修,对故障部分进行分解、检查、调整和修理。小修属局部修理,目的在于排除故障,恢复局部功能。

9.4 物流机械设备的更新和技术改造

9.4.1 物流机械设备的更新

（一）物流机械设备更新的概念和方式

设备更新是指以技术性能更完善、经济效益更显著的新设备代替原有技术上不能继续使用，或经济上不宜继续使用的旧机械设备。设备更新可分为简单更新和技术更新两种方式。

简单更新是指用相同型号的新设备替换原来使用的陈旧设备的方式，又称为原型更新。它只能完全补偿原用设备的有形磨损，并不能提高设备本身的技术水平。因此这种方式一般适用于原用设备严重磨损，已无修复价值，并且又无适宜的新型设备能替代的情况。

技术更新又称为新型更新，是指用结构更完善、性能更先进、作业效率更高、能源和原材料消耗更少的新型设备替换原用的陈旧设备。它不仅能完全补偿设备的有形磨损，也能补偿设备的无形磨损，提高设备自身的技术水平。因此，技术更新应当是设备更新的主要方式，是企业技术发展的基础。

（二）物流机械设备更新时机的选择

物流机械设备更新时机的选择要以设备寿命时间的长短为依据。根据计算依据的不同，机械设备的寿命周期可分为物质寿命、技术寿命和经济寿命。

物流机械设备的物质寿命又称自然寿命或物理寿命，是指设备实体存在的时间长短，即设备从投入使用直到报废所经历的时间。虽然对机械设备合理使用、正确维护可以延长其物质寿命，通过修理可以局部或全部恢复机械设备的使用性能，但机械设备的物质寿命并不是无止境的，对机械设备的每次修理并不能使之完全恢复到初始的最佳状态。

物流机械设备的技术寿命，是指设备在技术上有存在价值的时期，即设备从开始使用直到技术落后而被淘汰所经历的时间。技术寿命取决于设备无形磨损的速度。科技发展加快了设备更新换代的速度，使机械设备技术寿命趋于缩短。要延长机械设备的技术寿命，就必须用新技术对机械设备加以改造。

物流机械设备的经济寿命，是依据设备的使用费用最经济来确定的使用期限，通常是指设备平均使用费用最低的年数。超过该年数，若不进行改造或更新，机械设备使用费用就会大幅度增加，影响企业的经济效益。因此，机械设备的经济寿命终了时，也就是机械设备的最佳更新期。

（三）物流机械设备更新的分析和论证

为使物流机械设备得到及时更新，需要根据企业物流作业要求和机械特性、使用状况和现实情况作必要的分析论证，其主要依据有两个方面：一方面是以国家规定的机械报废条件为主来选择更新对象，属于定性分析方面；另一方面是进行更新后的经济效果比较，属于定量分析方面。

1. 物流机械设备的更新对象的选择

（1）役龄过长、技术经济性能差的物流机械设备

机械设备的役龄是指机械设备投入使用的年限。机械设备超过了规定的使用年限，即到了超期服役阶段，设备的有形磨损和无形磨损都达到相当大的程度，难以恢复设备应有的功能，并造成设备维持费用大量超支，这样的机械设备应是更新的主要对象。

（2）大修次数过多或修理后技术状况仍不能恢复的机械设备

机械设备每经过一次大修，其性能保持性就会下降一次，运行和修理等维持费用增大，大

修周期也会缩短。过多的大修不仅经济上不合理,而且会阻碍技术进步。一般物流机械设备超过三次大修时应考虑更新。

(3) 先天性制造质量低劣的物流机械设备

对一些制造质量低劣的机械设备,使用性能和维修性能都较差,难以改善其性能,又无改造修理的价值,应作为更新对象。

(4) 严重浪费能源的物流机械设备

有些机械设备在制造时就存在耗能高的缺陷,这不仅对企业经济效益不利,而且违背了国家节能的方针。因此,对耗能高而又难以改造或无改造价值的机械设备,应果断地进行更新。

(5) 技术落后或相对陈旧的物流机械设备

有些机械设备技术落后,不仅劳动生产率低,劳动条件也较差,安全性不能满足物流作业要求,严重威胁操作人员或周围人员的安全。这些机械设备经过分析论证后应予以更新。

(6) 严重污染环境的物流机械设备

这些机械设备在使用中将对周围环境造成极大的危害,如难以采取改造措施或经济上不合算时,应予以更新。

2. 物流机械设备更新的技术经济论证

经济寿命是机械设备的最佳使用年限。要从经济上论证设备的更新期,必须计算出物流机械设备经济寿命,其计算方法有低劣化系数法、年金法等。

(1) 低劣化系数法

低劣化是指随使用年限的延长,设备的技术寿命会越来越低劣,设备的维持费用越来越高的现象。用低劣化系数法计算设备经济寿命周期的公式为:

$$T = \sqrt{\frac{2k}{\lambda}}$$

式中:T——机械设备经济寿命,即最佳使用年限;

k——机械设备的原始值;

λ——每年增加的维持费用。

假设某物流机械设备的原值为 18 000 元,每年增加的维持费用为 1 000 元,则该设备的经济寿命为:

$$T = \sqrt{\frac{2 \times 18\,000}{1\,000}} = 6(年)$$

(2) 年金法

若设备每年维持费用的增长额不是定值,在考虑资金的时间价值的条件下,其年平均使用费用可用年金法求得,计算公式为:

$$A = \left[k - \frac{L_j}{(1+i)^j} + \sum_{n=1}^{j} \frac{C_n}{(1+i)^j} \right] \left[\frac{i(1+i)^j}{(1+i)^j - 1} \right]$$

式中:A——设备平均使用费用;

k——设备的原值;

L_j——设备使用到 j 年年末的净值;

i——年利率;

j——设备的计算期(年);

n——设备的使用年数($n=1\sim j$);

C_n——设备每年的维持费。

9.4.2 物流机械设备的技术改造

(一) 物流机械设备技术改造的概念

物流机械设备技术改造是指根据物流作业的需要,应用现代科学技术成就和先进经验,改变现有设备的局部结构,以补偿设备的无形磨损和有形磨损,提高设备的使用性能和技术水平的方法。

物流机械设备的技术改造是在原有基本功能不变的情况下改造原机结构,以提高其技术性能和使用性能。其主要内容有:

(1) 改造或更新物流机械设备的动力装置,提高设备的技术性能和作业效率。

(2) 加装节能装置或改善耗能装置,以降低能源消耗和使用费用。

(3) 增加安全装置或改造原机结构,提高物流机械设备的安全性和环保性,保证设备的运行安全,并防止或减少污染。

(4) 改造或增加必要装置,扩充物流机械设备的功能,做到一机多用。

(5) 对物流机械设备的薄弱环节进行改造,以提高设备的可靠性和耐用性。

(6) 改进原机结构,更换某些装置或总成,统一机型,以利于维修和配件的供应。

(二) 物流机械设备技术改造时应注意的问题

(1) 要从实际出发,充分考虑企业人力、物力、财力条件,合理确定技术改造项目,并制订切实可行的技术改造规划,将有限的资金、技术等资源用在重点和关键的机械设备的技术改造上。

(2) 物流机械设备的技术改造既要考虑经济上的合理性,又要考虑技术上的可行性,即通过经济论证后还必须进行技术可行性分析。

(3) 要统揽全局,统筹安排,把当前的与长远的技术经济效益相结合,既要看到当前取得的技术经济效益,也要顾及较长时期的技术经济效益。

(4) 物流机械设备的技术改造要实行专业队伍和广大职工积极参与相结合。既需要有精通技术的专家,也要注意培养技术人员,充分发挥企业职工特别是设备操作人员、管理人员的积极性,大力开展技术革新和技术协作活动。

物流设施设备在使用过程中,由于各零部件的磨损、老化、腐蚀等原因,在使用到一定的寿命期限时,其技术性能和使用性能必然会下降,使维持费用增加,必须根据不同的情况,采取修理、更换、改造的补偿措施。

9.4.3 物流机械设备磨损与补偿

广义的磨损概念,除通常所说的摩擦磨损外,还包括设备零部件的老化、陈旧等。设备的磨损一般分为有形磨损和无形磨损。

有形磨损又称物质磨损,是指设备实体上的磨损。机械设备使用过程中,在外力的作用下,其零部件会发生摩擦、振动、冲击和疲劳,以致机械设备的实体发生磨损,这种磨损称为第一类有形磨损。机械设备在闲置或封存过程中,由于自然力的作用(如金属件生锈、腐蚀、橡胶件和塑料件的老化等),也会使机械设备发生实体磨损,这种磨损称为第二类有形磨损。无论哪种有形磨损,都会造成机械设备技术性能的劣化,使其部分或完全丧失工作能力。从磨损的补偿角度看,设备的有形磨损还可分为可消除的有形磨损和不可消除的有形磨损两种。

无形磨损又称精神磨损,是指设备实体看不见的磨损。设备无形磨损也可分为两种形式:一种是因设备生产厂劳动效率提高,原材料、动力消耗减少,生产相同型号设备的再生产价值降低,使设备原有价值降低。另一种无形磨损是由于不断出现性能更加完善、生产效率更高的设备,使原有设备无形中变得陈旧、落后,要提前报废。一般来说,技术进步越快,无形磨损也越快。

为保持物流机械设备的正常运行,并使其处于良好的技术状态,必须对物流机械设备的磨损及时予以补偿。机械设备的磨损形式不同,所采取的补偿磨损的方式不同。一般补偿可分为局部补偿和完全补偿。设备有形磨损的局部补偿是修理;设备无形磨损的局部补偿是现代化技术改造。有形磨损和无形磨损的完全补偿则是更新设备。

设备磨损与补偿的相互关系如图 9-2 所示。

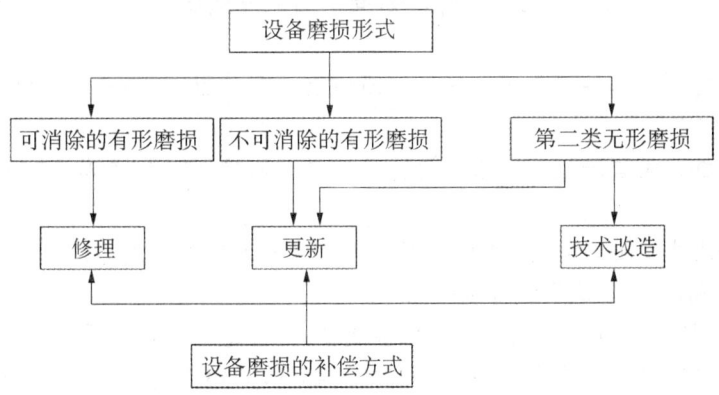

图 9-2 设备磨损与补偿的相互关系

【情景小结】
  通过对物流企业设施与设备管理的内容、设备的选型、设备的维护保养及设备经济寿命进行论述,使学生明确物流企业设施与设备管理的主要目的是用技术上先进、经济上合理的装备,采取有效措施,保证设备高效率、长周期、安全、经济地运行,以使企业获得最好的经济效益。

【双基练习题】
一、填空题
  1. 物流机械设备的三级保养制度包括:设备的_____、_____和_____。三级保养制度以操作者为主对设备进行以保为主、保修并重的强制性维修制度。
  2. 物流机械设备的修理是针对那些由于技术状态劣化而发生故障的设备,通过_____、_____、_____和_____,对整机或局部进行拆装、调整的技术活动。
  3. 物流机械设备的正确使用包括_____和_____两个方面。

4. 物流机械设备正确使用的衡量指标为_____、_____和_____。
5. 寿命周期费用一般由两部分组成：_____和_____。

二、选择题

1. 现代物流机械设备管理的特点有(　　)。
   A. 技术性　　　　B. 综合性　　　　C. 随机性　　　　D. 全员性
2. 设备点检的类别有(　　)。
   A. 日常点检　　　B. 定期点检　　　C. 专项点检　　　D. 计划点检
3. 设备点检的步骤为(　　)。
   A. 确定设备的检查点　　　　　　　B. 确定点检路线
   C. 确定点检标准　　　　　　　　　D. 确定点检周期
4. 物流机械设备的修理方式(　　)。
   A. 预防修理　　　B. 事中修理　　　C. 改善修理　　　D. 事后修理

三、判断题

1. 机械设备修理是为了保持设备在寿命周期内的完好使用状态而进行的局部更换或修复工作。（　　）
2. 物流企业为评价和促进机械设备的经济效益和综合管理水平，必须建立健全设备维修和管理的考核指标体系。（　　）
3. 机械设备的日常管理是指对设备进行分类、编号、登记以及调拨和日常养护等工作。（　　）
4. 如果设备发生故障，操作人员和维修人员要分析事故发生的原因，制定避免措施，并安排及时修复，使设备尽快恢复正常运转状态。（　　）
5. 机械设备更新有两种类型：一种是原型更新；一种是新型设备更新。
6. 物流企业的物流机械设备的总费用包括两部分，即随着物流作业量变化而变化的折旧费用和经营费用。（　　）

四、思考题

1. 现代物流机械设备管理的特点有什么？
2. 什么是机械设备寿命周期费用？说明其变化规律。
3. 简述物流机械设备的配置与选择的步骤。
4. 简述物流机械设备的修理类别。
5. 如何合理确定物流机械设备的更新时机？
6. 物流机械设备的更新对象包括哪些内容？

【情景演练】

1. 对某物流企业的设施设备进行调研，包括：设施设备的类型、产地、使用年限、利用情况、维修及保养情况。对该企业欲购建的设施设备做出科学合理的经济评价，并加以说明。分组汇报形成书面材料。
2. 根据讲授的知识完成目标任务，通过实地调研让学生对物流企业的设施设备有更深入的了解，同时现场有针对性地讲解常用设施设备的保养及维护工作，对今后的工作有很强的指导作用，使学生兴趣浓厚。

参考文献

[1] 蒋祖星,孟初阳. 物流设施与设备[M]. 北京:机械工业出版社,2005.
[2] 刘凯. 现代物流技术基础[M]. 北京:清华大学出版社、北京交通大学出版社,2004..
[3] 陈宏勋. 物流技术与设备[M]. 北京:国防工业出版社,2005.
[4] 夏文汇. 现代物流管理[M]. 重庆:重庆大学出版社,2002.
[5] 蒋笑梅. 物流管理实务[M]. 北京:机械工业出版社,2004.
[6] 张卫星. 物流学[M]. 北京:北京工业大学出版社,2002.
[7] 丁立言,张译. 物流企业管理[M]. 北京:清华大学出版社,2000.
[8] 鲁晓春,吴志强. 物流设施与设备[M]. 北京:清华大学出版社、北京交通大学出版社,2005.
[9] 杨霞芳. 现代物流技术[M]. 上海:上海财经大学出版社,2004..
[10] 蔡启明,张庆. 现代物流管理[M]. 上海:立信会计出版社,2004.
[11] 陈子侠,蒋长兵,陈达强. 现代物流管理教程[M]. 北京:中国物资出版社,2007.
[12] 田源,周建勤. 物流运作实务[M]. 北京:清华大学出版社,2004.
[13] 周蕾. 物流技术与物流设备[M]. 北京:中国物资出版社,2009.
[14] 张广辉. 物流设备与设备[M]. 北京:人民交通出版社,2007.
[15] 潘安定. 物流技术与设备[M]. 广州:华南理工大学出版社,2005.
[16] 常红,孟初阳. 物流机械[M]. 北京:人民交通出版社,2003.
[17] 邓亦涛. 物流设施与设备[M]. 北京:教育科学出版社,2016.
[18] 张龙,方智勇. 物流设施与设备[M]. 哈尔滨:哈尔滨工业大学出版社,2017.
[19] 张晋虎. 现代物流基础[M]. 北京:科学出版社,2016.